saggistica storia territorio
il porto

79

Progettazione grafica e copertina:
Sabrina Ferrero

Via Torino, 29 bis - 12100 Cuneo (Italy)
Tel. (+39) 0171 411921
www.nerosubianco-cn.com
ISBN 978 88 32035 44 5

Questo volume è stampato su carta amica delle foreste

Finito di stampare nel mese di giugno 2021
da Tipolitoeuropa - Cuneo per conto di Nerosubianco edizioni

Giorgio Buridan

Fatti e persone nella mia vita

a cura di Maria Silvia Caffari

Nerosubianco

Una vita esemplare

La pubblicazione del volume *Fatti e persone nella mia vita* di Giorgio Buridan rientra nelle attività previste dal progetto "C'è sempre una stella per te", predisposto dall'associazione Teatrino al forno del pane di Caraglio e finanziato con il contributo del Ministero del lavoro e delle politiche sociali e con la collaborazione della Regione Piemonte (Direzione Sanità e Welfare) nell'ambito di un bando per il sostegno di progetti promossi da organizzazioni del Terzo Settore.

Riteniamo che quest'opera sia preziosa non soltanto per approfondire la conoscenza dell'autore a cent'anni dalla sua nascita e nel ventennale della sua scomparsa, ma anche per trasmettere ai lettori, soprattutto ai più giovani, i valori, gli ideali, i sogni di un uomo che ha fatto della cittadinanza attiva una pratica quotidiana di vita.

Nel Medioevo *l'exemplum* era un genere letterario diffuso: racconti di vite esemplari, a edificazione dei giovani, spesso caratterizzati da grande efficacia comunicativa, ricchi di aneddoti, perché dovevano unire l'utile al dilettevole. Lungi da ogni intento moralizzante, questo libro racconta una vita intensa e votata interamente alla causa della elevazione culturale dei cittadini: una vita ricca di incontri, esperienze, passioni, obiettivi. Una vita che, tenuto conto della povertà umana che ci circonda, possiamo a buon diritto definire esemplare.

Una vita che non è stata piena di impegni, ma impegnata a cercare il bello e il buono, con uno slancio civico che richiama da vicino quello degli antichi Greci, anche per l'amore assoluto per la "Sofia", per ogni tipo di sapere.

La pubblicazione del volume è parte integrante del programma di formazione dei giovani volontari prevista dal progetto: sarà distribuito a tutti i partecipanti, sarà oggetto di letture pubbliche, di drammatizzazioni, di laboratori di scrittura. Sarà, insomma, strumento prezioso di dialogo fra l'autore e i giovani lettori, che saranno chiamati a mediarne i contenuti anche con persone che nella loro vita hanno avuto poche possibilità di incontrare libri e cultura.

Sono davvero tante le parole di questo libro che diventano auspici per i giovani: curiosità, ironia, tolleranza, coerenza, attenzione, generosità, trasparenza, rigore...

Giorgio Buridan attraverso questo libro, attraverso questo progetto continua a vivere, ad aggiungere fatti e persone alla sua vita, alla nostra vita.

Caraglio, giugno 2021

Associazione Teatrino al forno del pane
fondato da Giorgio Buridan - APS

Questo volume è stato realizzato nell'ambito del progetto

Con il contributo del Ministero del lavoro e delle politiche sociali e con la collaborazione della Regione Piemonte nell'ambito del Bando 2020 *Finanziamenti per il sostegno di progetti di rilevanza locale promossi da organizzazioni di volontariato, associazioni di promozione sociale, dalle articolazioni territoriali e dai circoli affiliati alle associazioni di promozione sociale e dalle fondazioni del Terzo Settore, ai sensi artt. 72 e 73 d.lgs. n. 117/2017, Codice del Terzo settore*

Ministero del lavoro e delle politiche sociali
Direzione Generale del terzo settore e della responsabilità sociale delle imprese

Direzione Sanità e Welfare
Settore Politiche per i bambini, le famiglie, minori e giovani, sostegno alle situazioni di fragilità sociale

Indice

Dopoguerra

Ammaliato d'azzurro, ho guardato
me stesso in quest'altro di un tempo:
Io mi sono chinato sul mio cuore...
sul mio cuore e sul cuore di ogni uomo
e ho udito la sua voce...

Prefazione

... Che ce ne importa di chi è già un eroe,
di chi la coscienza ce l'ha già?
È il processo per arrivarci che si deve rappresentare!
Finché resterà un solo individuo al di qua della coscienza,
il nostro dovere sarà di occuparci di lui e solo di lui!
Italo Calvino

(Dalla prefazione a *Il sentiero dei nidi di ragno*, Einaudi, Torino 1982)

«E tu pensi che interesserà a qualcuno quello che tu stai per scrivere, su di me e su questi miei scritti? Prefazione o postfazione? Lascia che sia l'Editore a decidere. Mi pare persona avveduta, raffinata, in gamba, anche simpatica, e bella (conosci la mia inclinazione alla bellezza femminile e i relativi ossequiosi inchini, con accenno di baciamano). E poi?! Ne è passato del tempo, poco meno – poco più di vent'anni da quando avresti voluto che si stampassero questi miei scritti; io avevo rimandato a un futuro indefinito. In questo anno 2021, avrei compiuto cento anni e tu vuoi che di me si conosca quel che è rimasto nelle tante cartelle nel mio studio nella casa di Vallera di Caraglio, e che tu hai preso in cura da quell'anno di mia morte, 2001, vent'anni fa. Qualcosa, come a tutti succede, avevo lasciato tra altre cose incompleto: il non aver compiuto in presenza mia terrestre i miei ottant'anni, ma c'ero alla festa che avete fatto nella biblioteca del Convento dei Cappuccini, la sede del "nostro" Marcovaldo, il 14 settembre del 2001, giorno del mio compleanno. Ne è passato di tempo, per voi, per me è sempre presenza di affetti e di conseguenti intenti; devi riconoscere che a smuoverti e rendere possibile la realizzazione dei tuoi desideri e

anche miei, è arrivato Fabrizio, Fabrizio Pellegrino, l'amico, l'amato, a cui bisogna riconoscere una capacità pratica di perseguire ciò che individua come importante, necessario, bello, e nei suoi tempi giusti. Questo è il tempo, di uscire tra gli amici.
E fai tu, io sto a guardare, ma, per il titolo, ricorda che volutamente e con irrevocabile decisione avevo già escluso ogni variazione sul tema "biografia" o "autobiografia", come "le mie memorie" o peggio, "la mia vita". Infatti, avevo deciso – e tu eri d'accordo – di intitolare questi scritti *Fatti e persone nella mia vita*. Perché mi guardi così? So cosa stai pensando: eccolo questo Giorgio che mentre dice di non voler parlare di sé, poi invece lo fa, lo ha sempre fatto... già, l'ho sempre fatto, e tu lo sai molto bene, perché tutti i miei scritti li hai ora tu e ne risponderai tu della decisione di farli conoscere, ma si sappia che ho scritto tanto, ho scritto di molte cose, ho scritto di me e di altro soltanto quando avevo qualcosa da dire e avvertivo come un dovere il dirlo, lo scriverlo, ben consapevole della mia responsabilità verso me stesso e verso gli altri. E, tu sai – lo sappiamo tu ed io – che, mentre preparavamo soltanto trenta copie da dare agli amici, fotocopiate, montate da te, con illustrazioni, fotografie anch'esse fotocopiate, pensavamo, senza dircelo, che un giorno o l'altro questi racconti di mia vita dovessero andare a visitare gli amici già amici e quelli che forse avrebbero potuto diventarlo. Amicizie da ricordare, amicizie da rinnovare, e forse amici nuovi fra quelli che leggeranno queste storie dalla vita di uno scrittore che mai approfittò della scrittura per autopsicoanalizzarsi tediando il lettore con storie personali e intime, alla ricerca di qualche attenzione, sperando nell'altrui comprensione e partecipazione al suo ego.
Ora che mi hai fatto parlare, perché proprio non sapevi da dove incominciare per presentare me e le mie storie, ti prego di ricordare quanto avevo scritto: *Que l'on me fiche la paix et que ça continue, (che la gente mi lasci in pace,) un motto – modesto – che parrebbe egoista se non fosse frutto di molte esperienze vissute.*
Adesso basta, tre colpi di bastone sul legno del palcoscenico, all'usanza del teatro francese, e ... ora tocca a te».

* * *

Questo è quel che – forse – mi direbbe, o è proprio quel che mi sta dicendo, da qualche profondità del mio essere, Giorgio Buridan, proprio lui, che conosceva la difficoltà di ogni incontro con la prima pagina bianca.

Giorgio Buridan è nella "paix", così si dice di chi è morto come di alcuni si dice anche che è come se fossero ancora vivi. Non sappiamo spiegare cosa voglia veramente dire "essere come vivi" dopo la morte fisica, ma certamente si può dire che alcuni lasciano dietro di sé, non solo il ricordo di vite particolari, in "eredità di affetti", come a Giorgio Buridan piaceva citare, ma sensazioni di una continuità di presenza. Ri vive quella presenza nelle parole dette che risuonano nei ricordi casuali o ricercati, nelle tante pagine scritte, a ogni lettura che se ne farà, e perfino nelle registrazioni che ripeteranno ad ogni svolgimento di nastri sonorità di una voce, quella voce, la sua voce, che recita, racconta, canta.

Alla vigilia di un ricovero in ospedale – era il 1997 ed è del 1998 la prima edizione artigianale di questo libro – aveva scritto le "ultime sue volontà", le aveva riposte nel cassetto segreto di un antico mobile, unendo al testamento le disposizioni sulle parole che dovevano presentarlo nell'annuncio di morte: *N.H. Giorgio Buridan Commediografo - Scrittore - Commissario di Raggruppamento Divisioni Partigiane Cisalpine.*

In quelle poche parole una lunga e ricca storia: quella di un Buridan, *ultimo indegno* – così gli piaceva presentarsi – *discendente del filosofo francese Jean Buridan, Sieur de Toussaint et Blanchefosse rettore della Sorbona nel 1357.*

Se N.H. (Nobilis Homo - Nobiluomo) indica le origini famigliari, l'essere "commediografo - scrittore" è qualcosa di più: pretende un riconoscimento di identità perché per Giorgio Buridan scrivere non è la scelta casuale di una professione, ma l'obbedienza a un destino, che si affaccia con le sue richieste fin dai primi capitoli della sua vita fanciulla. Ma perché distinguere e accostare le definizioni di "commediografo" e "scrittore"? Perché prima il commediografo e poi lo scrittore? Non è forse l'uno compreso già nell'altro?

Certi interrogativi sono provocatori di interesse, sollecitazioni di curiosità, sfide alle intelligenze, e valgono approfondimenti al di là delle ovvietà: se il commediografo è uno scrittore, lo scrittore non è necessariamente un commediografo, ma mantenere la distinzione può voler dire una tensione tra due modi di essere scrittore, soprattutto nei rapporti che l'inventore di storie intrattiene con i suoi personaggi, i suoi "figli immaginari", così li chiama Giorgio Buridan, che non ha avuto figli, ma a tanti figli immaginari ha dato vita e individualità. Sono creature della sua attività creativa che, dopo essere formate, ricevono il soffio vitale e già ai primi passi vogliono la loro indipendenza, la loro libertà, mentre il loro creatore le guarda stupito, orgoglioso o inorridito, a volte perfino pentito. Di quelle sue creature lo scrittore vede ogni possibilità, e non potrà fare a meno di intervenire – quando esse mostreranno di voler sfuggire ad ogni controllo – per ricondurle nel tracciato di una storia, con un atto – sempre – d'amore. Può darsi che il destino di un personaggio non sia noto neppure al suo scrittore, e che si apra una possibilità: che sia un Altro il Creatore a guidare nello stesso destino lo scrittore e il suo personaggio. Essere scrittore, allora, è per sempre, come per sempre si è figli e si è padri, nella stessa storia.

Anche essere Commissario di Raggruppamento Divisioni Partigiane Cisalpine, è "per sempre", se questo qualificarsi lo si vuole scritto accanto al proprio nome dopo la morte.

Credo si possa dire che la scelta del giovane Giorgio Buridan, di lasciare la tranquilla isola della sua bella villa di Stresa, per diventare uomo di azione nella lotta di liberazione dai nazisti e dai fascisti, sia il cardine da cui prende avvio la raggera di ogni altra sua scelta, in un crescendo di consapevolezza.

La partecipazione in piena libertà a un momento storico così importante ha per Buridan – e l'avrà sempre – il senso di una scelta necessaria, doverosa, di dignità personale, messa a disposizione della storia in cui s'è trovato a vivere. Ma, mentre per altri scrittori, l'esperienza partigiana è diventata narrazione letteraria di memoria o di finzione romanzesca, da cui trarre fama, sia pure meritata, Giorgio Buridan sfugge alla tentazione di farsi strumento di qualsiasi messaggio confezionato ad hoc, per l'occasione. È questa la fondamentale caratteristica di Buridan uomo e scrittore, il sottrarsi a qualsiasi strumentalizzazione, da parte di qualsiasi potere, anche da quello della propria autorevolezza.

Soltanto in questi anni, venti dalla sua morte avvenuta nel 2001, scopriamo fra i tanti scritti di tutta una vita, editi e inediti, racconti, romanzi, teatri, poesie, diari, scritti autobiografici, come quelli qui raccolti, l'importanza dell'esperienza partigiana nella guerra di liberazione, nella Resistenza, non come un motivo qualsiasi per narrare una storia, ma soprattutto come occasione cercata e sollecitata per rivivere momenti di forti esperienze, con l'oggettività della distanza, e ai costi delle sofferenze della memoria, che rifiuta consolazioni e qualsiasi rifugio o travestimento in eroismi e trionfalismi. Scoperto dopo la sua morte, il suo diario di guerra partigiana *In cielo c'è sempre una stella per me* è stato pubblicato soltanto nel 2014, a Verbania (ed. Tararà) in occasione dei settant'anni della Repubblica dell'Ossola, per la quale aveva combattuto la sua lotta, nella Divisione Valtoce.

Alla luce di queste scoperte di testi inediti, impariamo a leggere meglio questo Autore e i tanti suoi scritti, di teatro e di narrativa. Sia il suo protagonista un eretico che fronteggia un Potere politico e religioso (*L'Eresia*), o Lucifero che domanda a Dio quale senso abbia la libertà che può portare alla dannazione (*Il Golpe*), o un ex-dittatore intrappolato nei propri incubi (*Il Bodoniano*), o il giornalista testimone di guerre moderne che rivendica il suo diritto al dolore, all'infelicità di fronte a un Tribunale del Giudizio Supremo Laico (*Il Quoziente di Felicità*), è sempre la stessa storia, quella del suo Autore, un uomo che per tutta la vita ha tenuto fede alla scelta decisiva fatta da giovane. Da quella fedeltà, tutto proviene, la domanda incessante, seria, ma anche il riso, l'ironia, la compassione, la gioia, dei tanti personaggi che affollano lo studio dello scrittore, dove ancora si scrive con una Remington, mentre non ci si accorge che si è fatta sera, e i fantasmi ringraziano per essere stati convocati e invitati a ricevere comprensione e assoluzione.

Per Giorgio Buridan resterà sempre aperta, necessaria, chiara, insistente, l'eterna fondamentale domanda, ripetuta fin dall'inizio dell'uomo, quella che si esprime in due definizioni spaziali: da dove?... verso dove? ... Se sapessimo la risposta a queste domande sapremmo qualcosa in più su "chi" ci ha messi sulla strada; se sostituissimo il "dove" con il "chi": da "chi" veniamo, verso "chi" andiamo? Forse, sapremmo infine che senso ha la vita, e il perché stesso del nostro domandare.

Il "chi", è ciò che ha sempre tormentato Giorgio Buridan. Uso il verbo tormentare non come etimologicamente viene comunemente spiegato, ma nel senso che piacerebbe a lui, a Buridan, che amava la barca a vela: nel senso del vento, incessante, necessario, che tormenta la vela perché la barca vada avanti nel suo viaggio. Al tormento del vento nelle vele, è sempre andata la barchetta, che vira i suoi colori al sole come i lustrini della giostra Peter dell'infanzia, così spesso evocata in tanti racconti. Se il vento dello Spirito soffia dove vuole, è dell'uomo dargli forma, che sia la più fedele alla vocazione personale: il sedicente panteista Giorgio Buridan è sempre stato fedele alla sua inappagabile "domanda", fondamentale e universale, ma che in lui ha mantenuto sempre la forma della ostinazione, della provocazione fino al "dialogo" diretto con il Mistero.

In ogni sua opera, teatrale, radiofonica, poetica, narrativa... è presente il *nostro grande Mistero*, la *ipotesi divina*, il *misterioso provocatore della mente e del cuore*, e spesso è il mare ad esserne l'immagine: *il nostro miraggio di un Ente Supremo cosciente, incommensurabile, sublime. seduzione di perfettibilità...* In una pagina di quaderno scrive: *Il mare è l'Infinito. Ma oltre, oltre?*

Avevo incominciato a regalare a Giorgio Buridan quaderni che egli riempiva di suoi scritti: appunti, anche diaristici, pensieri, considerazioni, citazioni, piccoli racconti, incontri, ricordi, brevi saggi, aforismi e facezie, definiti dal loro autore "stupidismi".

Tu mi regali questi quaderni che sono una provocazione, e io ora devo scrivere... – mi diceva, e scriveva, con la pertinacia del piacere-dovere, mostrando che la stanchezza, la riluttanza di certi giorni, si possono vincere soltanto nell'accettare la sfida di quelle pagine bianche. I titoli scritti sui quadernini neri: *Note e vaghezze deliberate, Insalata mista, Sta tutto qui quanto sa far: lo scolaro ha imparato a leggere ma non a scrivere, Dei soliti grafomani pensieri e considerazioni, Drammaturgia e varia umanità,* diranno molto dell'Autore Buridan a chi può e vuole capire.

Ho fatto cenni alla sua scrittura, al suo impegno civile, alla sua spiritualità: è evidente che questo Autore non può essere acchiappato, incasellato, ingabbiato, usato... è questo che vuol dire: esser come vivi qui e ora anche dopo: continuare a far sorridere, ridere, per far pensare, per far commuovere, piangere, per subito di nuovo far sorridere, ridere e pensare.

Quel che scrisse nell'ultima pagina di uno dei suoi quaderni: *... questo non è un diario... per tenere un "diario", occorrerebbe avere un alto concetto di sé che io non ho,* vale anche per questa raccolta, in diversi capitoli, di racconti veri di storie e persone vere.

Giorgio Buridan racconta di sé, della propria infanzia, della sua scrittura e del suo teatro, della sua guerra partigiana, ma questi suoi scritti vanno oltre la scrittura diaristica, sono racconti di incontri.

Il primo titolo dato dall'Autore, che resterà nelle trenta copie fotocopiate, è *Fatti e persone nella mia vita.* Sceglie la preposizione "nella" e non "della". È importante soffermarsi su questa distinzione, perché per uno scrittore come Buridan ogni singola parola si imprime sulla pagina come ultima forma di elaboratissimi pensieri. "Nella" è diverso da "della", l'una preposizione significa accoglienza, presenza e passaggio, l'altra esprime l'appropriarsi di ciò che è altro da sé, contrario al pensiero e alle regole morali di Giorgio Buridan, che sempre con uno stupore di bambino ha saputo ricevere la vita con i suoi fatti e le sue persone: cordialità e insieme severità, capacità di discernimento, per capire che cosa e chi meriti di restare ospite amato.

Questi racconti sono un omaggio agli altri, alle persone, a tutti quelli che sono stati, si sono fermati, sono passati, "nella" sua vita, riconoscendo a ognuno l'importanza, la necessità, il valore, dell'esistenza per se stessi e per la vita di Giorgio Buridan.

Alcuni di questi racconti erano stati scritti come "esercizi di stile", (vedi il capitolo dedicato a Ezra Pound, il suo primo maestro di scrittura) in anni diversi, altri in occasione della raccolta in quell'unica edizione privata in trenta copie, e altri racconti sono rimasti, dopo la sua morte, in una cartellina innastrata artigianale, dono dell'amico Attilio Cottura legatore di libri, sotto forma di appunti, idee, progetti, racconti abbozzati, alcuni iniziati...

Non si finisce mai? No, non si finisce mai, ci sono soltanto interruzioni, sempre... Quando viene l'ora è bene lasciare, lasciare qualcosa di non finito, ma sarebbe meglio dire: lasciare qualcosa di incominciato.

L'Autore scrive, in fondo a un quadernino dalla copertina nera – i tagli dei fogli dagli angoli arrotondati, in rosso:

> *... si va così, verso il tramonto, verso la fine, con dignità e a piccoli passi: il millepiedi ha dovizie ambulatorie, le formiche sono pluri-zampate: io ho soltanto due gambe e, spesso, una stanchezza nella mente e nel cuore. Nondimeno, anche il tramonto sfuma l'orizzonte in un Infinito sempre più indefinito...*
> *... teniamoci per mano e marciamo insieme lungo un mare, per te fulgido di sole, per me crepuscolare. Tu con i tuoi dubbi spirituali, ma anche con alcune certezze; io con la miseria di chi vorrebbe, ma non osa, scorgere dietro alle nuvole tramontane il raggio verde che dura un solo attimo ma che illumina per sempre.*

* * *

Riprendo questa "presentazione" dell'Autore, dopo qualche tempo. Temevo la rilettura di quanto avevo già scritto. La lunga interruzione è servita e molto. Con più distacco leggo me stessa cercandovi i tratti dello scrittore amico Giorgio Buridan. Lo ritrovo, ma non perché quanto da me scritto abbia qualche pregio letterario, buono o anche soltanto sufficiente, ma perché è "vero", anche se ne avverto la limitatezza, comune a tutte le prefazioni e presentazioni. Ho introdotto a una conoscenza e – forse – a una nuova amicizia.

Le presentazioni sono state fatte, e ora: che si parlino i presentati, l'Autore e i lettori, mentre io mi allontano con l'aspirazione a un luogo privilegiato da cui guardare da lontano se il dialogo procederà cordiale.

In un momento di disperata sensazione di incapacità a parlare di lui, avevo preso dallo scaffale "narrativa francese", come se obbedissi a qualche suggerimento muto, interiore, un libro amato da Giorgio Buridan, *Il silenzio del mare*, di Vercors, lo avevo aperto a caso, e nelle prime righe del racconto *La fede e la luce,* queste parole si accendevano di luce propria, fra le altre:

> ... *mi accorgo che niente è più difficile*
> *che fare il ritratto di un uomo*
> *che si conosce troppo.*
> *Dove cominciare?*

È così... E allora, allora da dove cominciare? da dove ho finito io, qui, in questo momento, in questo giorno di questo mese di questo anno 2021.

Maria Silvia Caffari

Nota della curatrice

Giorgio Buridan raccolse in *Fatti e persone nella mia vita*, ricordi di avvenimenti, luoghi e incontri scritti in tempi diversi, e che, a distanza di anni dalla loro stesura, vengono pubblicati oggi con un ricco apparato di note.

Ogni racconto doveva per il suo autore scorrere con l'agilità della memoria che riportasse al presente ciò che in realtà non si è mai ridotto a passato concluso se ancora suscita a vividi colori le emozioni di quei momenti senza i quali chi scrive non sarebbe la stessa persona che è giunta ad essere.

Tutti i fatti narrati sono veri e anche tutti i personaggi di questi racconti sono veri, alcuni molto noti, altri meno, altri conosciuti in una stretta cerchia di amici o parenti, in ogni caso ognuno è elemento indispensabile al racconto, a ripristinare un ordine nella memoria.

A questi racconti di sua vita Giorgio Buridan non aggiunse note e noi nello scegliere di dedicare ad esse tanto spazio, dopo accurate ricerche, è stato come sentirsi voce dell'Autore mentre invita i lettori nel suo mondo, un mondo capace di illuminare il nostro presente. Può apparire come squilibrio aver dedicate ricerche, spazio e notizie ad alcune persone più che ad altre, o di avere lasciato alcune prive di note, o aver dato troppa importanza a luoghi, fatti storici; può sembrare aver dato ingiustificato spazio a certi elementi all'apparenza poco importanti, come un monumento, una canzone, ma tutta la narrazione di Giorgio Buridan ricrea atmosfere di tale vividezza proprio dalla descrizione di particolari, di ambienti e di persone che li abitano, quasi una sequenza cinematografica con in più l'immaginazione arricchita del coinvolgimento sensoriale della fantasia.

Inoltre, si fa notare che in alcuni casi il personaggio raccontato è stato presentato con abbondanza di elementi dall'Autore senza necessità di note, e che in altri casi le aggiunte di notizie in nota hanno voluto, semplicemente, presentarsi utili a suscitare nel lettore un desiderio di approfondimenti. Soprattutto nella speranza che questi racconti trovino lettori giovani, le note vogliono essere nelle intenzioni di chi le ha curate, una guida che, in continuità con il passato, possa far comprendere il presente di oggi e preparare responsabilmente quello che sarà il presente di domani, riconoscendo a ogni persona l'imprescindibile importanza della sua presenza nella storia.

Caro lettore,

queste testimonianze di fatti e persone sono state scritte a "futura memoria", per tramandare episodi o aneddoti che, altrimenti, sarebbero andati perduti.

Scrivere sul passato è far rivivere situazioni diverse: dopo tanto tempo si prova talora una percezione più lontana ma più nitida, come guardando in un cannocchiale rovesciato. La tentazione sarebbe di aggiungere tutte le cose sbiadite, ma è una tentazione diabolica perché occorre aver presente la realtà "vera" di un fatto o di una persona.

Soltanto in questo senso è possibile ricostruire dialoghi e l'ho fatto sempre attenendomi al ricordo. Se qualche forzatura mi sarà sfuggita, c'è da chiedersi se sia stato proprio quello il dialogo o se sia più importante per una comprensione "rendere" lo stile di un personaggio (non potendone restituire la voce o l'aspetto.)

Spero in ogni modo che questi ricordi

Possano interessare e, magari, illuminare qualche giovane sul passato!

Giorgio Russolan

Per ovvie ragioni di riservatezza, questo testo viene stampato in poche copie, distribuito gratuitamente ad amici fidati.

Caraglio - estate 1998

II

Anteguerra

◂ *Giorgio con la mamma Maria Teresa Cappa Legora*

Giorgio nel parco della villa Cappa Legora a Stresa

Scrivente, scrivano, scrittore

Il mio primo incontro con il mondo delle lettere (dell'alfabeto) avvenne nell'ottobre del 1926.
Un anno abbastanza fatale per l'Europa: il fascismo liquida il Parlamento e i Partiti, e Adolf Hitler con il *Mein Kampf* codifica la dottrina del nazismo.
Meglio in letteratura: Pound pubblica *Personae,* una raccolta di poesie, Babel *L'armata a cavallo,* Hemingway *Fiesta* e Grazia Deledda vince il Premio Nobel.
Di tutte queste notizie, il bambino di cinque anni che ero, ne rileva una sola: l'inizio della scuola.
Torino: l'Istituto Spagnesi era una piccola scuola privata frequentata da rampolli borghesi. Situata in Corso Vinzaglio era in un grande alloggio adattato. Particolare curioso, tutti gli allievi dovevano lasciare le scarpe all'entrata in una scarpiera e calzare pantofole in panno per non sporcare i pavimenti in legno sempre lucidissimi.
Gli alunni dello "Spagnesi" erano forse una trentina e la scuola, oltre alla bidella e a un uomo delle pulizie, aveva due docenti: una Maestra, Luisa e la sorella, Professoressa Edvige Spagnesi. Luisa era una donna dolce e mite che lottava per tenere una certa disciplina, Edvige invece era il babau per la severità, forse anche dovuta a un matrimonio fallito che l'aveva lasciata amareggiata.
Alla mia entrata all'asilo, oltre alle pantofole, mi vennero date in dotazione alcune cose: un grembiulone nero con il fiocco azzurro, un quaderno con righe parallele alte, una cannuccia per infilarvi il pennino, una scatoletta di latta con tre pennini e alcuni fogli di carta assorbente.
Il calamaio era inserito nel legno del banco e l'inchiostro veniva aggiunto ogni tre o quattro giorni dall'addetto alle pulizie. Il locale per

la ginnastica e la ricreazione era un vasto salone con palchetto, dotato di due pertiche e una spalliera per gli esercizi.
Dunque, all'asilo eravamo forse dieci, piccoli, spauriti da una cattedra altissima che intimoriva perfino la timida Signorina Maestra Luisa. Al muro, sopra la cattedra, c'era il crocefisso e la fotografia di Sua Maestà Vittorio Emanuele Terzo, ma l'immancabile crapone del duce non era ancora arrivato.
Il nostro apprentissage non iniziò con le lettere ma con le aste: intere pagine da scrivere DIRITTE E SENZA MACCHIE D'INCHIOSTRO! La buona signorina Luisa per le macchiette lasciava correre ma la sorella Edvige, se capitava all'asilo, era implacabile: con una matita rossa annullava il foglio macchiato e ordinava di rifarlo. La stagione delle aste riempì credo quattro o cinque quaderni, alternata da giochini come certi quadratini in carta lucida e perforata in cui si dovevano infilare lunghe striscette di altro colore secondo il proprio gusto; poi il gioco delle sedie consistente nell'allineare sedie distanziate ed effettuare uno zig-zag intorno (oggi la chiamerebbero una *chicane*). Infine arrivarono le lettere dell'alfabeto: prima le vocali, poi le maiuscole, le minuscole e infine lo "stampatello" che mi piaceva perché dava più soddisfazione. Invece quelle da copiare erano troppo elaborate, come la "Q" con quel codino da porco, la "F" con il taglietto a metà, la "S" serpentesca e la "Z" contorta come un'anguilla.
E avanti con le lettere! Altri quaderni da vergare *in bella calligrafia* e sempre l'inchiostro nero e l'ossessione delle macchie.
Ma poiché nella vita tutto trascorre, passato l'asilo mi ritrovai con altri compagni, sempre nella stessa Scuola, alle *Elementari*.
Eravamo più numerosi, forse diciotto, classe mista, e avevo come vicina di banco una bambina bellissima, bionda con gli occhi celesti: Nicolette. Era della Val Pellice, figlia di un ingegnere della Fiat e aveva una sorella, Mireille, più giovane di un anno che però mi era meno simpatica.
Nicolette è stata il mio primo amore infantile perché mi pareva bellissima: un poco paffutella, aveva la pelle albicoccata delle bionde e stava molto bene con il grembiule bianco e il fiocco rosa.
Nicolette era gentile e io le portavo dei dolcetti: caramelle, liquirizie

e anche confettini: insomma ci scambiavamo tanti sorrisi e la Signorina Maestra era contenta perché, vicino a Nicolette, ero bravo e diligente. In Terza – ma allora avevamo smesso i grembiuli e Nicolette, con i suoi vestitini era sempre più bella, lo sapeva e civettava – per Natale i miei mi regalarono una delle prime penne stilografiche. Che meraviglia! Si chiamava *Watermann*, aveva il pennino in oro rientrante a vite e si caricava con un contagocce. Ero il primo ad averla e, nella scuola, molto ammirato e invidiato. La Signorina Maestra Luisa, invece, era scontenta. Diceva: "Con quelle penne lì non s'impara la *bella scrittura*!" ma non osava proibirmi di usare la stilografica ritenendola cosa preziosa. Per farmi coccolare, imprestavo la penna a Nicolette che la usava con grande cautela e scriveva con quella sua calligrafia tonda come il suo aspetto di bambina rotondetta.

Le stilografiche aumentarono in classe e sempre più si perfezionarono, sicché anche la Signorina Maestra Luisa lasciò perdere con i suoi pregiudizi. Poi ebbi una stilografica molto bella, grossa, di colore arancio, non più a rientranza ma con un sistema di caricamento a levetta che succhiava l'inchiostro. Non ricordo più la marca, ma aveva una scritta a lato *Fountain pen*. Anche Nicolette ne ebbe una in dono ma non le piaceva perché era di colore rosa e non le pareva serio che una stilografica fosse rosa. Così continuavo a prestarle la mia e lei mi dava "Rosette".

Si precisarono già le diverse tendenze scolastiche. Io ero assolutamente negato per l'aritmetica – un vero disastro! – mentre emergevo sempre nei temi, al punto che alcuni miei *Svolgimenti* venivano letti in classe. Invece Nicolette era molto brava in aritmetica – aveva subito imparato a fare le divisioni difficili, quelle con le virgole – ma andava male nei temi perché a casa parlavano francese e lei faceva confusione tra le due lingue.

Poi... ma come passa in fretta il tempo!

In Quarta: sorpresa! NICOLETTE NON C'ERA PIÙ!

Il padre, ingegnere, era stato trasferito dalla Fiat a Milano.

Che grande dolore!

Ora vicino a me c'era Franca, una ragazzina magra e maligna che avevo subito preso in antipatia, forse perché addolorato per la scomparsa di Nicolette.

Durante un compito in classe di italiano, Franca mi aveva dato – *ap-posta!* – una spinta, rovinandomi una pagina di bella calligrafia, e io le avevo dato un pizzicotto sul sedere, lei aveva fatto "ahi!" e la Signora Professoressa Edvige, che adesso avevamo e che era molto severa, ci aveva detto bruscamente di star fermi e composti.

* * *

Poi... i miei primi approcci con la scrittura meccanica erano avvenuti, credo, all'età di dodici anni su una vetusta *Remington/Studio* di mio padre che faceva un rumore assordante da mitragliatrice (più simile ad una 12/7 che a un fucile mitragliatore).

Poi il tempo passò, molto più in fretta di quanto sospettassi anche se, in apparenza, certe stagioni come l'estate e le vacanze mi parevano lunghe, quasi interminabili. Così ero diventato *grande* e poi era scoppiata la guerra e subito avevo partecipato alla Resistenza.

Durante l'occupazione di Domodossola e della nostra Repubblica Ossolana, il Comandante mi aveva incaricato di compilare un volantino quotidiano di notizie della nostra Divisione Valtoce[1] e avevo organizzato una sorta di "redazione mobile" con un camioncino Millecento e dentro un tavolino, una sedia da campeggio e una macchina da scrivere *Invicta Studio* [Everest]. Una bella responsabilità, anche perché a Domodossola erano arrivati dalla Svizzera critici letterari e scrittori e non era poi facile spostarsi continuamente da un fronte all'altro (Ornavasso e la Val Vigezzo) e scrivere il mio volantino in modo decente. È anche vero che ero uscito dal più stimato Istituto di Torino, quello dei Reverendi Padri Gesuiti. Cattivo allievo, peraltro, disattento e svogliato, negato nel modo più assoluto per qualsiasi forma matematica ma bravo in italiano. Bravo anche in francese, ma non per merito di studio: mio fratello maggiore, che allora abitava con noi nel grande alloggio torinese di Via Magenta 41, aveva sposato una parigina che non sapeva una parola di italiano, così in casa parlavamo francese, lingua che mio padre, mia madre e i miei fratelli conoscevano bene e questo continuo esercizio mi aiutava a scuola.

* * *

Così mi stavo avvicinando a quello che, pomposamente, si può definire uno scrittore. È pur vero che, nell'immediato dopoguerra, mi erano state affidate le pagine letterarie del settimanale torinese del Partito d'Azione Nuova Democrazia, diretto dal povero Carlo Casalegno, ucciso poi dalle Brigate Rosse. Poi, altra esperienza importante, la collaborazione sul *Bollettino dell'Unione Culturale* che allora raccoglieva il meglio della cultura non soltanto torinese. Con un'incoscienza che soltanto la giovinezza può dare, pubblicavo dei saggi critici su poeti e traduzioni di liriche dei surrealisti francesi.

Ma nel frattempo, cercavo di lavorare per la Einaudi e per la RAI. Alla RAI era molto difficile perché non ero iscritto alla Democrazia Cristiana e, anzi, come Partito d'Azione[(2)], ero considerato un elemento di sinistra da cui guardarsi. Non avevo alcuna raccomandazione e allora dominava prepotentemente la corrente Donat-Cattin. Avevo cominciato a scrivere degli atti unici, un certo tipo di teatro d'avanguardia, che erano stati dati con successo a Milano, Torino, Genova. A Roma, la più importante critica nazionale mi era stata favorevole, con rilancio sui giornali italiani, e questo mi aveva dato una buona entratura alla RAI e la possibilità di collaborare stabilmente con adattamenti radiofonici.

Anche alla Einaudi, dove c'era da poco l'amico Fruttero, mi avevano dato la traduzione di testi teatrali di Adamov e del capolavoro di Ionesco *Il rinoceronte*[(3)].

Insomma, parevo proprio avviato alla carriera di commediografo, quando invece stavo per iniziare un lavoro quotidiano, utile quanto umile: quello dello SCRIVANO.

* * *

Parallelamente al mio esordio di adattatore radiofonico: il romanzo storico di Edoardo Calandra *La bufera* realizzato in sei puntate[(4)], il mio lavoro quotidiano consisteva nel farmi un discreto repertorio di tutti i testi passibili di un adattamento radiofonico, facendo molta at-

tenzione a non scegliere autori contemporanei, o da poco defunti, perché in tal caso il 30% dei proventi andava all'autore, mentre per quelli di "pubblico dominio" il 100% andava a me.
Quante interminabili ricerche di biblioteca! A Torino, dove abitavo, ho sempre frequentato – tranne poche eccezioni – la Biblioteca Civica perché allora la "Nazionale" era pessimamente diretta con una disorganizzazione che rendeva il reperimento dei libri quasi impraticabile e aveva schedari che da anni non venivano più aggiornati. Passavo interi elenchi di autori defunti da almeno sessant'anni (i semi-frolli non servivano, ci voleva uno scheletro sessantennale) e ne leggevo rapidamente le opere cercandone i motivi di adattamento, cosa non facile data la censura assurda dei dirigenti Dc alla Rai. Si pensi, per esempio, che non si poteva nemmeno accennare a suicidi, adulteri e relazioni tra amanti: un clima da Azione Cattolica e figlie di Maria!
Le mie ricerche, minuziosissime e pazienti, occupavano intere giornate perché allora le fotocopiatrici erano ancora nel mondo dei sogni e ci si doveva arrangiare copiando tutto a mano, così come avevano fatto secoli prima i monaci cistercensi.
Ricordo che gli *habitués* di questo esercizio erano principalmente professori universitari e ci si guardava, pur senza conoscerci, con simpatia. Mi è ancora presente il volto magro ed *equinissimo* di Sanguineti (che ogni dieci minuti usciva sullo scalone per fumare una sigaretta).
Allora la Biblioteca Civica torinese era ospitata nei saloni, aulici e guariniani, al primo piano dello storico Palazzo Carignano. Saloni immensi, altissimi, dilapidatori dei fondi comunali per il riscaldamento. Vecchie scansie, banconi rimediati chissà dove, e scaffali anneriti, probabilmente "alienati" dagli Uffici Municipali. Anche la Sala di Lettura non era meglio: i tavoli dovevano essere stati riesumati da qualche facoltà universitaria. In compenso, i Direttori ed i Bibliotecari erano di grande bravura e cortesia, e anche gli schedari venivano continuamente aggiornati.
Ho passato giornate, settimane, mesi di grande arricchimento culturale (quanti bravi scrittori e narratori di metà Ottocento ho scoperto!): un utile esercizio cognitivo perché i programmi scolastici trascuravano questi *minori*, (che sovente minori non erano affatto), privilegiando

sempre gli stessi maledettissimi autori, Manzoni con i suoi giansenistici *Promessi sposi*, D'Azeglio con i melensi suoi *Ricordi*, Pellico con le lagnosissime *Prigioni*, per non citare altri, assolutamente inutili e di scarso valore letterario senza mai neppure accennare ai pochissimi autori di levatura europea con romanzi quali *Un re umorista* di Alberto Cantoni o il pettegolo ma bravo Petruccelli della Gattina.
Quando proprio non ne potevo più, tanto per fare una pausa, andavo nell'attigua Sala di Distribuzione dove c'era il busto marmoreo di un benefattore (ignoro se della biblioteca o del Comune), uomo ottocentesco e imponente, che si chiamava (Ah, destino!), Giorgio Basta. Da decenni, o forse più, tra il Giorgio e il Basta vi era sempre una virgola e, dopo il Basta, un esclamativo. Ormai la virgola e l'esclamativo, fatti e rifatti da generazioni di studenti (o, forse di lettori), parevano quasi incisi nel marmo.
Così, per attingere novella pazienza e perseveranza da amanuense, andavo a contemplare l'autorevole Giorgio Basta (che poi, con l'apertura della nuova sede della "Civica" è scomparso). Dove? In cantina? Forse rivenduto al torinese mercato del *Balùn*? Sic transit... Francamente, mi piacerebbe ritrovarmi davanti "Giorgio, Basta!" che mi ha dato tanto sollievo e costanza nel mio umile ma utile lavoro di amanuense.

* * *

Come sono diventato scrittore?
Non esiste alcun segreto: è semplicemente un fatto di pazienza. In pratica, occorre sottostare a una serie continua di esami: non esami scolastici, ma da parte dei responsabili che devono mandare in onda o rappresentare un testo o, nel caso di narrativa, pubblicarlo.
E questo perché ogni testo ha un suo costo che, per quelli televisivi è abbastanza elevato. Chiaro che il responsabile dovrà valutare il lavoro, non soltanto sul piano artistico o culturale, ma anche dell'eventuale gradimento da parte di quelli che oggi si chiamano, con orrendo vocabolo *fruitori*, che mi fa sempre pensare ai fruttivendoli.
Poi, tutta una questione di attori. Una volta, per la Radio Svizzera,

ho prodotto un testo culturale che comprendeva circa quaranta attori Era un testo interessante sulla Campagna garibaldina nell'agosto 1848 tra il Verbano e il Varesotto, dopo l'Armistizio Salasco[5]. Data l'importanza dei lavori e delle ricerche – alcune testimonianze da parte austriaca non erano conosciute in Italia – la Radio Svizzera l'aveva mandato in onda ma il Direttore responsabile mi aveva scongiurato di non affrontare più copioni con tanti attori perché il budget non lo consentiva.
Digressione a parte, occorre sottostare continuamente ad esami di valutazione da parte di esaminatori non sempre ben disposti o favorevoli. Soltanto così, alla lunga, si riesce ad ottenere un prestigio e il testo verrà gradito senza tanti "ma" o "però" ma perché porta la tua firma. Ma per arrivare a questo prestigio occorre una grande pazienza e volontà: *Mai deprimersi ai primi successi,* mi aveva scritto sarcasticamente Anton Giulio Bragaglia[6]. Né, tantomeno per gli insuccessi. Uno scrittore o un commediografo all'inizio devono avere la resistenza di un boxeur incassatore: se riescono a resistere, vincono, altrimenti meglio se cambiano mestiere.
Naturalmente ci può essere anche un fattore di fortuna, ma sulla fortuna è meglio non contarci. Un proverbio latino di ignoto dice che *La fortuna è di vetro, risplende ma è fragile.*
Somme toute, è un lavoro faticoso, spesso mal remunerato che compensa soltanto chi è dotato di una volontà ultra-alfieriana e riesce, per la passione che lo muove, a resistere.
Poi, per un assioma che ho sempre ritenuto importante. Una sera, da ubriaco, Pound diceva che lui non ce l'avrebbe mai fatta, che scrivere era troppo difficile, che lui ci aveva provato ma che era sovrumano, maledetta la voglia, *temptation of Satàn*![7]
Tutto vero, però... in realtà si prova a dare il meglio nei limiti delle proprie doti e possibilità. È una sorta di lotta contro sé stessi, dove si vince o si perde ma si conquista almeno una gioia metafisica di astrazione fantastica che, talora, è come una sorta di droga che ti affascina e ti esalta.
Il mio consuntivo è questo: *24 anni di RAI, 22 di Radio Svizzera Italiana, un biennio chez Mondadori, e poi il Teatro e la Narrativa.*

Così si diventa vecchi, viene la sera e uno continua a scrivere perché scopre sempre cose che non ha ancora dette.
Già: ma quando sono proprio stufo e conscio che di storie ne ho raccontate, in modi diversi, anche troppe, non mi resta nemmeno più il conforto del busto ottocentesco del benefattore: "Giorgio, Basta!".

NOTE AL CAPITOLO
SCRIVENTE, SCRIVANO, SCRITTORE

1. Durante la Repubblica dell'Ossola, vengono pubblicati i *Valtoce*: volantini quotidiani della divisione e degli aderenti alla formazione, otto numeri dal 26 settembre al 5 ottobre 1944. Viene ripreso alla liberazione, stampato a Baveno e a Milano, dal 27 aprile al luglio 1945; molti gli articoli del Commissario di guerra Giorgio.
2. Partito d'Azione, partito politico nato nel 1942 dall'unione di Giustizia e Libertà, il Movimento politico antifascista clandestino fondato nel 1929, e i gruppi liberalsocialisti e repubblicani per combattere il fascismo. Importante riferimento e organizzatore di formazioni partigiane tanto da esser considerato il Partito della Resistenza, cessa di esistere nel 1947.
3. Traduce di Arthur Adamov *Tutti contro tutti* (Einaudi, Torino 1961); di Eugène Ionesco, *Il rinoceronte* (Einaudi, Torino 1964).
4. *La bufera*, romanzo di Edoardo Calandra, in sei puntate, 1956; radiotrasmesso RAI, nel 1957.
5. "1848: Agosto garibaldino di fuoco" in due puntate, 1978; radiotrasmesso RTSI nel 1980 e 1981.
6. Vedi capitolo "Anton Giulio Bragaglia: un Maestro di teatro", pp. 273 e ss.
7. Vedi capitolo "Ezra Pound e l'Osteria del porto", pp. 67 e ss.

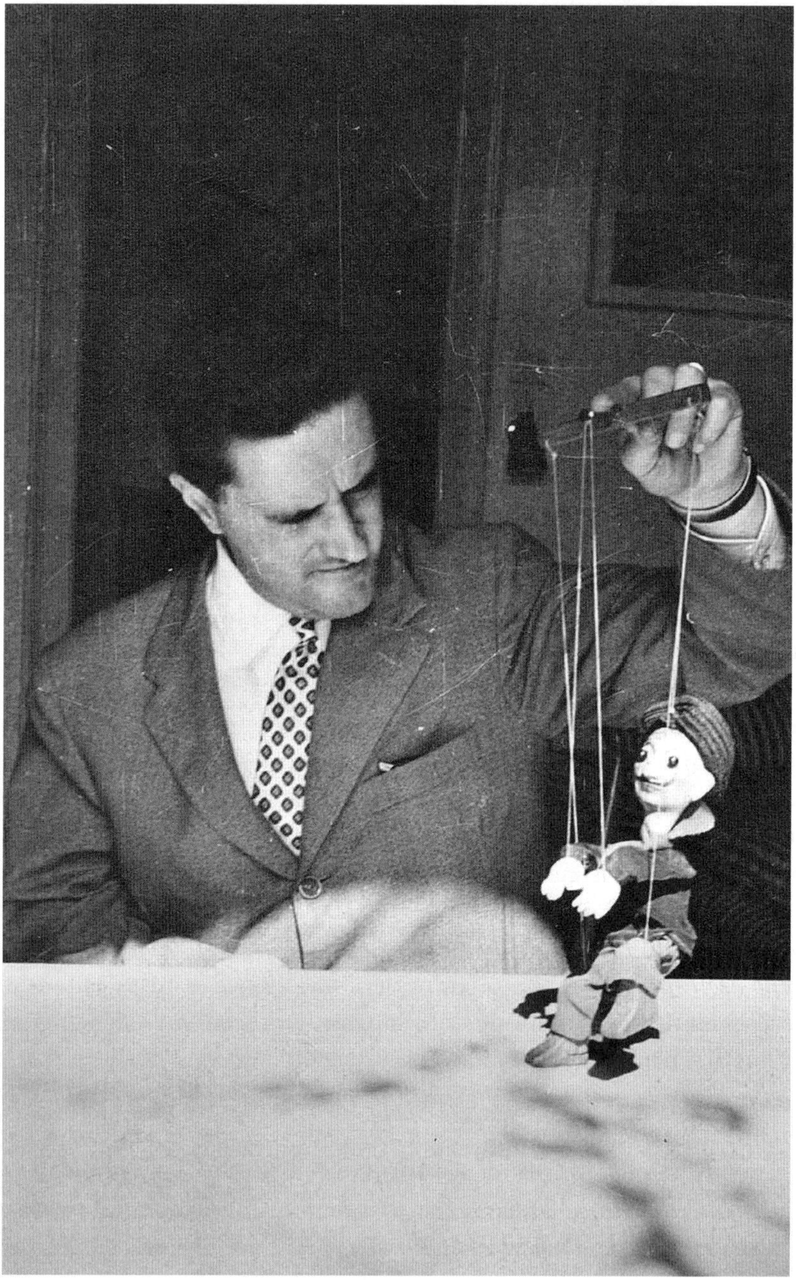

Il mio primo incontro con il teatro

Arrivato, più o meno felicemente, ad una senescenza che spero non ancora offuscata, mi domando talvolta se noi, bambini e ragazzi del '21, siamo stati più creduloni e meno disincantati di questi nostri attuali compagni. La risposta non è manichea: sì e no. Sì, per quanto riguarda rituali e consuetudini, magari un po' stantie e ancien régime, che accettavamo pro bono pacis e perché poi non è che il germe della dissacrante conoscenza ci rodesse troppo.

No, perché il discorso ha anche il suo risvolto: crescevamo in una consapevolezza di vita, frutto senza dubbio di una educazione formalistica, paternalistica, ma anche severamente perentoria, con precise idealità codificate, tali da metterci di fronte ai futuri problemi e agli inevitabili disagi con animo fermo e forte.

Non eravamo certo dei "ragazzi" sino a quarant'anni come gli attuali, né le squallide iniziazioni pedagogico-bellico-fasciste del nostro paese ci turbavano molto.

Mentre in Germania il nazismo era riuscito a creare una Hitler-Jugend, in Italia questo indottrinamento aveva un che di operettistico, per non dire rivistaiolo, perfino nelle canzoni o marce del regime, come *Giovinezza*, inno nazionale ripreso da un canto goliardico composto nel 1909 da Giuseppe Blanc su testo di Oxilia: *Il commiato* o *Inno degli studenti* che mio padre ricordava di aver sentito cantare da una "sciantosa" del tempo (forse la Cavalieri o la Fougez) al Varietà Balbo di Torino con i versi originali che dicevano:

Son finiti i giorni lieti – degli studi e degli amori – o compagni, in alto i cuori – e il passato salutiam.

C'era poi un'altra versione, ancor più da cabaret, che diceva:

Stretti, stretti sotto il braccio - di una bionda capricciosa - rotondetta, labbra rosa - occhi azzurri come il mare...

Il réfrain, invece, non era affatto cambiato:
"Giovinezza, giovinezza - primavera di bellezza - nella vita e nell'ebbrezza - il tuo canto squilla e va!".
Si pensi al raffronto con il grandioso *Deutschland, Deutschland, über alles* di Joseph Haydn, ma perfino l'austera marcia delle S/S.
D'altronde, la cultura fascista non brillava per raffinatezze. C'era poi un grosso distacco tra un proletariato cittadino incolto di origine montanara e una classe dirigente (almeno per quanto ricordo di Torino), allevata in rigide ma ottime scuole private come il "Sociale" (che di sociale non aveva proprio niente) dei reverendi Padri gesuiti; o l'Istituto Rosmini o anche il Liceo pubblico D'Azeglio, dove sono cresciuti quasi tutti i contestatori del Regime. Quindi, tutta la dottrina fascista propinata nelle scuole (ma poi, dai professori molto annacquata) faceva eventualmente presa su una componente di scarse nozioni ma non certo su borghesi, figli di professionisti, allevati con intenti diversi. La forma veniva rispettata per non incorrere in sanzioni, la sostanza francamente no.
Ma, ritornando all'inizio, noi bambini o ragazzi del '21 eravamo pacificamente installati in un mondo codificato da un'ideologia liberale e non erano certo le smargiassate fasciste a toccarci e neppure a scalfirci. Questo, almeno, per quanto mi riguarda. Sicché è vero: sino a sei-sette anni eravamo davvero certi sull'esistenza di Gesù Bambino, che, bontà sua, portava regali natalizi – sempre con il ricatto di maniera: se non stai buono, non studi, ecc., invece del Meccano numero 4, ti porta del carbone (e non avevamo neppure il sospetto di quale grande regalo potesse rappresentare per una famiglia povera un sacco di carbone).
Questo fantomatico Gesù Bambino, che in alcuni paesi riformisti – a quanto mi raccontava mia suocera luterana – era stato sostituito da un altrettanto misterico Loup-Garou, o Lupo Mannaro, che però era visto come mitissimo animale addetto alle spedizioni e ai trasporti via aerea e rappresentava una convalida profana alle festività del Natale, con tutto il folclore della grotta, dell'asino e del bue, come termo centrale, e di questo Giuseppe che, esautorato dallo Spirito Santo, tutto sommato, ci pareva uno scemotto.
Ma insomma, tutto il cerimoniale natalizio dei doni di Gesù Bambino

ci andava benissimo e non stavamo a chiederci positivisticamente il perché.
Ed eccomi all'età di anni sette (1928: è l'anno in cui muore in un incidente Italo Svevo; in cui Brecht scrive *L'opera da tre soldi*; Lawrence scandalizza i buoni borghesi con *L'amante di Lady Chatterley*; Ravel compone il *Bolero*; Chiang-Kai Shek conclude la "lunga marcia" e il dirigibile Italia, sorvolato il Polo Nord, precipita sul Pack). In Italia precipita anche la democrazia e viene approvata una nuova legge elettorale che istituisce la lista unica (il cosiddetto "listone") compilato direttamente dal Gran Consiglio del fascismo. E poi le condanne del Tribunale Speciale per la Sicurezza dello Stato: a Gramsci ed altri del PCI, vent'anni e quattro mesi; a Terracini, vent'anni e nove mesi. Muore a Cavour "l'uomo di Dronero", Giovanni Giolitti.

* * *

In quell'anno il sottoscritto faceva la seconda elementare, studiava in un istituto privato che non si occupava affatto del fascismo, era un bimbetto vispo e credeva pertinacemente in Gesù Bambino.
Ed ecco, quella mattina di Natale del 1928 stavo dormendo nel mio letto quando intesi un certo sussurìo alla porta. La porta della mia camera era a due battenti, ma uno era sempre bloccato. Aprii cautamente un occhio e capii che quel parlottare in piemontese (lingua che capisco ma non so scrivere), era un dialogo tra mio padre e mia madre(1) il cui significato si poteva riassumere così: "È inutile che insisti, Paul, perché il tavolino non passa!". E poi urtoni alla porta e infine, infilando il tavolo un po' di sbieco comparve (io sempre in finto sonno monoculare) un tavolino con sopra un meraviglioso teatro delle marionette. Un sogno! Era proprio l'atteso regalo di Gesù Bambino che da tanto aspettavo ma che certo non mi ero meritato per alcune scappatelle e svogliatezze scolastiche. Ma tant'è: Gesù Bambino è clemente e generoso.
Posto che fu al centro della camera lo smagliante teatro, dotato di un vero sipario, silenziosamente (o quasi) mio padre e mia madre scomparvero e io, subito, aprii gli occhi sbalordito e felice.

* * *

Io non so proprio se i *geni*, questi folletti del DNA si trasmettono direttamente oppure alternativamente saltando una generazione. Se così fosse si potrebbe in certo modo spiegare la mia attrazione per il teatro. Infatti, mio nonno paterno[(2)], che non ho mai conosciuto, avvocato anche lui come tutti e che, come tutti, non aveva mai praticato l'attività legale, provava una singolare passione per il teatro. Così si era fatto costruire nella sua casa di campagna a Bruere (vicino a Rivoli, dieci chilometri da Torino) un perfetto teatrino in stile barocco dove, insieme ad amici dei dintorni, recitavano in francese pièces di De Musset, Marivaux e altri.

La casa, circondata da un vasto parco, era ad un solo piano, lunga, e culminava al fondo, appunto, con il teatro. Pare possedesse una bellissima biblioteca di libri di varia letteratura che, francamente rimpiango. In una frenetica notte di poker, la casa venne venduta da mio padre che, come d'uso per i debiti di gioco, la consegnò al nuovo proprietario entro le ventiquattro ore, non dando nemmeno il tempo a mia madre di ritirare dagli armadi i vestiti.

Mio padre era proprio un giocatore scatenato ed è riuscito, con lodevole assiduità, a mangiarsi un ragguardevole patrimonio familiare. *Parce sepulto*, anche se rimpiango la biblioteca e lo splendido teatrino che vidi, molti anni più tardi trasformato in pollaio perché il nuovo proprietario aveva venduto la casa a dei contadini.

Del teatro di settanta posti restava la parte palco, con un bellissimo arcoscenico barocco, le quinte e un fondale raffiguranti un bosco, che spuntavano tra gli squarci del sipario crollato.

Così, secondo alcune leggi mendeliane, potrebbe essere possibile che attraverso questi *geni* che hanno saltato una generazione, abbia ereditato dal fu avvocato Carlo Alberto Buridan la singolare passione per il teatro. Una passione, peraltro, meno pericolosa e dispendiosa del poker paterno. Ed ecco che, in quel fatale Natale del 1928, alla vista del bel teatrino di marionette, il mio atavico patrimonio genetico si risvegliò in smanie irresistibili di utilizzare le marionette per produrre spettacoli del tutto personali, auspice mia sorella Giulia di quattordici anni più vecchia di me e dunque ventunenne. Intanto con Giulia si esaminarono attentamente le possibilità di allestimento, le marionette da trasformare secondo le parti, la scenografia e l'illuminazione che, con l'aiuto di mio padre che ci aveva fornito tre lampade orientabili con lampadine colorate, poteva essere variata a piacere. Già, ma quale spettacolo? Io non ne avevo idea, ma Giulia azzardò un progetto alquanto grandioso: *La Tosca*[3].

Avevamo in casa, in dischi da 78 giri, l'intera opera che veniva suonata da un grosso grammofono a tromba. La radio era appena entrata nella nostra vita, simbolo del Progresso, e occupava intensamente molte serate familiari. Ma, di quando in quando, la perfida macchina di Marconi ci tradiva e la nera bocca in bachelite dell'altoparlante taceva senza remissione. In quelle serate mute, saltava fuori il vecchio grammofono e appunto, i dischi della Tosca. Le grandi romanze ci affascinavano, sapevamo a memoria le parole di *Vissi d'arte*:

Vissi d'arte, vissi d'amore,
non feci mai male ad anima viva…,

e di *E lucevan le stelle*:

E lucevan le stelle ed olezzava
la terra, e stridea l'uscio
dell'orto, e un passo sfiorava la rena…

Con il taglio censorio di Giulia alcuni versi di Cavaradossi:

Mentr'io fremente
le belle forme le disciogliea dai veli

vennero sostituiti con:

alla mia amica carezzavo il crine

avendomi avvisato prima dello spettacolo che il crine non è la traduzione dal piemontese "crin" cioè "maiale", ma è una parola antica che vuol dire capelli.

L'ambizioso progetto di Giulia era di adattare l'opera al teatro delle marionette recitando ogni personaggio e seguendo la trama. In un primo tempo si era pensato di adattare la musica grammofonica all'azione, ma ci si era resi conto che un sincronismo risultava impossibile. Così Giulia si era improvvisata "adattatrice" e, devo dire, con molta bravura.

Deciso il repertorio cominciò il lavoro di scenografia. Per motivi di semplicità, la stessa scena (la chiesa di Sant'Andrea) e la sala di Palazzo Farnese, dove avviene l'incontro e l'uccisione di Scàrpia, si basavano su di un semplice spostamento di quinte e di luci. Infine avevamo gli spalti di Castel Sant'Angelo dove il povero Cavaradossi viene ucciso e lei si butta nel vuoto.
La parte scenografica ci occupò molto. Giulia realizzava i fondali e le quinte, stabiliva i colori e io dovevo accuratamente dipingerli a tempera badando bene di non far sbavare i contorni.
Finalmente la scenografia fu completata, così come i costumi, e si arrivò alla prova generale da parte di Giulia che, giustamente, per non togliermi l'elemento sorpresa, mi vietò di vedere.
Finché una sera, tutta la famiglia si radunò sulle sedie vicino al teatrino e, dal disco, il preludio incominciò a sipario chiuso.
Poi, come d'incanto il sipario si alzò e con luce azzurra appropriata, si vide la chiesa dove il cospiratore-pittore stava affrescando un altare. Dopo poche battute, ecco l'arrivo di un altro ricercato, Angeloni, poi della stessa Tosca. Angeloni riesce a fuggire ma il perfido Scàrpia arresta Cavaradossi per fargli dire dove si è nascosto l'amico.
Te Deum di ringraziamento (fonografico) e poi, nello sgomento, cala il sipario del primo atto.
Ero molto emozionato: era quello il mio primo incontro con il mistero del teatro e "vivevo" l'azione come se quel piccolo palcoscenico fosse enorme.
Nel secondo atto il perfido Scàrpia interroga Cavaradossi che viene portato in una sala attigua perché si possano sentire i lamenti di dolore per le torture "stile inquisizione". Ero quasi tremante e mia madre si preoccupava perché mi sentivo male e mi diceva che non dovevo fare così, che era tutta una finzione, e che era Giulia a recitare. Poi c'è la scena un po' scabrosa di Scàrpia che promette il salvamento di Cavaradossi se Tosca accetta di diventare sua amante (arrangiata un poco censoriamente da Giulia). Lei accetta straziata per salvare l'amante e Scàrpia ordina che la fucilazione sia soltanto simulata, ma segretamente annulla questo ordine. Scàrpia tenta di baciare la Tosca ma questa lo pugnala a morte, gli sottrae i due salvacondotti e si allontana.

È l'alba sugli spalti del Castel Sant'Angelo, luce azzurra poi bianca. Cavaradossi ricorda accoratamente la sua Tosca, che sopraggiunge e, segretamente in un orecchio, lo avverte che la fucilazione sarà a salve e che dovrà cadere bene, fingendo di esser morto. Lo abbraccia. Infine la vera fucilazione: Cavaradossi cade e Tosca si inginocchia vicino a lui credendolo vivo. Frattanto è stata scoperta l'uccisione di Scàrpia e i soldati si precipitano per arrestare Tosca. Ma la donna, disperata, si butta nel vuoto con un effettistico finale sfidando tutti: *Avanti a Dio* (drammatico e fonografico).
Sipario e applausi. Ero così sconvolto da singhiozzare e mi ero rifugiato contro mia madre che mi carezzava cercando di calmarmi. Lì ho capito la grande suggestione del teatro, ma sono occorsi molti minuti prima che smettessi di singhiozzare sulla sorte dei due poveri amanti (Giulia li aveva definiti "amici'). Poi, tra gli applausi, dopo la chiusura del sipario, Giulia è venuta ad abbracciarmi e insieme ci siamo scambiati i complimenti per la bellissima prova drammatica.
Ecco: questo è stato davvero il mio primo incontro con il teatro[4].

Note al capitolo *Il mio primo incontro con il teatro*

1. Il padre Paolo Buridan, da una antica famiglia che è stata francese sino al 1750 e che fa capo al filosofo francese Jean Buridan (1295 ca - 1358 ca, Sieur di Toussaint et Blanchefosse, rettore della Sorbonne nel 1328 e nel 1340); la mamma Maria Teresa Cappa Legora di origine lomellina; la famiglia Cappa era dei Marchesi Cappa, sulla tomba di famiglia a Garlasco figura del capostipite la data di morte avvenuta nel 1492, il secondo nome Legora aggiunto deriva da un trisnonno dell'A.
2. Nonno paterno Carlo Alberto Buridan (1841-1908).
3. *La Tosca*, opera lirica in tre atti di Giacomo Puccini, su libretto di Giuseppe Giacosa e Luigi Illica, 1896-1899; la prima rappresentazione si tenne il 14 gennaio 1900.
4. Per la storia di Giorgio Buridan come autore di teatro vedi capitolo "Anton Giulio Bragaglia: un Maestro di teatro", pp. 273 e ss.

Giorgio, "vestivamo alla marinara"

Il mio passato fascista

1. "E per Ricci nostro Capo..."

Eravamo circa un migliaio tra Balilla e Piccole Italiane, schierati in Corso Ferrucci a Torino davanti alla Casa del Fascio.

Mattina fresca di inizio novembre: per l'occasione le Centurie erano comandate da graduati della Milizia e da Donne Fasciste severe grasse e brutte.

Doveva essere una giornata di festa per la visita di S. Ecc. Renato Ricci, Capo dell'ONB (Opera Nazionale Balilla), un'istituzione che il Regime teneva in gran conto.

Infatti, sui nostri libri di testo, per quanto riguardava i maschi, così si leggeva:

L'Opera Nazionale Balilla si prefigge la preparazione militare, fisica e spirituale dei giovani italiani nati in clima fascista, dai sei ai diciotto anni, al duplice scopo di rendere perenne nei secoli il Regime medesimo col mezzo di un'incrollabile assoluta educazione fascista delle masse giovanili, e consentire alla Patria di raggiungere con lo stesso mezzo, quella espansione di prestigio e di civiltà che la renderà degna di Roma antica e della sua missione medesima oggi rinnovata.

E per le ragazze:

Compito di codesta Organizzazione è di preparare alla vita la giovinetta perfetta, come donna di casa, e dal di lei spirito profondamente fascista.

Le Piccole Italiane partecipano quindi a giochi sportivi, presenziano alle manifestazioni politico-patriottiche del suddetto Regime, a gite istruttive, ad opere di solidarietà e altresì a corsi di cucito, di ricamo, di cucina, ecc.

Questa alata prosa che avrebbe fatto rabbrividire *L'Immaginifico* [Gabriele D'Annunzio], proseguiva illustrando i compiti degli Avanguardisti (dai quattordici ai diciotto anni) e dei Giovani Fascisti (dai di-

ciotto ai ventuno anni) mentre per le ragazze l'organizzazione si fermava alle Giovani Fasciste (dai diciotto ai ventuno anni). C'era poi un volontariato per le maestre di ruolo come Donne Fasciste con compiti di comando e di disciplina durante le adunate.
In un secondo tempo, era stato creato il Corpo dei Figli della Lupa (dai sei agli otto anni), una sorta di "asilo" fascista.
Tutte le organizzazioni erano diventate operanti con una legge del 1926, ma sino al 1930 noi ragazzi e ragazze ce ne stavamo in pace finché per tutti gli alunni delle Scuole del Regno era diventata obbligatoria non soltanto la tessera ma anche la presenza alle adunate del cosiddetto *Sabato Fascista.* E sulla tessera era stampata la formula del giuramento:
Giuro di servire con tutte le mie forze e se necessario anche con il mio sangue la causa della Rivoluzione Fascista.
I ragazzi schierati in formazione militare, alla lettura della formula stampata, alzando il braccio nel saluto romano dovevano gridare "LO GIURO!".
Ma alcuni insegnanti gesuiti ci avevano spiegato che il giuramento è un impegno solenne assunto davanti a Dio e quindi chi non manteneva la promessa era uno spergiuro e commetteva un peccato grave. Tuttavia, qualora uno pur essendo naturalmente in armonia con il Regime, non fosse stato magari perfettamente convinto, poteva profittare del coro "Lo giuro" e pronunciare invece "L'ho duro". Nessuno se ne sarebbe accorto ma il giuramento dinanzi a Dio non sarebbe stato valido.

* * *

Così nel 1930 il Fascismo si era imposto a tutti i Provveditorati e mio padre (con chissà quali disgusti!) era stato costretto a comperarmi la divisa da Balilla. Che consisteva in una sahariana nera (il nero era il colore rituale insieme a teschi e altre delizie mortuarie), calzoncini corti color coloniale, calzettoni sportivi, scarpe nere, fazzoletto azzurro al collo e l'immancabile "fez", già copricapo nazionale dei turchi e ora berretto della Milizia e delle Camicie Nere.
Così, come Balilla mi ero presentato a mio padre che mi aveva squadrato

con ripugnanza: "Sembri a uno scimmiotto!" – aveva detto, con mio disappunto perché ero molto fiero del patriottico travestimento.

* * *

L'arrivo del gerarca era previsto intorno alle otto, otto e trenta: l'alto personaggio, a bordo di una macchina ministeriale scoperta, si sarebbe fermato al centro delle schiere e, all'ordine del graduato più anziano "E per Ricci nostro Capo...", tutti avrebbero dovuto intonare "Eja, eja, alalà!", formula esoterica di cui nessuno conosceva il significato. Questo era il cerimoniale previsto, ma chi era poi Renato Ricci? A parte la presidenza dell'Opera Nazionale Balilla e il sottosegretariato al Ministero dell'Educazione Nazionale, tutti ignoravano il curriculum di questo gerarca.

* * *

Volontario nella prima guerra mondiale, legionario fiumano con D'Annunzio che, per toglierselo dai piedi, l'aveva mandato a comandare l'inutile guarnigione di Zara, Ricci era considerato da tutti un fedele fascista ed un grande coglione.
Nel 1921 aveva organizzato il fascismo nella zona rossa di Carrara e delle Apuane, nota per le tendenze anarchiche. Sovvenzionato dagli agrari toscani ed emiliani che temevano il bolscevismo, era stato a capo di manganellatori ai tempi dello squadrismo violento.
Primo segretario a Sarzana aveva dimostrato la fede incrollabile a randellate e, spedito a Genova, si era distinto in diverse spedizioni punitive culminate con l'assalto a Palazzo San Giorgio.
Ma chi aveva voglia di trascinarsi dietro quel violento scimunito che non faceva che combinare guai? Infine, era arrivato il grande momento: LA MARCIA SU ROMA. Mussolini, usando la stessa tattica di D'Annunzio, l'aveva mandato insieme ai suoi bravi a presidiare inutilmente il centro balneare di Santa Marinella.
Per meriti antemarcia ed eroici precedenti, nel 1924 Ricci aveva continuato la sua "opera di risanamento fascista" in varie provincie,

ovvero a comandare la squadraccia di manganellatori e oleoricinisti. Ma intanto, con la presa del potere, il fascismo era cambiato. Ora si doveva agire nella legalità e gli squadristi delle Apuane era meglio se tornavano a casa. In premio avrebbero ottenuto, senza concorsi, impieghi nei comuni, nelle ferrovie e nelle poste, purché smettessero di menare le mani.
Così Renato Ricci, eletto nel Direttorio del Partito e poi alla Camera dei Fasci e delle Corporazioni, era rimasto un imbecille del quale il Partito non sapeva bene che fare. Finché nel 1927 l'Opera Nazionale Balilla era passata sotto la dipendenza del Ministero dell'Educazione Nazionale. Quale rara occasione per accontentare il fedele e ambizioso Ricci e, ancora una volta, toglierselo di mezzo mandandolo a dirigere i suoi Balilla.
Scriveranno di lui sulle enciclopedie (voce a cura di Umberto Renda sul *Grande Dizionario Enciclopedico* del professor Fedele - UTET, Torino 1938-XVI, v. 9. pp. 545-46):
... con il 1927 ha inizio la seconda fase della sua attività che, continuata con lena infaticata da ormai un decennio, gli assicura la riconoscenza della Patria. Egli infatti, traducendo in atto le lungimiranti direttive del Duce, ha ben compreso che il Fascismo non potrebbe durare nel tempo se non penetrasse a fondo, e in forma incancellabile, nella coscienza delle succedentisi generazioni così da costituirne l'essenziale alimento spirituale.
Quale alimento spirituale potesse promanare da un cervello come quello di Ricci non è detto, sta di fatto che l'ex manganellatore delle Apuane aveva finalmente trovato il posto adatto alle sue più che modeste capacità intellettuali.

* * *

L'armata dei Balilla e delle Piccole Italiane che bivaccava dinanzi alla Casa del Fascio, dopo un'ora e mezza di attesa cominciava ad averne abbastanza. Il collegamento con l'incrocio donde doveva spuntare la macchina ministeriale, era assicurato da una staffetta ciclista che attraverso una trasversale più vicina, ogni dieci minuti doveva riferire al capomanipolo:

"Giunge?".
"No, arriva nen" [No, non arriva, in torinese].
Già i ranghi serrati si erano allentati e alcuni delle ultime file si erano seduti per terra. Al richiamo, perentorio e ducesco del capomanipolo, si era intesa, alta, profonda e imponente, una pernacchia lunghissima. Alle risate sgangherate delle bambine, il capomanipolo si era infuriato: ne andava del suo prestigio gerarchico e – si fa per dire – dell'alta responsabilità di comando.
"Chi è stato? Chi è stato!" – ma era subentrato un silenzio ostile.
Da lì a poco – ma questa volta da tutt'altra parte – un'altra pernacchia si era levata, perentoria, mediterranea, assoluta.
Questa volta il capomanipolo ebbe uno scatto d'ira ma, rendendosi conto dell'impossibilità di fronteggiare la situazione, si rivolse a un Balilla di prima fila dall'aspetto compunto ed ebete: "Prendi tu il comando. Vado a telefonare per conoscere i motivi del ritardo".
Con l'ingloriosa uscita del capomanipolo, l'armata si sfasciò. Si scomposero le fila: alcuni cominciarono il gioco delle biglie; altri il lancio delle figurine dei calciatori; altri ancora il gioco dei dadi. I più calmi e compassati, intonarono un coro che aveva un che di gregoriano e da qualche tempo veniva cantato dai Balilla durante le più tediose adunate del Sabato fascista:
(Solista): Evviva la Casa del Fascio
(Coro): Che è tutta gialla.
Da poco l'imponente edificio littorio era stato ridipinto ma la scelta del colore era stata infelice: quel giallo canarino stonava con la seriosità della Casa del Partito.
Il vento di sommossa si era esteso anche alle Piccole Italiane che, malgrado gli strilli isterici delle Donne Fasciste, ridevano forte, mandavano baci e saluti ai Balilla e, tramite una messaggera sfuggita alla capessa, ci avevano inviato un gentile omaggio di caramelle e di *cicles.*
Mentre il coro del "giallo" continuava, melenso e tristissimo, alcuni avevano deciso di disertare e, raccolti un po' di soldi, si erano diretti a un vicino negozio di panettiere che forniva a una scuola liquirizie, caramelle, gelatine di frutta e altri dolcetti. I più ricchi avevano comperato pagnottelle imbottite con due fette di salame e tante gazzose in quelle

belle bottiglie verdi della mia infanzia in vetro spesso, con una biglia in funzione di tappo che, a gazzosa consumata e bottiglia infranta, veniva recuperata e, nello scambio, valeva due biglie normali.
Verso le dieci l'armata dei Balilla e delle Piccole Italiane era in sfacelo. Anche la staffetta non arrivava più ad informarci dal momento che al bivio nessuna macchina "giungeva".
Chi correva per il viale, chi giocava con un pallone trovato chissà dove, chi – esausto – si era sdraiato per terra maledicendo ad alta voce "sto stronzo di Ricci!".
Dalla parte delle ragazzine c'era maggior disciplina. Le grasse megere del fascio si erano stancate di urlare e così alcune piccole si erano sedute sul gradino del marciapiede e giocavano "a chi ride per prima" con sghignazzate allegre e gioiose. Altre con un gessetto avevano tracciato sull'asfalto una bellissima "settimana" e si esercitavano con salti esperti e abilissime raccolte della pietruzza su una gamba sola.
Insomma, da militaresca e marziale, l'adunata si era trasformata in gaia occasione di giochi.
Nel quarto d'ora che ancora seguì, il disordine si accentuò. Ormai molti Balilla avevano disertato e stavano per andarsene incuranti delle minacce del capomanipolo, quando improvvisamente...

* * *

Lontano, roco, stonato, quasi strozzato dall'emozione, uno squillo di tromba che avrebbe dovuto suonare l'attenti scosse l'armata in rotta: il segnale dell'arrivo di Sua Eccellenza Ricci!
Il capomanipolo e le capesse, agitatissimi, tentarono di riparare al disordine: troppo tardi!
L'auto ministeriale, grossa e imponente, sfilò e Ricci si alzò in piedi, petto in fuori, finché la macchina si arrestò al centro del raduno.
Una voce stentorea, affannata e preoccupata, urlò in falsetto:
"E per Ricci nostro Capo...".
E, dalle legioni sfasciate, con tono di noia, si levò il coro: "Eja, eja, alalà!".

* * *

Ma i miei trascorsi fascisti non finirono così: a quattordici anni diventai d'ufficio Avanguardista, con odiosissima divisa composta da: sahariana nera con taschini, calzoni a sbuffo sotto il ginocchio e fasce militari che si disfacevano continuamente; scarponi tipo montagna e berretto simile agli alpini ma senza penna.

Un orrore! Ma per poter frequentare le Regie Scuole dovevo avere la tessera che comportava la presenza alle adunate del Sabato Fascista.

Non ne potevo più di queste cretinerie, così decisi di disertare. L'occasione mi venne fornita da mio padre che, ritenendosi tartassato a Torino, chiese ed ottenne subito la residenza a Stresa.

Così, come residente al lago, mi iscrissi – con grande piacere del Segretario Federale – tra gli Avanguardisti locali: cinque in tutto che facevano ridere quando, in fila indiana, andavano all'adunata del Sabato.

Il trucco fu di non comunicare alla Federazione di Torino che ero residente a Stresa. Contavo che, con il persistente disordine amministrativo, il trasferimento sarebbe avvenuto chissà quando: così cominciai a disertare le adunate torinesi, mostrando la tessera stresiana. Tuttavia, per non incorrere subito in sanzioni, per qualche tempo mi comportai da Avanguardista lacustre andando alle solite adunate del Sabato. Alle proteste torinesi, esibivo la tessera stresiana, invece per quelle stresiane, dopo un po' di tempo, tirai fuori la tessera torinese dimostrando che dovevo assolutamente partecipare alle adunate di Torino in quanto il trasferimento non era ancora avvenuto.

La cosa funzionò con mia grande sorpresa perché ero convinto dopo pochi mesi il trucco sarebbe stato scoperto. Invece mi divisi salomonicamente tra i due tesseramenti e tutto procedette nel modo migliore anche perché in Italia ciò che conta è di rispettare scrupolosamente le leggi vigenti.

* * *

2. La rimpianta funicolare [trenino - cremagliera]

Il Segretario del fascio di Stresa era un gerarchetto grasso e mite, sempre in divisa, che aveva ottenuto la carica per non so quali benemerenze o amicizie. Ne era molto fiero perché con quella sahariana che gli tirava sulla pancia si sentiva qualcuno. Inoltre, come Federale, era stato nominato direttore della ferrovia a cremagliera Stresa-Mottarone.
Questa bellissima funicolare, di cui ho un caro ricordo, era stata costruita nel 1910 a Zurigo dal Tecnomasio Brown-Boveri. Era grossa, imponente, tutta dipinta di giallo con filettature nere, maniglie e corrimano in ottone lucido.
La Stresa-Mottarone era l'orgoglio di tutto il Verbano perché, anche dall'opposta sponda di Pallanza, la si vedeva arrampicarsi per pendii scoscesi grazie alla cremagliera dentata. Non si poteva dire che fosse veloce: da Stresa-Imbarcadero fino alla stazione del Mottarone a metri 1491, impiegava quasi due ore, ma con quanta dignità e poesia! Intanto la partenza: percorreva adagio la strada centrale di Stresa con quel segnale che, più che un fischio pareva una sirena arrochita, poi si portava alla Stazione Ferroviaria dove entrava, maestosa, sotto l'apposita tettoia in stile liberty. Di lì, rifaceva il cammino e, giunta al bivio del cimitero, affrontava la salita ingranando in modo deliziosamente fragoroso la cremagliera. Poi... poi si andava tra boschi di castagni, si attraversavano radure verdeggianti e frutteti e, poco dopo, ecco con un fischio una stazione. Erano piccole costruzioni in legno, graziose, con un che di liberty nelle volute del tetto. Un altro fischio e si ripartiva: alle salite fragorose di ingranaggi si alternavano tratti di pianura scorrevoli sulle rotaie. Così, lentamente, sino alla meta con vedute dei laghi perché nei giorni sereni si potevano ammirare, oltre al Verbano, il lago di Varese e vari laghetti minori.
Il Segretario Federale di Stresa era dunque il Direttore di questa meraviglia, se ne sentiva il padrone e amava la sua cremagliera che, nonostante gli anni, era sempre lucida a specchio.
Uno dei ricordi più divertenti era di vedere alle nove del mattino il gerarchetto in sahariana e stivali, estrarre con gesto imponente il fischietto. Un breve fischio al quale rispondeva l'avvio della macchina.

Poi, appena sferragliando, la possente funicolare si muoveva e tutti la seguivano con sguardo affettuoso perché era molto cara agli stresiani.

* * *

3. Il monumento ai Caduti

L'adunata del Sabato Fascista consisteva in una breve passeggiata sul lungolago, al comando del Segretario che, militarmente, scandiva i passi dei cinque Avanguardisti sino al monumento dei Caduti.
Questo monumento merita una nota a parte. Eretto, credo, nel 1919 [1923][1] a cura del Comune e dei Reduci, raffigurava in dimensioni giganti due eroi che, in positura scarsamente credibile per l'equilibrio, si protendevano verso il nemico e l'immancabile sacrifizio.
Alti, bronzei, ormai completamente inverditi come i marziani, procedevano nel vuoto tenendosi per mano.
Il particolare che aveva turbato almeno un paio di generazioni, era che i benemeriti Caduti erano completamente nudi e anzi, il più alto e sporgente mostrava vistosamente i suoi attributi maschili.
Mi è stato riferito che allo scoprimento del monumento vi fu uno scandalo con il Vescovo e il Curato che si allontanarono ed alcune signore che, nonostante un aulico discorso postdannunziano, riuscirono a stento a trattenere il riso.
Il fatto ebbe uno strascico con l'intervento del Vescovado e repliche offese del Prefetto e del Podestà.
Infine, cedendo vergognosamente alle richieste rigoriste, venne deliberato dal Consiglio Comunale di applicare una foglia di fico alle mascolinità. La "foglia delle balle", così come i laici in un loro volantino la definirono, restò in loco per alcuni anni ma la lucentezza del bronzo nuovo contrastava con il verdeggiare dell'eroe, sicché gli sguardi venivano polarizzati su quel punto preciso. Poi, con l'affermazione del fascismo e relative esaltazioni di maschilismo, per ordine della Federazione di Novara, la "foglia delle balle" venne rimossa e l'eroe riprese ad esibire fieramente i suoi patriottici attributi.

* * *

Intorno al monumento si era creato un vezzoso praticello con erba rasa genere pelouse che a Stresa cresceva benissimo per le frequenti piogge e l'umidità lacustre. Ma... ma... il 18 novembre 1935 la Società delle Nazioni decretò contro l'Italia le Sanzioni Economiche, subito definite dai fascisti "inique", il che non era giusto perché era stato proprio il Governo italiano anni prima a caldeggiare l'entrata dell'Etiopia alla Società delle Nazioni.

* * *

4. "Prendete voi il comando!"

Così si inventò l'autarchia. Per la benzina razionata le macchine cominciarono a diradarsi e a circolare a metano con due bombole sul tetto che parevano siluri pronti ad esplodere e, poco più tardi, si arrivò al gasogeno, ovvero una stufetta applicata dietro l'auto che, bruciando carbonella, produceva un gas che, bene o male, sostituiva la benzina. Così l'autista si riappropriò letteralmente del sostantivo *chauffeur* e si trasformò in fuochista dovendo ogni tanto fermarsi per aggiungere carbonella e attendere finché si fosse formato il gas.
La bicicletta ridiventò la regina delle strade, si incrementarono le colture soprattutto di frumento e il Duce si esibì a torso nudo nel giornale Luce come trebbiatore nella "battaglia del grano".
Ma l'autarchia investì anche il praticello che faceva corona al monumento del due eroi "desnudi": per ordine del Segretario Federale, la graziosa pelouse venne arata a mano, alcune variopinte zinnie sradicate, e si piantarono fascisticamente patate.
L'adunata del Sabato consisteva dunque per i sei Avanguardisti stresiani nel recarsi al monumento ed estrarre due chili circa di patate, non di più perché tale raccolto bastava alle esigenze immediate del nostro amato gerarca, che assisteva ai lavori in posa mussoliniana, gambe aperte e braccia appoggiate sui fianchi.
Per quanto mi riguarda, non ho mai spalato patate perché il Segretario, conoscendomi come "villeggiante", riteneva indegno di mettermi a

spalare. Facevo dunque l'assistente e quando dopo un quarto d'ora il nostro piccolo duce ci lasciava per continuare la sua *promenade* sul lungolago e fumarsi in pace il sigaro, ero io a sorvegliare i "lavoratori". In realtà era il momento in cui tutti smettevano di zappare e uno più organizzato faceva il giro con una borraccia di vino. Poi si fumava una sigaretta e finalmente il nostro Capo ritornava e ci trovava alacri ai lavori.
Ma un giorno come una meteora comparve un bellissimo giovane con una divisa insolita: era il mio amico Alfonso(2), un ragazzo milanese alto e biondo che ostentava un'uniforme bianca mai vista, con cappello a visiera e àncora dorata.
A domanda del Segretario chi fosse rispose, con grandissimo sbattimento di tacchi, che era Avanguardista Marinaretto. Il nostro Capo ne rimase scosso: non aveva mai sentito parlare di questa specialità. Ma quando, informatosi, apprese che i reparti Marinaretti, armati di mitragliatrici Colt eseguono speciali esercitazioni a fuoco, ne fu talmente scosso che impallidì poi, con deferente saluto romano, si rivolse al mio amico pronunciando questa storica frase: "Prendete voi il comando!".

* * *

I miei trascorsi fascisti finiscono qui. Con compiacente certificato medico riuscii ad evitare di diventare un Giovane Fascista. Poi, come tutti sanno, le cose in Italia precipitarono e, ancor prima del 25 luglio 1943, cominciavo ad occuparmi della stampa clandestina.
Delle mie esperienze "fasciste", di Balilla e di Avanguardista, ne ho tratto una conclusione: che, mentre in Germania il nazismo, attraverso la Hitler Jugend era riuscito a creare una gioventù hitleriana, in Italia il fascismo si era dimostrato – così come era – un regime buffonesco ed operettistico. Poi, subentrò la parte drammatica con la Repubblica Sociale, ma ormai i giovani, dopo l'ignobile sbandamento dell'8 settembre, si erano convinti di una realtà: che il fascismo al di là delle sue "adunate oceaniche" e della "folla delirante" (questo aggettivo con una velina scomparve perché chi delira non è più in grado di intendere

e di volere) non era che una montatura ed un corpo estraneo alla mentalità, per nulla guerrafondaia e bellicosa del popolo italiano. Tuttavia è anche vero che la maggior parte aveva aderito, e non solo obbligatoriamente al Partito Nazionale Fascista ("Per Necessità Familiari" – come si diceva), perché per la prima volta nella Storia si era sperimentata una propaganda, soprattutto radiofonica, in modo capillare. Con quali convinzioni ideologiche si è poi constatato l'8 settembre 1943 e nelle successive disfatte che avevano visto sorgere, spontaneamente, un movimento di opposizione armata.

NOTE AL CAPITOLO
IL MIO PASSATO FASCISTA

1. Lungolago di Stresa il Monumento in bronzo, su granito rosa, dello scultore Giovanni Oreste Pozzi (1892-1945): "Stresa ai suoi morti gloriosi", MCMXXIII.
2. Trattasi con molte probabilità di Alfonso Ginella, che troviamo tra gli amici di Stresa, poi accanto a Giorgio Buridan, curatore della filmografia di *I ragazzi ci guardano: 50 film sui problemi dei giovani* in Museo Nazionale della Scienza e della Tecnica Leonardo da Vinci, Sezione cinema, Milano, maggio 1962.

Quel motovelodromo di Corso Casale

Riportiamoci a Torino nel 1931. Avevo dieci anni e da un anno, come tutti i ragazzi che andavano a scuola, ero diventato balilla e comandato alle adunate, tediosissime e inutili, del Sabato fascista.
Erano gli anni del fascismo trionfante: Pio XI (Achille Ratti) autore dei Patti Lateranensi firmati l'11 febbraio 1929 dal Cardinal Gasparri e da Benito Mussolini, promulga l'enciclica Quadragesimo Anno, in cui ribadisce la condanna religiosa al socialismo e al comunismo.
Il primo luglio entrano in vigore i Nuovi Codici di Procedura Civile e Penale del Ministro della Giustizia Alfredo Rocco.
Il Partito fascista impone fedeltà al regime: su milleduecento professori universitari soltanto tredici non accettano l'obbligo del giuramento.
Il 14 maggio a Bologna il maestro Arturo Toscanini rifiuta di dirigere l'inno *Giovinezza* prima di un concerto.
"Liala" – pseudonimo di Liala Negretti – scrive il suo primo romanzo *Signorsì*.
Lo scrittore e poeta Adolfo Lauro De Bosis, esule in Francia per protestare contro il fascismo, sorvola Roma e lancia migliaia di volantini con un appello al Re e un indirizzo di rivolta agli Italiani. Nel ritorno sparisce in mare. Era nato nel 1901[(1)].

* * *

Il fascismo si è ormai affermato: ora è un'epoca di sogni evasivi e borghesi, il tempo in cui l'italiano medio – impiegato o funzionario – insegue il mito illustrato da una canzone delle "Mille lire al mese". Quelle mille lire, dal biglietto di banca vecchiotto e grande come il suo potere di acquisto, sono il sogno che permette di tollerare un regime oppressivo grazie ad un benessere soporifero. Ormai, anche se la

propaganda proclama che "la rivoluzione fascista è sempre in marcia", la gente tira ad arrangiarsi e una coltre di rassegnato conformismo si è distesa sulla vita nazionale.
D'altronde, era una vita più semplice, modesta e tranquilla. Torino, dove vivevo, non era molto brillante: la stessa FIAT non incombeva ancora come una cappa di piombo sulla città che presentava industrie diverse ma soprattutto metalmeccaniche. Isolati dalla stampa da un insieme internazionale e condizionati da una propaganda di regime "per uso interno", non ci accorgevamo più della differente realtà con altri paesi europei o con gli Stati Uniti: si pensi che nel 1931 era già terminata a New York la costruzione dell'Empire State Building (381 metri) ed era già operante un servizio di telescriventi su nastro perforato.
Insomma: malgrado le smargiassate fasciste, il mito fasullo della "romanità" e le ducesche concioni sul destino eroico degli italiani, si viveva ancora relativamente in pace anche se il Tribunale per la Sicurezza dello Stato aveva nel 1929 condannato a dure pene diversi antifascisti e l'OVRA si dimostrava occhiuta ma non particolarmente intelligente.

* * *

Non ho mai avuto molta confidenza con mio padre al quale peraltro devo una buona educazione di principi morali e anche formali.
Ma è stato un uomo che non posso dire onestamente di aver molto amato: tutta la mia impostazione di vita la devo a mia madre, donna veramente eccezionale.
A quel tempo tra le poche cose che mi avvicinavano a mio padre, c'erano alcuni romanzi di Jules Verne: *Ventimila leghe sotto i mari*, *L'isola misteriosa* e *Michele Strogoff*; alcuni personaggi de *Il Corriere dei Piccoli* che trovavamo molto spiritosi – e infatti lo erano –, poi gli spettacoli del circo e le corse in pista al motovelodromo di Corso Casale.
Gli anni Trenta erano molto propizi per i circhi: a Torino ne arrivavano di importanti, come il tedesco Gleich[2] che si spostava con due treni e aveva uno spettacolo a tre piste. Mio padre mi portava sempre

allo spettacolo pomeridiano e ci entusiasmavano soprattutto i numeri delle belve e le spericolate esibizioni dei trapezisti. E poi mi portava la domenica mattina per assistere al pasto delle belve, fornendomi notizie (credo anche di fantasia) sulle più terrifiche fiere: *La pantera nera è una specie di leopardo molto più feroce e si nutre di carne cruda e sanguinolente e, in Africa, anche di negri.* E poi l'elefante al quale andavamo a dare le noccioline così come alle scimmie. Insomma, per me decenne, il circo era davvero un gran divertimento.

* * *

L'altra passione comune erano le corse in pista al motovelodromo di Corso Casale[3]. Ma più che le corse erano i fatti tecnici a entusiasmarci: le picchiate a picco dall'alto dell'ultima curva, e quel delizioso fruscìo dei palmer[4] sulla pista che mi pare ancora di sentire.
Era una festa veder sfrecciare a poca distanza quei corridori agilissimi nelle volate degli ultimi duecento metri, nelle "americane', nelle "individuali" e perfino nelle "cronometro" che erano le meno spettacolari.

* * *

Ecco che un mattino all'inizio di giugno, mio padre mi annuncia: "Oggi ti porto al motovelodromo". Sono felice.
Preparativi: lui si mette una giacca sportiva e come sempre in quelle occasioni un cappello di paglia bianco. Io metto vestiti leggeri ma mia madre mi obbliga a portare un odioso cappello di tela che poi mi tolgo e metto in tasca.
Così ci avviamo verso le 14,30 alla fermata del tram n. 16, detto "Dei viali" che porta proprio al motovelodromo. A quel tempo non avevamo la macchina e, d'altronde, a Torino le automobili circolanti erano molto poche. Soltanto l'anno seguente (1932) con l'uscita della Balilla (lit. 12.500) inizierà il tempo della motorizzazione privata che avrà il massimo sviluppo verso il 1935/36.
Il biglietto del tram, riportandoci ai tempi, mi pare fosse caro. La sola

andata (biglietto stretto e lungo rosato) costava lit. 0,50, mentre quello a due corse (più largo e di colore giallo) lit. 0,80[5].
La linea n. 16 Dei viali, aveva vetture vecchiotte piuttosto piccole (venti posti a sedere) e le due piattaforme con una ringhiera in ferro aperta dalla parte della salita/discesa per dar modo, quando il tram rallentava molto nelle curve o vicino agli scambi, di salire o scendere tranquillamente, benché fosse proibito. Quando il tram andava forte, quel vecchio tipo di vettura con carrelli ravvicinati cominciava a caracollare come un cavallo e tutti lo sapevano e si divertivano.
Finalmente, dopo una mezz'ora, si arrivava in Corso Casale. In centro a Torino nel 1931 c'era poco traffico: qualche auto ogni tanto, quasi tutte Fiat 509, 514 o le più grosse 521 o 522, poi alcune Lancia Lambda. Particolare curioso: il claxon era bitonale con suono basso e rauco da gallina strozzata e non a tipo sirenico come gli attuali.
Tante biciclette, invece, che invadevano i viali e le piazze e davano un senso di allegria con i loro campanelli.
La domenica, alla fermata del tram in Corso Vittorio Emanuele II, c'erano sempre famigliole che aspettavano il n. 13 che faceva capolinea in collina a Val Salice. Le donne portavano un cestino di paglia con l'occorrente per una "merenda" sui prati.
Finalmente si arrivava al motovelodromo. Fuori, cinque o sei macchine, con la "Bianchi" tutta lucida della giuria, alcune motociclette Gilera, Guzzi, Triumph, Indian e Frera; mucchi di biciclette, alcuni nelle rastrelliere, altre accatastate allegramente.
Visto da fuori il motovelodromo era proprio brutto. Alto, con i muri un poco scrostati, aveva un'aria vecchia anche se, come mi diceva mio padre, era stato costruito nei primi anni del 1900.
Le riunioni su pista avvenivano in modo irregolare da aprile a settembre, sempre di domenica. Talvolta la frequenza era settimanale, altre volte passava più di un mese, forse a causa delle difficoltà finanziarie: l'Uvi (Unione Velocipedistica Italiana) era povera e il pubblico non troppo numeroso.
L'entrata era larga, col grande cancello in legno che si apriva per fare entrare i corridori delle corse a tappe (Giro d'Italia o la Milano-Torino) che si concludevano sempre con la volata in pista. Ecco: a

lato c'era la biglietteria, mio padre si era avvicinato e aveva detto: un intero e un ridotto per il *cit* [piccolo, bambino]. Veramente il ridotto era per bambini fino a otto anni ma lì non stavano troppo a vedere. Circolava allora la barzelletta di due ragazzini che volevano entrare gratis: era il tempo delle furibonde volate tra Learco Guerra ("la locomotiva umana") e Alfredo Binda (detentore del record del mondo sui cinquanta chilometri).

Con il papà Paolo Buridan nella villa Cappa Legora a Stresa

Così, il primo ragazzino era passato spavaldo davanti alla biglietteria dicendo "Orfano di guerra" e l'addetto l'aveva fatto entrare. Il compagno, incoraggiato dalla riuscita, era passato anche lui dicendo "Orfano di Binda".
Proprio nel 1931 Learco Guerra sarà campione mondiale su strada.

* * *

Ed eccoci dentro: che emozione per me rivedere la grande pista ovale con le curve rialzate a sessanta gradi.
Intorno, lunghi rettifili, le tribune in pietra e, al centro del prato sotto una tettoia, il posto per la giuria. Le tribune erano semplici e spartane: gradoni di cemento. In basso, la rete metallica divideva la pista dal pubblico.
I grandi campioni venivano raramente a Torino perché gli ingaggi a Parigi e in America erano molto più alti ma, in compenso, avevamo due corridori che ritrovavamo ad ogni riunione: Ragno e Giorgetti[6]. Ragno mi pare fosse piemontese, non ricordo, e Giorgetti era un italoamericano che aveva corso molto in sud America. La fama di Giorgetti era grande perché nel 1920 ad Anversa aveva capeggiato e vinto per l'Italia l'inseguimento a squadre con Ferrario, Carli e Magnoni. Erano entrambi dei pistards consumati a tutti i trucchi e le improvvisazioni. Giorgetti, forse, era il più furbo con riflessi prontissimi, ma Ragno era più forte e sui duecento metri spesso vinceva lui.
Ma era sempre un gran piacere perché, ad ogni riunione, succedevano cose straordinarie. Come quando per le proteste di un corridore all'arrivo perché un compagno gli aveva dato una spallata apposta, un tifoso aveva scavalcato la rete per andare a picchiare il giudice di gara, che, vista la situazione, aveva inforcato la bicicletta e si era dato alla fuga per la pista, seguito dall'esacerbato tifoso, anche lui in bicicletta. La gara era stata vinta dal giudice con una volata straordinaria ai duecento metri (un suo collega aveva suonato la campanella come di solito) ma entrambi, l'ho saputo poi, erano stati dei professionisti della pista.
Altra volta, grande sorpresa! Al "mezzofondo" aveva partecipato Co-

stante Girardengo che indossava la maglia tricolore di campione d'Italia. Applausi caldissimi e "Gira" si era divertito a staccare tutti di almeno due giri ma, dopo venti tours, aveva l'aria di non poterne più così aveva finto di bucare una gomma e si era ritirato, peraltro sempre tra gli applausi. Non era più giovanissimo, era nato nel 1893 e aveva allora trentotto anni, ma pareva provato da tutte le vittorie della sua carriera (due Giri d'Italia, sette Milano-Sanremo, e nove volte campione d'Italia dal 1919 al 1925). Era nato e viveva a Novi Ligure e mi hanno raccontato che una volta, quando aveva ottant'anni era stato inseguito da un vigile ciclista per infrazione al senso unico. Ma il vigile, appreso che inseguiva il "Gira", aveva smesso di corrergli dietro dicendo: "Tanto quello lì, anche a ottant'anni non lo prendo più".
Quella domenica del giugno 1930 pareva proprio una riunione fortunata. Era in programma un *omnium*, cioè una corsa a squadra comprendente diverse prove: velocità - individuale a punti - inseguimento e poi *stayers* ovvero corsa dietro motori in cui si sfioravano le medie di sessanta sessantacinque all'ora. Ma all'ultimo momento gli *stayers* non si erano presentati in numero sufficiente e così la gara – effettistica ma non appassionante – era stata abolita.
Tutti aspettavamo il clou della riunione, ossia il duello individuale tra Giorgetti e Ragno.
E finalmente: sparo e partenza. Lentissimi. Davanti Ragno e Giorgetti lo segue. Parrebbe aver intenzione di scattare ma Ragno fa dei *balancages* a zig zag sinché dopo quattro giri va ad attestarsi sul punto più alto ed impervio proprio all'inizio della curva obbligando l'avversario a stare più in basso. Così comincia la tortura del cosiddetto *surplace*. È una posizione di quasi immobilità in equilibrio sulla bicicletta che il corridore in testa assume prima dell'ultima curva per stancare l'avversario e indurlo a scattare sfruttando il posto più alto e la scia nello sprint finale. Il *surplace* si può fare soltanto con biciclette con ingranaggio fisso, come quelle da pista che non hanno la cosiddetta *ruota libera*.
Il *surplace* durava già da dodici minuti ma nessuno dei due pareva deciso a cedere. C'era un'incredibile tensione tra il pubblico come quando in certi western si aspetta a chi sparerà per primo. Probabil-

mente dovevano esserci stati grandi scommesse tra i fans di Giorgetti e quelli di Ragno. Ma i due là in alto parevano statue di sale. C'era stato un lieve tentennamento da parte di Ragno, ma poteva anche essere un piccolo scarto muscolare, magari fatto apposta per dare l'impressione all'avversario di essere affaticato.
Silenzio ansioso di attesa: un *surplace* di diciotto minuti. Non ne potevamo più!
Infine, di colpo, era partito Giorgetti che stava più in basso. Giù come il fulmine, tre quarti di pista "alla morte", poi la campanella dei duecento metri era suonata, ma subito Ragno era piombato come un falco e stava rimontando... Ultimi cento metri in curva. Giorgetti resiste ma Ragno avanza, poderoso... A cinquanta metri dall'arrivo Giorgetti scatta ancora, disperatamente ma Ragno è più forte e riesce a superarlo per mezza macchina. Una vittoria tesissima come sempre tra i due campioni, e una mia delusione perché io facevo il tifo per Giorgetti.
La loro esibizione concludeva quella riunione e i due avversari si erano appoggiati alla rete proprio dove stavo io con mio padre. Ero molto emozionato nel vedere i miei idoli così vicini. E avevo chiesto a mio padre sottovoce se potevo fare i complimenti a Giorgetti anche se quella volta non aveva vinto e subito mio padre si era rivolto a campione: "Signor Giorgetti, mio figlio vuole farle i complimenti".
Giorgetti aveva sorriso e io ero diventato rosso per l'emozione: "Volevo dirle che lei è sempre il più bravo e che io tengo per lei". Giorgetti pareva contento: "Grazie. Ma oggi, hai visto, il mio amico Ragno mi ha battuto. Lui è più forte nelle volate ma io riesco a vincere con qualche trucco, magari piombando giù di sorpresa". Ragno assentiva severo: "È vero. Lui sa tutti i trucchi e ti scappa via come il vento".
Mio padre si divertiva. A differenza del pubblico abituale della pista, in massima parte uomini di mezza età di cui alcuni parevano ex pistards dilettanti, mio padre non scommetteva mai ma si entusiasmava.
Così, quella domenica forse per farmi piacere, gli venne un'idea che mi lasciò addirittura sbigottito. Si rivolse a Ragno: "Sentite, dato che siamo tutti e quattro appassionati, voi come campioni e noi come

fan, se non avete impegni immediati, posso invitarvi al ristorante?". Mi aspettavo un diniego violento e offeso perché due idoli, due campioni della pista non possono mangiare come tutti gli altri. Invece Giorgetti ringraziò e, sentito l'amico, accettò l'invito.
Al ristorante, ovviamente si parlò di corse in pista e Giorgetti, che era il più colloquiale, raccontò di tante riunioni in Sud America dove i campioni locali facevano di tutto per ostacolarlo con la complicità di giudici e commissari di gara. Ma molte volte lui riusciva a sorprendere tutti perché cambiava sempre tattica: qualche volta fingeva di scattare all'inizio della gara, altre volte girava in basso e poi andava al limite della curva alta, al penultimo giro, superando il gruppo che era rimasto giù. Poi raccontava che sovente erano corse truccate perché perfino i corridori scommettevano tra loro. Oppure corse "alla polverina" che alcuni campioni "snuffiavano" prima della partenza. Io non sapevo cos'era questa polverina magica ma mio padre mi aveva detto che poi me l'avrebbe spiegato.
Ragno doveva partire per Milano ma, prima di salutarci, io avevo tirato fuori timidamente il programma e cercavo di far capire a mio padre che mi sarebbe tanto piaciuto di avere un loro autografo.
Detto fatto: Ragno disegnò in un angolo un piccolo ragno tutto nero mentre il compagno scrisse, con mia felicità: "Giorgetti a Giorgino simpatico *supporter*". Mio padre mi spiegò che in America non si dice tifoso o fan ma supporter.
Ero felice per la meravigliosa domenica e stringevo tra le mani il programma che poi avrei fatto vedere ai miei compagni di classe. Poi, crescendo, mi sono stufato di vederlo anche perché di Ragno e di Giorgetti non si parlava più (ormai entrambi dovevano avere cinquant'anni e dunque, probabilmente, avevano appeso la bici al chiodo). Eppure, sarà stato il fascino arcano della pista o il delizioso fruscìo dei palmer sul cemento, o quell'aura di passione racchiusa nell'anello ovale ho ancora oggi la sensazione di rivivere quei momenti da ragazzino e l'incontro con i due meravigliosi idoli della volata.

NOTE AL CAPITOLO *QUEL MOTOVELODROMO DI CORSO CASALE*

1. Adolfo Lauro De Bosis (Roma 1901-1931). Letterato, poeta, traduttore dei tragici greci. Traduce Antigone, prescelto personaggio emblematico della ribellione. Negli Stati Uniti dove dal 1924 svolse propaganda culturale italiana e maturò il suo antifascismo. A Roma dal luglio 1930, iniziò la propaganda clandestina, chiamata "Alleanza nazionale" che consisteva nella diffusione, mediante la posta, di lettere ciclostilate nelle quali si attaccava duramente il regime fascista invitando la cittadinanza a praticare la resistenza passiva. Progettò di sorvolare Roma con un aeroplano dal quale avrebbe lanciato migliaia di volantini antifascisti sulla capitale. Il 3 ottobre 1931 parte da Marignane, vicino a Marsiglia, per Roma. La mattina della partenza, aveva spedito all'amico Ferrari una relazione anticipata della sua impresa, *Histoire de ma mort*, che doveva essere divulgata nel caso che il viaggio fosse stato senza ritorno. Raggiunto il cielo di Roma poco dopo le ore 20 del 3 ottobre 1931, e sorvolando la città per circa mezz'ora lasciò cadere un gran numero di volantini incitanti gli Italiani ad appoggiare l'Alleanza nazionale, ed il Re a tornare ad essere "il campione della libertà"; ma sulla via del ritorno l'aereo si inabissò nel Tirreno per motivi rimasti sconosciuti. Turati scrisse un commosso elogio di De Bosis su *L'Operaio italiano*, pubblicato a Parigi dalla Confederazione generale del lavoro d'Italia. Al suo nome è stata intitolata la cattedra di storia della civiltà italiana della Harvard University.
2. Il circo Gleich dal fondatore l'austriaco Julius Gleich (1886-1951), ebbe un'esistenza breve (1928-1937), ma all'inizio degli anni '30 era uno dei circhi itineranti più grandi e popolari d'Europa. Nel 1922, Gleich ribattezzò il suo circo, *European Barnum & Bailey.*
3. Motovelodromo, Torino, Corso Casale, inaugurato nel 24 luglio 1920, ospitò gare ciclistiche e motociclistiche, ma anche calcio, vi giocò il Torino nel 1925-26 e nel 1944, negli anni '20, ospitò partite della Nazionale, di rugby, gare di atletica, opere liriche, esercitazioni militari. Durante la Seconda Guerra Mondiale fu danneggiato dai bombardamenti, ricostruito nel 1947. Nel 1990 venne intitolato a Fausto Coppi. Nel 1994 dichiarato inagibile, ospitò ancora alcuni eventi, l'abbandono definitivo nel 2015. Il progetto di recupero è previsto per il 2022.
4. Palmer: tipo di pneumatico per bicicletta superleggero, inventato e costruito dall'inglese John Palmer, poi fascisticamente tradotto in "tubolare'.
5. Lit., abbreviazione di lire italiane usata un tempo.
6. Ragno e Giorgetti. Mentre per Giorgetti si possono rintracciare notizie: nato a Varese nel 1902, morto a Boviso Masciago nel 1983, campione olimpico dell'inseguimento a squadre ad Aversa nel 1920, poi per 14 volte la "sei giorni" negli USA, per Ragno non si sono trovate notizie; forse Ragni?

Il papà di Giorgio, Paolo Buridan

Giorgio amava i cani e ogni tipo di macchina

Giorgio, adolescente, a Stresa, Isola dei Pescatori

Ezra Pound e l'Osteria del porto

Allora ero un adolescente curioso e pieno di interessi: vivevo spensierato gli ultimi anni "entre deux guerres", e quell'estate del 1939, stavo a Rapallo dove mio padre aveva affittato una casa per alcuni mesi. Leggevo molto ma mi occupavo poco di politica anche se avevo l'impressione che nel mondo le cose andassero piuttosto male e che si sarebbe arrivati presto a una guerra.
Il mio scenario principale era il porto di Rapallo – anzi – una piccola osteria che dava proprio su una banchina e aveva fuori quattro tavoli rugginosi con sopra il marmo tutt'altro che pulito. Però questo modestissimo locale era per me un luogo deputato, quasi magico, come ora vi dirò.
Arrivava sempre all'osteria e sedeva al tavolino, imponente, con quel suo profilo da rapace intenso e mefistofelico: era lui, Ezra Pound, forse il più grande poeta vivente(1).
Poi compariva, sorridendo, il pittore Enrico Paulucci – anzi – il Marchese Paulucci (perché marchese lo è davvero, Paulucci delle Roncole)(2) che però Pound aveva battezzato "delle vongole" per la bravura nel fare gli spaghetti alle vongole che ogni tanto ci preparava nel suo rustico all'interno della vallata di Rapallo. I suoi inviti erano sempre spassosi perché Paulucci ci obbligava a bere il vino bianco da un "pirròne" ligure. Il pirrone è un recipiente antichissimo usato forse dai pescatori e dai marinai: consiste in un alambicco con un'apertura per introdurre il vino: si alza il pirrone, lo si porta a qualche distanza dalla bocca e poi si lascia che il vino coli in gola con effetto folcloristico e difficile: se non si è pratici, il vino viene addosso e tutti ridono e sfottono. Terzo e ultimo della compagnia arrivava lo scrittore Guido Seborga (nome d'arte di Guido Hess)(3), che allora il suo romanzo *L'uomo di Camporosso* non l'aveva ancora scritto, ma che aveva pub-

blicato su *La Ronda* significative poesie che Pound aveva apprezzate. Era un contestatore ante litteram che però aveva una sconfinata ammirazione per il "Maestro Pound".
"Hello, niño!", gridava Pound con allegria vedendomi, e – per divertirci e divertirsi, anche se sapeva benissimo l'italiano – si esprimeva in una interlingua ispano-franco-anglo-latino-gaelica.
"Alors, ça va? Sit down, niño, aquì près de moi".
A questo punto, come evocato da forze magiche, saltava fuori il padrone dell'osteria, un rapallino vivace che trattava Pound da paro a paro. E, come sempre, aveva in mano la bottiglia di anice forte. La posava sul tavolo, piazzava quattro bicchieri, la caraffa con l'acqua, e poi faceva sulla bottiglia un segno con la matita per controllare le nostre consumazioni.
"Nada, nada, amigo! It's useless, inutile, ne mène à rien, porqué la botella va finir. Comprende usted? Finire, épuiser, svuotare!".
Pound si serviva un mezzo bicchiere di anice forte, aggiungeva altra metà di acqua e tracannava d'un fiato "como préliminaire".
Beveva sempre e soltanto anice allungato e lo imponeva agli amici. Tuttavia, con il caldo, era una bevanda dissetante.
Io mi versavo modestamente un goccetto, e non perché l'anice allungato non mi piacesse, ma perché mi dava alla testa e non volevo correre il rischio di perdere discorsi così interessanti.
A questo punto Ezra s'informava gentilmente di "como è passada la giornata". Allora era la volta di Paulucci a raccontare di un guazzo a tempera dipinto in quarantacinque minuti a Portofino. Era diabolica la sicurezza con cui il "Marchese delle vongole" – questo pittore che aveva fatto parte del torinese "Gruppo dei sei"(4) – riusciva nei guazzi a tempera. C'era qualcosa di magico in quei paesaggi liguri, pieni di luci, di colore e di sole che sprizzavano allegria e gioia di vivere. Erano proprio come lui: un uomo aperto, comunicativo e innamorato della vita.
Ezra lo squadrava con disapprovazione:
"Trop vite! Ce n'est pas bien, no good! Tu dois pintar con mas attention!".
Paulucci sorrideva, gattesco:
"Ma allora non mi diverto più".

Pound scuoteva il testone e beveva un altro sorso di anice.
Poi passava a me: "Et toi, niño?".
Io mi sentivo intimidito e arrossivo perché quel pomeriggio non avevo proprio fatto niente di speciale:
"Beh, ecco, ho letto un po' e...".
"Cuale libro?".
"Oblomov".
"Aoh, really! Oblomov es bueno! Grande Gonciarov e quel suo servo – ah, quel servo... – come si chiama?".
"Zakàr".
"Aoh! Zakar! Già! Formidable!".
Ritornava serio, poi, fulminante:
"Et après?".
Non sapevo che dire. Quella sua grinta da superuomo nietschiano mi paralizzava:
"Beh, ho guardato il mare... ho pensato".
"Pensado?".
"Sì".
"Sagràda Virgen! Bravissimo! Il faut penser, reflechir toujours! Pensar non è perdere el tiempo! Et nunc bibe, puer, bibe hoc pastìs pastiçado!".
E mi versava una bella dose di anice.
Esauriti i preliminari si dava inizio ai discorsi che poi, sovente, consistevano in una quérelle ricorrente tra Ezra e Paulucci sull'influsso dei macchiaioli sugli impressionisti e viceversa. Volavano parole grosse, contumelie almeno trilingui, ètimi latini o gaelici e magari, dialettismi liguri:
"Ton Télémaque Signorini me lo metto aquì!".
"Impossibile: quadri grossi!".
"Tu te fous de moi? Mira Cézanne, por Dios! Guarda ben l'Estaque, pintòr!".
E così avanti tutta.
La notte scendeva dolcissima sul porticciolo di Rapallo e i lampioni si accendevano sulle banchine come luminarie in quell'estate interminabile così com'era il mio tempo dell'adolescenza.
Pound era diabolico: sapeva tutto, aveva letto tutto. A cinquantaquattro anni questo americano dell'Idaho, discendente da una famiglia

di coloni puritani del New England, pareva aver fatto tutte le esperienze possibili.
Sbarcato nel 1908 in Europa, dal '21 al '25 era stato a Parigi dove aveva capeggiato il movimento imagista e vorticista.
Io che degli imagisti non ne sapevo niente (e tanto meno dei vorticisti), una sera mi ero fatto coraggio e gli avevo chiesto di spiegarmi che tipi erano e che cosa volevano. Ezra si era messo a ridere:
"Mais nous étions des fous! Tòdos lòcos! Matti da legar. Mais, en somme, el movimiento voleva crear una forma lirica inspirada al classicismus, alla geometria, alle immagini, ecco: les images telles qu'elles sont – che andasse oltre ai symbolistes e ai parnassiens, rifacendosi alla poesia cinese e giapponese. Comprende usted?".
"No".
"Non importa, poi ti darò un exemplum".
Nel 1914 il Gruppo pubblica un'antologia di imagisti tra i quali figura James Joyce:
"Non véritable imagiste! Joyce es un jongleur, un prestigiador de palàbras! Vir excellentissimus mais non imagista! Però, Cristo falso, quelle puissance l'amigo James!".
Ezra non parlava mai di sé: le sue esibizioni erano unicamente culturali. Spaziava da Dante agli stilnovisti, da Rabindranath Tagòre, agli elisabettiani, ai Ming; dai preraffaelliti ("todos impotenti o homosexuels e le femmine lesbiennes") a Carducci che disprezzava con tutte le forze: "un poète qui write with the belìn", e aggiungeva, ad abundantiam, alcune preziose bestemmie gaeliche che ho dimenticato.
Conosceva moltissime lingue e una sera sbalordì un cinesino che vendeva le cravatte (sì proprio uno di quelli da "due lile, due lile!"), dicendogli chissà cosa in cantonese e tale fu lo stupore dell'ambulante che quasi finiva in mare.
Intanto Ezra aveva cominciato nel '19 a raccogliere i *Cantos*. Erano liriche sofferte, riscritte migliaia di volte, stracciate, bruciate, perdute. Gemeva sempre quando era ubriaco (e lo era in pratica, ogni sera) che non ce l'avrebbe mai fatta, che scrivere era troppo difficile, che lui ci aveva provato ma che era sovrumano, maledetta la voglia, *temptation of Satàn!*

Insomma, tra quegli intellettuali io mi sentivo eccitato e smarrito. Mi sarebbe tanto piaciuto di provare anch'io a scrivere, ma non osavo perché mi avrebbero preso in giro. Finalmente una sera Ezra si rivolse a me, sorridendo:

"Nino, ti decidi a portarci aliquid de tua fantasia?".

Era un invito. Come resistere al tentatore, al più grande poeta contemporaneo?

Ah, incoscienza della giovane età! Ci pensai tre pomeriggi e mi venne in mente un raccontino striminzito che buttai giù con tutta la leggerezza di ragazzino incolto. Era una storia strana e adesso, quando mi capita in mano rido pensando alla mia prima "prova di scritto" sottoposta a Pound.

Il titolo era programmatico: *L'uomo verde.* Si trattava di un alieno, di un extraterrestre (ma allora non si chiamavano ancora così, si diceva "i marziani"), che veniva sulla terra per riportare gli uomini al bene (figuriamoci!) e gli uomini invece, che non erano buoni come Rousseau immaginava, prima lo respingevano, poi finivano per ucciderlo.

Una trovatina. Beh, però allora ci credevo al mio componimento e, dopo averlo ricopiato in bella calligrafia (non possedevo macchina da scrivere), una sera, arrossendo ed esitando, l'avevo messo in mano a Ezra.

"Formidable! Exciting!".

Così, in un silenzio allucinante – il mare era piatto e le barche facevano plac-plac per la risacca – Ezra aveva cominciato a leggere il mio *L'uomo verde.* Io spiavo la sua espressione, attaccato al suo viso come a quello di un profeta, ma lui era impassibile: era sempre impassibile quando leggeva qualcosa, che si trattasse di un saggio letterario o di una tappa del Giro d'Italia.

La lettura era finita e io avevo emesso un sospiro.

Ezra mi rese i foglietti, serissimo:

"La historia est buena, l'hombre verte potrebbe essere Cristo. Original, certainly, et pourtant... Sì, sì! Escùcia, niño! Non va! Insomma: è scritto mal!".

Arrossii e mi vennero le lacrime agli occhi.

Ezra riprese con pazienza: "Tu non devi fare così, tu non sai come è

difficile scrivere. Io non ho ancora imparato a scrivere. Ma tu sei un ragazzo pieno de vigòr: cerca di sviluppare questo talento – che existe, por Dios, existe, te lo dice l'amigo Ezra! – e pensa, pensa prima di metter giù una sola parola, e poi se l'hai messa chiediti se è quella, e non lasciarti andare, pobreçito, perché è la fine! Meglio un solo verso che un tomo del vuestro Carducci de merde! Allora, hai capito, niño? Tutto da principio! Trabajar! Sempre! For ever!".
Ero agghiacciato, paralizzato. Giurai a me stesso che mai più avrei preso in mano una penna: Pound mi aveva definitivamente liquidato!
Si accorse del mio stato d'animo e si vergognò. Mi mise paternamente una mano sulla spalla, mi disse che sapeva che cosa provavo, che anche lui era stato così maltrattato, ma che non dovevo offendermi perché era sicuro che qualcosa avrei scritto. E che se poi non fossi riuscito, lo scrivere mi avrebbe molto aiutato nella vita.
"Sì, ma che cosa devo fare?". Ero sconvolto, quasi stavo per piangere. Pound si fece serio, alzò un dito alla notte con gesto biblico:
"La foglia!" – disse – "L'unico vero exercizio. Lo hanno fatto per secoli i pittori cinesi e vale anche per lo scrivere. Est solus modus per aprender qualcosa!".
Questa storia mi sconvolgeva: "Che foglia?".
E allora spiegò. Una foglia qualsiasi. Si tratta di descrivere una foglia. Io dovevo guardarla, come un pittore, e ritrarla in parole. Ma non come una fotografia: dovevo raccontare l'essenza della foglia. Cioè, tutto quello che la foglia poteva suggerirmi. Avrei potuto parlare di tutt'altro: di me, di lui, degli amici, del mare. Ma "dentro" doveva esserci lo spirito della foglia. "Allora, da domani, cominci con la foglia. Anzi, se ti va, anche stasera, adesso".
Mi sentivo depresso. Io che mi ero illuso di lanciare al mondo un messaggio con *L'uomo verde*, avrei dovuto perdere il tempo a guardare una foglia.
Ezra era implacabile: "Una foglia si può raccontare in infiniti modi! perché ha ragione la Stein(5): *Una rosa, è una rosa, è una rosa*. Se tu non capisci questo, allora niente più scrivere. Ma se arrivi a capirlo, allora bon. E poi nessuno ti obbliga, se tu senti di scrivere foglia, scrivila, se no guarda il mar".

Ero indignato. Questa parcellizzazione di un oggetto mi mandava in bestia. Eppure Ezra non scherzava. Non scherzava mai su certe cose. Che fosse matto lo sapevamo tutti da un pezzo, ma era anche un genio, e questo non lo dicevo io o i miei amici, l'avevano detto Joyce, Eliot, Bertrand Russel e tanti altri.

Decisi, rassegnato, di "mangiare la foglia", e cominciai i miei esercizi quotidiani vegetal-letterari. Un inferno! Arrivavo alla sera con il compitino che porgevo esitante a Ezra:

"No! No! Nein! Mais tâche de ràzonar, por Dios!".

Diceva che quello era del peggior simbolismo, che nemmeno il più scempio "di parnassiano" l'avrebbe mai scritto: "Ta feuille n'éxiste pas!". E stracciava in pezzi il mio parto, versandomi per compenso una buona dose di anice. L'indomani ricominciava la solita musica:

"Eh, eh" – ghignava il tiranno – "por qui mi hai preso, niño? Expressionismo da Revue Littéraire!".

E avanti così. Dopo dodici giorni non ne potevo più. Odiavo le foglie, le avrei distrutte tutte. Invece Pound era meno ostile:

"Que va! L'on s'approche à la feuille. Melius quam ante!".

Non sapevo proprio più da che parte rigirare la foglia. Ad ogni nuova versione, l'implacabile Ezra sogghignava:

"Ça y est! Ci mancava La Fontaine!".

Decisi allora di tentare l'ultima versione poi non avrei avuto più nessuna idea per la foglia. Ma che intendeva quando diceva di "badare alla essenza, non alla descrizione?".

Cercai d'immaginare una foglia strappata dalla tramontana che galleggiava nel porto di Rapallo, guardava intorno e vedeva noi che bevevamo anice e parlavamo. Lo sforzo era stato di essere io stesso foglia e di fare quello che in cinema chiamano "soggettiva". Non ricordo le parole ma il senso era quello.

Ezra, come sempre, lesse in silenzio ma questa volta emise due grugniti che – solitamente – esprimevano soddisfazione. E alla fine sorrise:

"Pas mal! – disse – anche se l'adjectivasion non va. Però la foglia existe!".

Ero felice, raggiante. Allora, finalmente, il tirocinio fogliaceo era finito? Subito doccia fredda:

"Rescribìr, niño, con mas attention a los adjectivos!".
L'avrei strozzato. Dove andare a pescare aggettivi migliori? Allora il tiranno si degnò di aiutarmi:
"Mira aqui: tu ci hai messo che el mar es *perlaceo*. Perlaceo mon cul! È troppo usato, bambìn, no, el reflexo devi farlo vedere *tuo*"!
Così immaginò che la foglia acquacea riflettesse un mondo scomposto, sicché io – la foglia – vedevo tutto l'effimero della vita "porqué Calderon l'ha dit: *La vida es sueño*".
E continuò, inesorabile: "Perché hai usato la terza persona? Se vuoi essere foglia, parla in prima persona. E poi, tutta questa "mirinaque', cianfrusaglia da petit poème en prose! Più essenziale, lindo, correcto!".
Insomma, per molto tempo si sforzò di farmi capire la difficoltà di raccontare senza mai scadere nel preziosismo o nella banalità.
Una sera Pound non era al solito tavolo. Sparito. "El patron" ci disse che era andato a Parigi in cerca di soldi. Era sempre senza soldi perché non aveva il senso del denaro e, quando ne possedeva, lo sprecava in sciocchezze.
A Parigi c'era un suo ricco amico – mi pare sudamericano – che sovvenzionava il gruppo imagista e, soprattutto, finanziava lui. In cambio Ezra gli regalava una o due liriche dei *Cantos* e, subito dopo, gli ordinava – magari a mezzo telegrafo – di distruggerle perché non gli piacevano più.
Ritornò dopo pochi giorni con un impermeabile nuovo. Era gioioso e loquace. Ma una sera, purtroppo scoprii anche l'altro Ezra, quello politico. Aveva una concezione del mondo assolutamente elitaria, un reazionarismo estetizzante. Era una posizione altera, nietschiana, che vagheggiava un'oligarchìa intellettuale con dominio di superuomini sulle masse. Concetto massimalista pericoloso che finiva per avvicinarlo al fascismo e – peggio – a un nazismo rosemberghiano[(6)] da Ordine Nuovo e Razza Eletta.
Ne rimasi sconvolto. Nessuno di noi era fascista e tutti, più o meno, ci sentivamo estranei a un regìme, se non altro, stupido cafonesco e corrotto.
Soltanto il "marchese delle vongole" era più possibilista, anche perché il suo mondo era un universo a parte, felice, pieno di colori, di gioia

e di allegrìa. In questo senso, qualsiasi regìme gli sarebbe andato bene, purché lo lasciassero dipingere in pace.
Litigavamo spesso, Seborga ed io, con Pound ma era un'esercitazione dialettica vana: è impossibile, infatti, contestare a un poeta e a un genio posizioni utopistiche e aristocratiche. Un genio ragiona dall'alto del suo intuìto e non per processi mentali razionalistici.
La lunga estate dei sogni trascorse e lasciai Rapallo con grande rimpianto anche se Ezra aveva continuato a tiranneggiarmi letterariamente. Fu un addio sprecato perché io ero molto commosso e lui completamente ubriaco.
Non l'ho mai più incontrato né ci siamo scritti.
Poi, la guerra, il mio impegno politico di partigiano combattente, il suo collaborazionismo con i fascisti, la sua propaganda alla radio.
Presi a odiarlo: allora, era un nemico, un sostenitore delle dittature! Poi, capii la realtà di cui avevamo sempre dubitato: Ezra era pazzo! La lucidità mentale acutissima confina sovente con l'alienazione.
Nel 1945 venne internato dalla Polizia Alleata nel campo di concentramento di Coltano, presso Pisa, dove avevano rinchiuso i fascisti più pericolosi.
E, subito dopo, con processo sommario, condannato a morte per collaborazionismo.
Allora si mosse tutta l'intellighenzja europea e americana e il suo amico Eliot scrisse un famoso articolo (poi ripreso da tutta la stampa USA) dal titolo – se ben ricordo – *Non si uccide un grande poeta!*[7].
Dallo squallore del campo di internamento uscirono finalmente i *Cantos* iniziati nel 1919 a Parigi. Li intitolò, con voluta ironia, *Canti pisani*, perché il campo di Coltano si trovava vicino a Pisa.
Quando li lessi rimasi sconvolto: la potenza della sua fantasia era al limite tra genialità, senso onirico e follia: non era nemmeno più poesia, era lui, Ezra.
A seguito dell'intervento di Eliot e di un manifesto firmato da tutti i grandi intellettuali, Pound venne assolto e rimesso in libertà. La motivazione della sentenza era esatta: incapace di intendere e di volere. Ahimè, la verità. Poi in quegli anni incontrai una sua traduttrice, Lina Meyfret, una francese, che frequentai per un certo periodo e, in-

sieme, discutemmo a lungo sulla difficilissima traduzione dei *Cantos*. Anche se per tutta la vita ho fatto mestiere di lettere, non ho imparato a scrivere come pretendeva Pound. Ma spesso, esitando sull'uso di una parola, ricordo le lezioni serali del grande amico. E, come omaggio alla sua memoria, mi pare giusto finire questa cronaca di vita con alcuni suoi versi che mi sono cari:

Quello che veramente ami, rimane
il resto sono scorie.
Quello che veramente ami non ti sarà strappato
quello che veramente ami è la tua vera eredità.

A Stresa, 1941, con la propria caricatura

NOTE AL CAPITOLO
EZRA POUND E L'OSTERIA DEL PORTO

1. Ezra Loomis Pound, poeta e critico statunitense (Hailey, Idaho, 1885 - Venezia 1972). Trasferitosi in Europa, pubblicò a Venezia la prima raccolta di poesie, *A lume spento* (1908). Nel 1909 si stabilì a Londra, dove iniziò l'interesse per la rifondazione della società, attraverso la relazione tra arte ed economia. Traduttore dall'antica poesia anglosassone ai provenzali, alla poesia cinese, giapponese, ai latini, a Confucio. Negli anni di Londra, incontri fondamentali con W. B. Yeats, Th. S. Eliot, e inizia la corrispondenza con J. Joyce e prendono forma i *Cantos*, il poema epico scritto durante l'arco della vita. Nel 1921 si trasferì a Parigi. Nel 1922, compose un'opera musicale, *Villon*, e nei primi anni '30, la musica del *Cavalcanti,* poi a Rapallo, dove risiedette quasi stabilmente dal 1925 al 1945. L'incontro con l'opera dell'etnologo tedesco L. Frobenius assolutizza l'importanza del fattore economico nel pensiero poundiano, mentre si radicalizza la riflessione sull'usura, da cui l'antisemitismo di Pound, avvicinatosi al fascismo italiano. Negli anni Quaranta tenne alla radio italiana una serie di discorsi in lingua inglese, segnati da antisemitismo, avversi alla guerra e alla politica di Roosevelt, idealizzando un mondo affrancato da usura e avarizia. Nel 1945 accusato di tradimento fatto prigioniero dalle truppe americane di liberazione, fu internato nel campo di Coltano, vicino Pisa, dove scrisse *The Pisan cantos* (pubbl. nel 1948). Trasferito negli USA per un processo che non avrà luogo, fu dichiarato infermo di mente e rinchiuso per dodici anni nel manicomio criminale di Saint Elizabeth (Washington). Qui scrisse testi di altissimo valore. Nel 1958, ritornò in Italia, dove visse fino alla morte. A Venezia la sua tomba.

2. Enrico Paulucci (Genova 1901 - Torino 1999). A Torino durante gli anni del liceo rivela la sua inclinazione per la pittura e partecipa al gruppo futurista. Alla fine degli anni '20, frequenta Casorati e Venturi, Persico e Soldati, Debenedetti e Gromo, Sobrero e Sottsas, Argan e Bertini. Nel 1928 va a Parigi, nel 1929 insieme a Chessa, Levi, Galante, Menzio e Boswell costituisce il gruppo dei "Sei Pittori". Nel 1939 dirige la cattedra di pittura dell'Accademia Albertina. Durante gli anni di guerra si trasferisce a Rapallo. Allestisce innumerevoli mostre in tutte le più importanti gallerie italiane, molte le antologiche a lui dedicate, a partire dalla mostra "I Sei di Torino" alla Galleria d'Arte Moderna del 1965. Molte le mostre anche all'estero negli anni '30. Fu anche scenografo, teatrale e cinematografico.

3. Guido Hess Seborga (Torino 1909-1990), giornalista, letterato, poeta, pittore, al vero cognome Hess preferì lo pseudonimo Seborga, dal paesino ligure. Spinto da un carattere vivace e ribelle, frequentò paesi esteri, tra cui Berlino prima dell'avvento del nazismo, e la molto amata Parigi. A Torino fu amico di Umberto Mastroianni, Luigi Spazzapan, e altri intellettuali dell'antifascismo. Partecipò nel

Partito d'azione alle attività clandestine, poi nella guerra partigiana nelle brigate socialiste "Matteotti". Nel primo dopoguerra fece attività politica nel Partito Socialista. A Roma con Basso diresse la rivista *Socialismo*. Giornalista sui quotidiani e sulle riviste della sinistra italiana e internazionale. Partecipò con Ada Gobetti, Franco Antonicelli, Felice Casorati, Massimo Mila ed altri alla fondazione dell'Unione Culturale di Torino. A Parigi, dove fu direttore di *Italia Libera* e collaborò a *Europe*. Nel 1948 Mondadori pubblicò nella prestigiosa Medusa degli italiani *L'uomo di Camporosso*, nel 1949 *Il figlio di Caino*. Fu anche poeta. Dagli anni '60 riprese a disegnare e dipingere creando nelle "ideografie".

4. Il Gruppo dei sei pittori, nasce a Torino nel 1929, eccetto l'inglese pittrice Jessie Boswell, gli altri erano torinesi, Nicola Galante, Carlo Levi, Enrico Paulucci, Francesco Menzio e Gigi Chessa. Si costituisce presso la scuola di Felice Casorati. Ponendosi come rinnovamento della pittura del Novecento, il loro riferimento era la pittura francese per l'uso e la forza del colore.

5. Gertrude Stein (Allegheny, Pennsylvania, 1874 - Parigi 1946). Scrittrice statunitense. Nel 1902 si recò a Parigi, dove visse poi fino alla morte con la sua compagna A. B. Toklas, cui è dedicato il suo libro più noto, *The autobiography of Alice B. Toklas* (1933). Tra le personalità di maggior spicco del movimento modernista, strinse amicizia con i maggiori talenti del postimpressionismo e del cubismo, come Picasso, Braque, Matisse, le cui opere adorneranno il suo famoso salotto in rue de Fleurus, dove si ritrovavano i giovani letterati americani della "lost generation": tra essi F. S. Fitzgerald e E. Hemingway. Famoso il verso *Una rosa, è una rosa, è una rosa*, dal suo poema *Sacred Emily* del 1913.

6. Alfred Rosemberg (Reval, Estonia, 1893 - Norimberga 1946). In Germania dal 1919 aderì al partito nazionalsocialista; teorico nazista più acceso e intransigente dell'antisemitismo, dell'anticattolicesimo e dell'antibolscevismo, elaborò una sua teoria del razzismo nordico. Deputato al Reichstag (1930), capo dell'ufficio esteri del partito nazionalsocialista, ministro per i Territorî orientali occupati, fu condannato a morte dal tribunale internazionale di Norimberga nel 1946.

7. Anche in Italia intellettuali si unirono in una petizione per liberare Ezra Pound dal manicomio criminale di St. Elizabeth di Washington, dove era rinchiuso dal 1945. Una lettera di Giovanni Papini sul *Corriere della Sera* porta il titolo "Domandiamo la grazia per un poeta". Promotore Vanni Scheiwiller, nel 1956, l'appello viene inoltrato all'ambasciata americana, promotori Diego Valeri e Sergio Solmi, porta molte firme, tra cui Riccardo Bacchelli, Attilio Bertolucci, Carlo Betocchi, Piero Bigongiari, Giorgio Caproni, fino a Salvatore Quasimodo, Clemente Rebora, Umberto Saba, Camillo Sbarbaro, Vittorio Sereni, Ignazio Silone, Leonardo Sinisgalli, Giani Stuparich, Leone Traverso, Giuseppe Ungaretti, Elio Vittorini, Cesare Zavattini. L'Ambasciata rimanda la competenza alle autorità di Washington che rispondono negativamente. Vanni proverà a organizzare allora un Appello internazionale, diretto agli intellettuali di diverse nazionalità, tra cui T.S. Eliot. Pound ritorna in Italia nel 1958 (vedi nota 1).

Storia del fu Marchese Luigi Mariani di Villasantelmo

Il protagonista di questa memoria era un mio cugino: per renderne difficile l'identità e la residenza, ho variato i nomi di famiglia e quello del paese dove i fatti si sono svolti.

* * *

L'anziana Marchesa Emerenziana Mariani di Villasantelmo pareva l'emblema vivente dell'anciền régime: nobile, austera, d'una sacramentalità quasi solenne e provocatoria, troneggiava – dall'alto dei suoi ottantasette anni – nell'angolo più sontuoso del grande salone Louis Quatorze tra il busto marmoreo di suo padre Generale, e un vasto quadro rappresentante la cacciata dei due ribelli dall'Eden.
La Marchesa sedeva sempre su una poltrona Louis Seize, scomoda, alta e imponente dalla quale dominava il prossimo suo con una lunga canna in ebano come insegna di comando.
Nella grande villa di Bairo, a poca distanza dalla città di..., la vita era regolata dai perentori ordini dell'anziana Signora e tutti, nipoti, pronipoti, servidorame e giardinieri, obbedivano – è il caso di dire – *a bacchetta*.
Il solo ribelle, in quel consesso di reverenti premurosi, era il suo unico figlio Luigi, pecora nerissima della famiglia, sempre in stato di scandalo.
Ma il massimo difetto del reprobo Luigi, oltre ad odiare sua madre – ed esserne parimenti ricambiato – era la smania per *gli affari.* Non che si sentisse particolarmente attratto dal denaro: il suo pareva piuttosto un ideale astratto, quasi metafisico.
Il suo comportamento pubblico e privato era, invero, disdicevole: frequentava femmine di malaffare, partecipava a sbornie turpiloquiose e trattava ad insulti blasfemi il curato in visita alla Marchesa: "Corvo!

Corvo! Mangiaostie! Beccamorto!". Infine conviveva *more uxorio* con una pantalonaia molto esperta – si diceva – nelle aperture anteriori dei calzoni maschili che confezionava.
Nella tenuta di Bairo, dal grande parco alberato con alti fusti secolari, la villa – in perfetto stile settecento francese con il tetto mansardato – pareva orgogliosamente isolarsi in una verzura trionfante, con cascate di rose rampicanti ed edere che ricoprivano in parte le facciate laterali. Ai confini della villa, laddove il parco si esauriva in terreno erboso, occultando i limiti della proprietà con un alto muro merlato, si trovavano le antiche scuderie, in parte restaurate, ed attuale peccaminosa dimora di Luigi e della pantalonaia.
Uomo di poche necessità, il Marchese viveva in due stanze dall'arredo modesto salvo un pezzo di qualche valore: un organetto di Barberìa a cartoni perforati che talora il libertino manovellava suscitando canzoni parigine da Moulin Rouge, molto *osées* che canticchiava in francese con parole – a quanto riferivano i parenti – scostumate ed oscene.
Luigi era sempre occupatissimo: grande amatore della pantalonaia, la tradiva continuamente con qualsiasi femmina, dotata della pur minima attrattiva, e progettava ogni giorno mirabolanti *affari* con altri conoscenti bislacchi come lui.
Si rammemorava ancora dopo lustri un suo *grande affare* con il Basutoland per l'esportazione di posaterie – oggetti sconosciuti a quegli africani – contro importazione di maschere lignee dalle espressioni malevole, di indubbio menagramismo.
Nell'affare *affricano*, Luigi aveva dilapidato oltre un milione di allora ma il disavanzo – a suo dire – era stato causato dall'infedeltà del socio, un belga della Legione Straniera, che aveva sperperato a Gibuti tutto il capitale.
Altri minori disastri erano stati la vendita in Luxemburgo di erica scoparia e un incauto allevamento di cigni reali.
Ad ogni rovescio, la Marchesa Emerenziana convocava il suo uomo di fiducia, un notaio con la redingote e la barba cavouriana. Il notaio era il Conte di Castelvecchio, uomo probo e stimatissimo, che ascoltava i gemiti della vecchia amica scuotendo il capo, poi sibilava come un serpente tra la dentiera: "Sssaldare... sssaldare ssubito ogni pendenza...

ssoddisfare tutti prima che ssia troppo tardi!".

E la Marchesa pagava, maledicendo il figliolo degenere e informando la famiglia che, con quell'ultima *ruina*, era ormai ridotta all'indigenza e presto sarebbe stata costretta ad alienare la villa di Bairo. Non era così perché il conto in banca era cospicuo, alimentato da rendite di case e cascine in Lomellina e in Brianza.

Luigi lasciava sbollire *la veneranda* e poi ricominciava a progettare qualche altro affare prodigioso finché, da subisso a disastro, arrivò il giorno in cui la Marchesa, brandendo la canna in ebano come un'arma d'assalto, dichiarò che i debiti non li avrebbe pagati mai più!

L'incauto non s'impaurì. Conosceva bene quanto fosse bastevole il patrimonio avito e quindi si limitava a ritirarsi in volontario esilio nella scuderia con la pantalonaia aspettando giorni migliori. Ma, dopo qualche mese, ricomparve il notaio con espressione drammatica: alcune cambiali, firmate dal dissoluto, stavano per andare in protesto. Occorreva ritirarle subito, *illico et...* – ma un'improvvisa amnesia gli oscurò la citazione – *illico et... et illico, saprìsti!*

Così fu. Radunati i familiari la Marchesa dichiarò con toni apocalittici, che lei, per quel vizioso, depravato, scostumato, bevitore, fumatore, peccatore, blasfemo e fornicatore, non avrebbe mai più pagato un debito! E mantenne fede al suo proposito. Ma un giorno accadde che...

* * *

Il mercato del giovedì a Bairo era grandioso. Frequentato da tutto il circondario, invadeva le due vie principali con ricchi banchi di vendita. E, tra le variate esposizioni di casalinghi, di abiti, biancherie, stoffe e tovaglie, si distingueva un piccolo tavolo zeppo di statuine. Erano madonne e santi in gesso bianco, come fantasmi, e *sacri cuor del mio Gesù* con vistosissimo organo cardiaco spennellato in rosso.

Dietro a quel candore gessoso di santità, stava impavido lui, il reprobo, il Marchese Luigi Mariani di Villasantelmo, con aria di sfida, salutando ad alta voce gli amici – che fingevano di non riconoscerlo – e lanciando richiami agli eventuali clienti: "Oh, i santi! I santi belli! Oh, le madonne immacolate, comprate! Comprate!".

Era la sua vendetta contro l'odiata madre per il Gran Rifiuto di sovvenzionare le sue intraprese.
Lo spettacolo scandaloso venne troncato dal Notaio-Conte, che con mimica di indignazione, porse al reprobo un assegno e, con l'aiuto di due contadini, fece sparire santi e madonne in un sacco portando via anche il tavolo.

* * *

L'anno di grazia ... [1898 o 1911?], nella vicina città di Torino, si tenne una Grande Esposizione Universale.
La Mostra estesa sulle due rive del fiume, comprendeva molti allestimenti – veri e propri villaggi – ricostruiti con perfetta verosimiglianza con la supervisione della Accademia delle Belle Arti.
Grandioso il Padiglione della Francia, con un Palazzo a colonne detto *La Dea Elettricità*, che presentava sulla facciata la statua – molto visitata ed ammirata – di una Dea prosperosa e ignuda che teneva in mano una torcia sfolgorante di luce.
Non da meno era il Padiglione germanico, ricostruzione di un tipico villaggio bavarese, con un'antica birreria e graziose *fraulein* che servivano la birra ai clienti con pettoralità generose.
Ma tra i più originali era il Padiglione Coloniale Eritreo, simulante un'oasi con sabbia, palmizi, tucul e spalti della fortezza di Adua.
Alcune scimmiette suscitavano la curiosità dei visitatori che potevano dar loro noccioline che esse sgranocchiavano con ingordigia. Gli *eritrei* erano ascari pensionati che facevano bella mostra con candidi barracani mentre, all'interno di un tucul, su una nenia arabesca, due venuste giovani danzavano sinuosamente con snodatissime ventralità.
Per i vialetti di sabbia caracollava, trattenuto da un conducente, un altissimo cammello con un imponente baldacchino a tetto con damaschi e frange dorate.
Visitatore quotidiano dell'Esposizione Universale, il nostro Luigi covava affari colossali di export o, magari, favolosi acquisti rilevando, a chiusura della mostra, arredi degli stand.
Ma, per difetto di capitali, l'unico affare fu l'acquisto, a prezzo di rea-

lizzo, del cammello, con letizia dell'eritreo che già si vedeva costretto a rimpatriare la sua *nave del deserto.*
Luigi iniziò offrendo una somma esigua e le trattative si protrassero per giorni con dinieghi furenti del musulmano e modesti rilanci di Luigi. Infine, dopo un pomeriggio estenuante, il cammello fu suo e, soddisfatto per la vendita, l'eritreo cedette all'uomo bianco anche il sontuoso baldacchino a tetto.

* * *

Una serata autunnale e umida calava sulla città di Torino allorché Luigi, issatosi sul baldacchino, incitò il mammifero artiodattilo a muoversi con roco grido orientale appreso dal venditore.
La nave del deserto incipiò un trotterello da valetudinario lungo il rettifilo che dalla città conduce a Bairo. Ma, dopo un paio di chilometri, il vecchio ruminante si rimise prudentemente al passo con strani versi che esprimevano disgusto.
Intanto si faceva buio e restavano ancora sei o sette chilometri prima di guadagnare Bairo. Le rare vetture automobili sorpassavano sbalordite il cammello con suoni di tromba e, nei paesi, i passanti impauriti – forse temendo una nuova invasione cartaginese con cammelli in luogo di elefanti – si ritiravano nelle case sbarrando porte e finestre.
Una scena curiosa mi venne raccontata, molti decenni dopo, da due conoscenti che abitavano a qualche chilometro da Bairo. I due amici, dopo aver passato insieme la serata discutendo sul Ministero Giolitti, reduci da un litigio e da due bottiglie di dolcetto, si erano affacciati alla porta per salutarsi.
Nel frattempo, essendo calata una notte fonda e senza luna, il nostro Luigi aveva appeso dietro a sé sul baldacchino una lanterna cinese con la candela.
I due amici stavano per lasciarsi quando, da lontano, s'intese uno strano verso che pareva un ululato lamentoso, diverso da qualsiasi animale, domestico o da una stalla.
"Hai sentito? Un orso?".
"A quest'ora! E poi non ci sono orsi qui".

"Di qualche girovago...".
"Mah...".
Al piccolo trotto il quadrupede sfilò davanti ai due piuttosto annebbiati dal vino.
"Ah, un cammello".
"E con una lanterna cinese".
"I cammelli non sono cinesi!".
"Allora sarà stato un dromedario".
"Ma neanche i dromedari sono cinesi!".
"Ah, beh. Allora, buonanotte".
La folle idea di utilizzare il cammello al posto di un bue per tirare l'aratro venne vanificata dall'inverno: il povero cammello, trasferito dal clima eritreo a quello nordico, si ammalò di polmonite e, dopo pochi mesi morì. A ricordo dell'infelice animale restò, in un angolo della vecchia serra abbandonata, l'imponente baldacchino che io vidi molte volte da bambino, divertendomi a salirci e sognando di cavalcare nel deserto.
Il mio primo incontro con la Marchesa-madre avvenne all'età di sette anni quando ero andato con i miei in visita ai cugini che abitavano nella villa di Bairo. Entrai con riverenza nel grande salone semibuio e, sull'alta poltrona, vidi la vecchia signora che mi puntò contro la canna in ebano come a mirarmi con il fucile:
"Ah, sei tu il cugino Buridan... (e pronunciò il mio cognome in modo esatto, alla francese, con la u).
Sei il nobiluomo Georges Buridan. Ti fai chiamare dai tuoi compagni chevalier, anzi, cavaliere?
"No, Marchesa".
"Male! È un titolo che ti spetta. Ricordalo! E non fare come quello sconsiderato di mio figlio che passa la vita a fare spropositi!".
"No, Marchesa".
"E non chiamarmi marchesa perché siamo parenti. Mi chiamo Emerenziana, hai capito?".
"Sì, Emerenziana".
"Così va bene. E Adesso vai a giocare con i cuginetti. Ma non andate in fondo al parco da quel... quello, sì, da mio figlio. Perché potrebbe traviarvi. Hai capito?".

"Sì, Emerenziana".
Baciai la mano alla vecchia Marchesa, come mi avevano insegnato, e lei mi pose sulla testa la canna in ebano come per un'investitura: "Au revoir, mon petit chavalier".

* * *

Due anni dopo l'anziana Marchesa morì. Aveva ottantanove anni ed era nata nel Castello di... nel 1841. Con i miei andai a visitare i cugini e, per la prima volta, vidi un cadavere, ma non m'impressionò. Era come una marionetta cui fossero stati troncati i fili ma conservava nel volto una austerità aristocratica così come aveva sempre avuto.
Si sussurrava in famiglia che fosse stato un ennesimo tracollo del *reprobo* ad aver determinato il collasso fatale. Si diceva, anzi, di una scenata tra la Marchesa e Luigi quando lei, sollevando la canna, avesse tentato di accecare l'iniquo, e di un grido che era risuonato per tutte le stanze della villa: "Assassino, tu uccidi tua madre", frase di buon effetto che avrebbe potuto figurare in un libro del suo quasi coetaneo Edmondo De Amicis.
Ai funerali, oltre ai due Sindaci della Città di ... e di Bairo, era presente il Vescovo di ... e la Duchessa d'Aosta.
La salma venne tumulata nella tomba di famiglia con una lapide molto semplice:

MARCHESA EMERENZIANA MARIANI
DI VILLASANTELMO
1841 - 1930

* * *

Continuai a frequentare Bairo – ci andavo in bicicletta quasi tutte le domeniche a trovare i miei cugini – ma la villa non pareva più la stessa. Le imposte e le porte del grande salone erano chiuse; il locale dove la Marchesa aveva trascorso gli ultimi anni di sua vita pareva sbarrato a tutti.

Quanto a Luigi, si era trovato erede di una buona fortuna (quantunque la Marchesa gli avesse lasciato soltanto la "legittima").
Ed ora pareva aver smesso con gli affari ricercando l'autorità e il potere. E, in anni di fascismo trionfante, che altro poteva fare l'incauto se non aggregarsi con i *neri*? Chissà mai perché – forse sollecitato dall'ambizione della pantalonaia – desiderava diventare Podestà di Bairo o ambiva ad una carica pubblica di prestigio. Così, con una congrua offerta all'Ospedale, ne era diventato presidente ma, per ottenere il placet, aveva dovuto esibire falsi *meriti fascisti*. D'altronde Luigi era un uomo di destra, convinto per ataviche tradizioni che soltanto una monarchia assoluta o un regime totalitario potessero reggere un paese. Finalmente aveva ottenuto una tessera del fascio "antemarcia" (ossia con una iscrizione prima della fatale marcia su Roma). Tessera che, a quanto si diceva, veniva largamente concessa previa una lauta elargizione al Partito.
L'ospedale di Bairo era un piccolo edificio costruito nel 1910 come Pronto Soccorso e poi ampliato grazie al lascito del Conte di Albanello, con un padiglione per anziani e cronici.
Il personale era costituito da dieci suore comandate rigidamente da una attiva Madre Superiora che svolgeva con dedizione anche mansioni di Caposala e infermiera. La Superiora era una quarantenne alta e formosa, di origine contadina, dotata di attributi anteriori così rilevati che nemmeno la veste suorale riusciva ad occultare.
Non appena Presidente, il nostro reprobo aveva iniziato a corteggiare la Superiora, scherzando con lei, complimentandola e, pur dichiarandosi ateo – il che era vero – esternando aneliti verso la fede, con gioia della Superiora che, per convertirlo al bene, esplicava tutte le doti religiose e femminili.
Finché, dopo qualche mese di assidua frequentazione... ahi, quanto agli Inferi dovrà espiare il Marchese di Villasantelmo!
Finché, appunto, pressata dall'incessante corteggiamento, la Superiora, senza gesti clamorosi, era diventata l'amante dell'empio che – liquidata la pantalonaia con una buona uscita – riceveva nottetempo la suora nella sulfurea scuderia.
Qualcuno in paese sapeva della tresca, ma lo scandalo sarebbe stato

troppo grande, compromettendo fianco un gerarca "antemarcia": così nessuno parlò e per mesi la sacrilega fornicazione continuò anche se taluno, passando – non si sa quanto casualmente – di notte per il viottolo che affiancava le scuderie, aveva notato luci sfavillanti e inteso il suono di un organetto in un can-can di voci che parevan di libertina ebbrezza.

* * *

Poi scoppiò la guerra ma, all'inizio, nel piccolo paese di Bairo, le cose non cambiarono. Si avvertiva, tuttavia, un timore come per l'attesa di catastrofi. I due amanti sacrileghi continuarono a trovarsi e, grazie alla Presidenza dell'Ospedale, il Marchese Gerarca ebbe modo di rifornirsi di viveri tesserati e perfino di bottiglie di champagne (ottimo corroborante nelle furibonde notti d'amore e di passione).

Avrebbero senza dubbio continuato così, con reciproca soddisfazione ed ardenza se...

... Se, ad un certo punto gli Alleati ignari della clandestina attività sessuale dei due amanti, non avessero avuto il cattivo gusto di bombardare a più riprese la vicina città di...

Nelle già placide notti di Bairo si udivano lontane le sirene d'allarme, poi rare batterìe contraeree entravano inutilmente in azione, quindi si sentiva il cupo ronronnare degli aerei in crescendo, lo scoppio delle bombe ed il lancio di spezzoni al fosforo che incendiavano interi quartieri. Infine, i mortiferi messaggeri dell'aria si allontanavano nel loro ronzare sempre più lontano e stanco.

Gli amanti di guerra non conoscevano ripari (anche perché nella villa e nel parco non esistevano rifugi), né troppo si scomponevano restando a letto e godendo dell'empietà della Sorella che, allo sposalizio con Cristo, aveva preferito unioni più carnali.

Per variare i loro amori frenetici ("Luigino tesoro mio" non era più così giovane da permettersi frequenze sessuali tanto ravvicinate), la coppia lasciava talora le scuderie di Bairo e, in auto, si recava in città ove – lei in serico abito da mezza sera, regalo dell'amante – frequentava un dancing riservato facendo poi ritorno a notte alta.

Ma una notte, forse dopo le due del mattino, in seguito ad un bombardamento durante il quale avevano trovato asilo nel rifugio del night senza troppa paura continuando a bere champagne, i due stavano rincasando in auto a Bairo un poco intontiti dal sonno e dai brindisi. Fu d'improvviso! Una bomba da mezza tonnellata sganciata durante un'incursione, aveva scavato un profondo cratere proprio in centro al grande corso che da... conduce a Bairo. Vi finirono dentro con la macchina e fu soltanto l'ammasso di terra ad attutire la caduta. Lievemente feriti per i vetri infranti, sbalorditi, vennero soccorsi da un automezzo militare e quindi, per ulteriori accertamenti condotti alla Questura Centrale, dato che non pareva troppo verosimile che una Madre Superiora rientrasse alle due del mattino in abito da mezza sera.

Bombardamento a Torino

Fu proprio la prestigiosa e falsa tessera del fascio antemarcia del Marchese a salvarli dallo scandalo. Il Commissario di Servizio si rese conto della portata di una simile denuncia e archiviò l'inchiesta verbale.
Tuttavia la Santa Madre Chiesa non difetta mai di pii informatori, anche alle due di notte dopo un bombardamento. Il fatto raggiunse discretamente l'Arcivescovado e fu messo a tacere, ma la Superiora venne misteriosamente allontanata in un convento in Toscana.

* * *

Poi la guerra finì e, un dolce mattino di maggio, un gruppo di partigiani si diresse verso le scuderie del Marchese per far pagare al gerarchetto le colpe dei suoi trascorsi fascisti.
"Morte al fascista! Morte al Marchese!". Sfondata la porta, i giovani penetrarono nei locali abitati da Luigi e dalla sua attuale convivente, una puttanella di appena ventitre anni.
Dapprima botte e legnate poi, quando il Marchese cadde a terra, lo calpestarono con calci violentissimi finché svenne.
Uscito dall'ospedale come Presidente, il Marchese vi rientrò come paziente: ferite multiple, tre costole rotte due delle quali penetrate nella pleura con complicazioni gravi.
Un giovane medico antifascista ed ex-partigiano, memore del giuramento di Ippocrate lo curò con devozione e, dopo quattro mesi di degenza, il povero Luigi se ne tornò alle scuderie.

* * *

Andai a visitarlo dopo un anno e lo trovai molto invecchiato. Le botte gli avevano procurato un forte enfisema che gli dava disturbi alla respirazione.
Era in giardino seduto su di una sedia, le braccia appoggiate alla famosa canna in ebano di sua madre. Mi vide sbucare dal vialetto in salita, alzò un braccio in saluto: "Ciao, partigiano!".
Luigi era così sempre ironico con continue battute di spirito. Mi disse delle sue disavventure ma le raccontò in tono ilare, pieno di rassegnata

allegrezza. Allora gli dissi di me e mi ascoltò con grande interesse.
"Già – commentò – la lotta per la Libertà... che parola grande! Ma poi, è giusto che i giovani come te abbiano fatto qualcosa. Anche perché... – e si fermò qualche istante per mancanza di fiato – ... anche perché, senza un po' di botte, da una parte o dall'altra, la vita è monotona".
Luigi era così, un uomo non soltanto immorale, ma amorale. Lo salvavano da indegnità umana il suo umorismo, il sarcasmo, il gusto squisito di una battuta sottile e amara, magari verso sé stesso.
Poi gli occhi brillarono:
"Ora va meglio, sai, anche se quei tuoi compagni mi hanno tolto un po' di fiato: *il faut que jeunesse se passe*. E adesso tutto è passato. Senza rancore. Ho in mente alcuni affari straordinari con un amico appena arrivato dal Nicaragua: allevamento di trote!".

* * *

Non lo rividi per molto. Il suo allevamento finì male per una siccità che prosciugò le vasche con oltre duemila trote. Poi fu la volta dei conigli d'angora. Negli anni del dopoguerra erano di moda per le signore i golf in lana d'angora. E Luigi, con l'aiuto dei suoi adepti, costruì mille gabbie ed importò dall'Australia esemplari selezionati di conigli con il vello d'angora. Quando l'allevamento fu funzionante e i capi raggiunsero il numero di millecinquecento, la moda cambiò e nessuno più richiese i filati in lana d'angora.
Riuscì miracolosamente a venderne seicento come conigli da carne, i restanti li regalò e, per mesi si nutrì di conigli d'angora sino ad averne la nausea.

* * *

Mio cugino mi avvisò che Luigi era all'ospedale per un forte attacco di asma. Andai a trovarlo dopo qualche giorno: respirava a fatica e aveva un boccaglio per l'ossigeno.
"Ciao, partigiano! – disse – Vedi, sono arrivato al traguardo. Meglio

così. La prossima guerra, dì ai tuoi compagni di pestarmi un po' meno. Ma poi, fa lo stesso. Questa vita non è stata male: mi sono divertito. E allora, è il momento di tirare il sipario".

* * *

Ai funerali c'era tutto il paese di Bario: nessuno aveva rancore per l'extravagante Marchese. Finite le esequie, con i miei cugini entrammo nelle scuderie, luogo di antica perdizione. Ci avvicinammo all'organetto di Barberìa e mio cugino caricò la molla e tentò di farlo suonare. Niente. Una legnata dei partigiani aveva guastato il meccanismo. Peccato. Mi avrebbe fatto piacere ascoltare uno di quei vecchi motivi libertini, con le belle del *Moulin Rouge* o delle *Folies Bergères* con i mutandoni neri e la spaccata finale. Sarebbe stato per me il modo migliore di congedarmi da lui.

Nota: *Nel rispetto della volontà dell'Autore di lasciare non riconoscibili, se non del tutto da parte dei parenti, di certo del tutto da parte dei lettori, personaggi e luoghi, non aggiungiamo note a cui saremmo tentati di mettere mano.*

Stresa. Villa Cappa Legora

Carlo Emilio Gadda: visite in settembre

Allora – e vi parlo degli anni '37 o '38 – si abitava tutti insieme nella grande villa con parco sulla collina sopra Stresa[1]. La villa era di mio nonno materno che ci viveva con suo figlio[2] e sua nuora, mentre noi, mio padre, mia madre, mio fratello e mia sorella, abitavamo in una villa più piccola, molto graziosa, che ricordava certo stile eurorientale per strane decorazioni alle finestre (mio padre si era ispirato a disegni decorativi bulgari). Si viveva dunque in una comunità abbastanza omogenea, con pochi soldi, ma con molto decoro, da vecchi piemontesi, particolare curioso: tutti erano laureati ma nessuno mai aveva praticato la professione per la quale aveva ottenuto la laurea. Così mio nonno – classe 1859 – era avvocato ma si dilettava a costruire case a Torino. Lui le progettava e poi faceva fare tutti i calcoli statici all'amico, Ingegner Nigra[3].

A proposito del Carlo Nigra – e mi scuso per la divagazione che tuttavia mi pare meriti una parentesi – Carlo Nigra, ingegnere – architetto, era un ricco Signore che l'estate abitava ad Orta, anche lui appassionato di opere architettoniche. Sicché un giorno annunciò a mio nonno che si sarebbe costruito una villa sulle alture di Orta dove possedeva un vasto terreno.

La "fabbrica" si sviluppò in molti anni, e perché il Nigra era esigente, e perché si sarebbe trattato di un capolavoro. Tuttavia a noi veniva mantenuto il segreto e la visione era interdetta da un alto muro perimetrale.

Finalmente, dopo tre anni, il Nigra annunciò che la sua opera era compiuta e che l'amico Camillo (mio nonno) per primo avrebbe potuto prenderne visione. Quale sia stata l'impressione immediata lo ignoro ma lo posso immaginare alla vista della villa che tuttora esiste. Era un grande edificio in stile moresco, una commistione tra il me-

dievaleggiante e l'orientale. Pare che mio nonno alla vista abbia esclamato: "È uno schifo!", con offesa gravissima per l'amico ingegnere[4]. Da bravi piemontesi ancien régime, non si parlarono e non si salutarono più per dodici anni, finché la riconciliazione avvenne per opera di mio nonno che, in possesso di un prezioso crocefisso di un altro amico, lo scultore Pietro Canonica[5], decise di erigere proprio dinanzi al cancello della sua e nostra villa, un monumento commemorativo che celebrava l'incontro, quasi quotidiano in quel punto, tra Manzoni e Rosmini. Mi scuso per aver divagato.
Insomma, vivevamo all'ombra del villone nonnesco che aveva ospitato ogni autunno amici illustri, come il commediografo Marco Praga, che mia madre ricordava con rancore perché, quando era ragazzina, le tirava le trecce. O Emilio Visconti-Venosta, nonché un eroico esiliato, l'ungherese Lajos Kossuth, capo della rivoluzione magiara, grande amico di mio nonno (con cui, però, sovente litigava per dissidi mazziniani). Ed altri tra i quali (ma come ospite saltuario per il the) il focoso Felice Cavallotti, che però mio nonno disprezzava definendolo "scimunito sciabolatore".
Così si stava tutti insieme in una estivale comunità stresiana di villeggianti, dominata dalla grande villa del nonno, che ancora oggi si può mirare. Era il tempo maledetto del medievalismo fasullo di cui fa ancora fede il "castello" di Sem Benelli a Paraggi, con torrette bifore e merlature predilette dall'architetto Gino Coppedé, sul quale gli studenti di architettura avevano scritto un distico irriverente:
L'architetto Coppedè
mette i merli anche ai bidè.
In tale consesso familiare, caro alle tradizioni finottocentesche capitava ad ogni autunno tra le molte visite quella di un oscuro ingegnere, amico di mia zia Chiara, Carlo Emilio Gadda[6].
Che fosse "il divino ingegnere" nessuno lo avrebbe mai dubitato. Sicché, a metà settembre, si spargeva mistericamente la voce: "È arrivato l'Emilio!".
Perché, chiamandosi Carlo Emilio, venisse detto da noi "l'Emilio" proprio non so e ormai tutti quelli che avrebbero potuto chiarirmelo non vivono più.

Comunque, l'Emilio veniva a Stresa perché parente dell'Ingegner Fornasini[7] che aveva una villa poco sotto la nostra. Così si aspettava la visita dell'Emilio che *veniva da lontano* perché abitava a Roma e – si diceva – avesse smesso di fare la sua professione per dedicarsi alle lettere.

Compariva di solito all'ora del the, quando tutta la famiglia si riuniva su un terrazzino dal quale si godeva la vista del Lago Maggiore e del Golfo Borromeo.

Quanto a me, allora ragazzino, pareva un uomo qualsiasi: grosso e, più che obeso, flaccido: occupava la poltrona in vimini come qualcosa di animalesco. Sempre abbigliato in grigio – e grigio lui stesso perfino nel volto – pareva un relitto prediluviano rimesso in veste umana per arcane metempsicosi e si comportava con noi – che pure considerava amici – come se provasse vergogna o, in ogni modo, scusandosi per il disturbo che la sua presenza avrebbe potuto creare.

Lo ricordo più tardi, verso il '50 o '52, ancora più bolso e invecchiato. Le sue conversazioni non avevano proprio niente di letterario: ci diceva di Roma, città meravigliosa in cui lui, lombardo – anzi milanese – (ci teneva a sottolineare la sua milanesità) trovava difficoltà nel lavoro perché metropoli assurda e disordinata al cui confronto l'Argentina (dove aveva passato alcuni anni come ingegnere lavorando per la Società Fosforera), pareva ordinatissima e una specie di Svizzera americana.

E poi cominciavano – interminabili – le lamentazioni che avrebbero potuto definirsi geremìadi. Diceva di non avere più soldi, di essere quasi sul punto di morire di miseria (il che non era vero perché qualche soldo di famiglia gli era rimasto). Inoltre aveva iniziato mi pare nel '50 – a lavorare alla Rai e poi al Terzo Programma radiofonico, il che gli pareva un sogno. Diceva, quasi sconvolto: "Figuratevi che mi pagano per fare quello che mi piace!". Allora mia zia Chiara gli chiedeva perché si lamentasse. E l'Emilio, quasi con le lacrime agli occhi, replicava: "Eh, non si sa mai... la Rai non è sicura... potrebbero anche licenziarmi e allora, come vivrei?".

Non era vero affatto perché un elemento come lui al Terzo Programma se lo tenevano prezioso. Lo si rassicurava ad aver più fede in sé stesso e mio nonno – spirito pragmatico post-risorgimentale (classe 1859) a dirgli: "Ma scusi, Gadda, dal momento che lei è ingegnere, perché non fa l'ingegnere?".

Al che l'Emilio avrebbe risposto (questo però mi è stato riferito da mia madre perché in quel momento non ero presente):

"E lei che è avvocato, perché non fa l'avvocato?".

Con risentimento di mio nonno per l'audacia dell'inattesa replica.

Si prendeva il the con dei pasticcini e verso sera un goccio di "ratafià", servito in bicchierini piccolissimi.

Infine l'Emilio veniva incoraggiato a riprendere la sua autentica professione di ingegnere: "Ma come ti è saltato in mente di fare il letterato, l'artista?". E il povero Emilio, umiliato, scusandosi per la sua visita, ci lasciava con reiterate dichiarazioni di amicizia.

Di quest'uomo straordinario mi è rimasta soltanto l'immagine di un essere schivo, contrito, annientato dalla sua bolsaggine e dalla sua timidezza.

Un ritratto per niente lusinghiero, lo riconosco, ma così l'ho conosciuto vedendolo una decina di volte. Di più non so. La mia scoperta del "divino ingegnere" è avvenuta molto più tardi, quando mi sono imbattuto ne *La cognizione del dolore*.

Soltanto allora ho capito come, in quell'involucro di pallida bolsaggine, si nascondesse un vivido ingegno del nostro tempo.

Troppo tardi per me, purtroppo.

Giorgio con il nonno Camillo Cappa Legora

Note al capitolo *Carlo Emilio Gadda: visite in settembre*

1. Villa Cappa Legora, conosciuta anche come Villa Lomellini - Cappa Legora, con il nome del primo proprietario e il nome di quello che la trasformò come la si vede oggi, costruita nel 1870 dal marchese Clemente Lomellini, dove prima era il Castello di Stresa (da cui il nome Via Poggio al Castello) in Via Manzoni 15. Ristrutturata dal politico avvocato Innocenzo Cappa, divenne poi residenza dei torinesi Cappa Legora, avvocato Camillo e del figlio il pittore Giovanni. Vedi anche in *Stresa: Storia e fascino della "Perla del Lago Maggiore, dalle isole Borromeo alla vetta del Mottarone*, Andrea Lazzarini, Le "Guide-Libro" di Scenari, n. 65, Stresa 2009.

2. Giovanni Cappa Legora (Torino 1887 - Stresa 1980), noto pittore stresiano di adozione, dopo la laurea in giurisprudenza, frequentò l'Accademia Albertina. Al suo nome è intitolata una via. *Non è un pittore che porti zazzera o vesta eccentricamente, oppure che viva in alto in una soffitta... è un pittore che – caso strano – è anche avvocato, e vive in una delle più belle ville di Stresa che guardano il Verbano fin su ai limiti estremi del confine italo-svizzero. Il suo studio è piccolo, ricco di quadri, appesi alle pareti ed appoggiati in ogni dove...*(Tito Mascali, La Bussola, luglio 1949; in *Stresa: Storia e fascino della "Perla del Lago Maggiore, dalle isole Borromeo alla vetta del Mottarone*, vedi nota 1).

3. Nella sua prima stesura Buridan aveva indicato il nome di Filippo Nigra. A seguito di ricerche, si può dire con certezza che trattasi di Carlo Nigra (Sartirana Lomellina 2 novembre 1856 - Miasino 22 febbraio 1942), in primo piano della cultura architettonica e del restauro in Piemonte a cavallo tra Ottocento e Novecento, amico del nonno di Giorgio Buridan, Camillo Cappa Legora, classe 1859, ambedue originari della Lomellina e poi di adozione torinese; molto legato al novarese, all'Ossola, con il recupero dei ricetti di montagna e il restauro delle case Walser in val Formazza. Allievo di Riccardo Brayda, che indirizzò il giovane discepolo allo studio archeologico dell'architettura, in particolare di quella medioevale, e con lui lavorò alla costruzione del Borgo Medioevale nel parco del Valentino a Torino, per l'Esposizione Italiana del 1884. In quest'occasione i due ebbero l'incontro con Alfredo d'Andrade, dal quale trassero lezioni fondamentali. Il Nigra è l'ingegnere-architetto a Torino della palazzina Cappa-Legora e dello studio per lo scultore Pietro Canonica, andato distrutto (vedi Tesi di Laurea di Paolo Volorio, *Carlo Nigra architetto e restauratore (1856-1942),* relatore prof. Amedeo Bellini, Politecnico di Milano, Facoltà di Architettura, A.A. 1992-1993; e "Filippo Morgantini, Carlo Nigra, formazione e partecipazione alla Società Piemontese di Archeologia e Belle Arti").

4. Se in un primo momento si era potuto, dalla descrizione, pensare alla villa Crespi di Orta (vedi *Verbanus*, n. 34, nota, p. 141), si tratta invece della Villa Nigra, a Miasino-Orta. Già Villa della famiglia Martelli, fu acquistata nell'anno 1857 da Giuseppe Nigra. Nel 1892 il nipote l'architetto Carlo Nigra la ereditò e per tutto il corso della propria esistenza si prodigò con interventi migliorativi per farne una dimora ancor più signorile. Nel 1980, alla morte di Bianca Nigra l'ultima figlia di Carlo, l'edificio passò in proprietà all'Università degli Studi di Torino, la villa rimase abbandonata fino all'acquisizione nel 2004 del Comune di Miasino, che la riportò ai suoi splendori e ai suoi visitatori.
5. Pietro Canonica (Moncalieri, To 1869 - Roma 1959) scultore e compositore, senatore e accademico d'Italia. Legato alla città di Stresa da cui nel 1930 ricevette la Cittadinanza Onoraria. Il monumento a cui si fa riferimento venne inaugurato il 14 agosto 1932, posizionato all'inizio del colle che conduce al Collegio Rosmini, proprio a fianco dell'entrata alla Villa Cappa-Legora: il crocifisso e i due bassorilievi raffiguranti Manzoni e Rosmini del Canonica, la parte architettonica dell'ing. Bolongaro, su progetto di Carlo Nigra. Il suo legame con Stresa ha lasciato altre opere, come il monumento alla Duchessa di Genova, il monumento a Umberto I, e lungolago si trova una copia in bronzo del Muletto degli Alpini, che lo scultore donò al comune di Roma, a cui nel 1980 fu aggiunta la sagoma di un alpino. In occasione, il 25 giugno 2011, dell'inaugurazione nel Palazzo Municipale di Stresa, della sala espositiva dei busti donati nel 1953 dal Canonica a Stresa, Vilma Burba in un blog, riccamente documentato, scrive *Pietro Canonica: I suoi rapporti con la città di Stresa.* A Roma, sue opere sono custodite nel Museo Canonica a Villa Borghese. Vedi anche nota 4 al capitolo "È arrivato l'ambasciatore", p. 109.
6. Caro Emilio Gadda (Milano 1983 - Roma 1973), scrittore e poeta, innovatore della narrativa del "900, sperimentando uno stile linguistico, in cui si fondono, lingua nazionale, forme dialettali e usi gergali.
7. Riccardo Fornasini aveva sposato la sorella di Gadda, Emilia.

Torino, piazza Castello. Monumento al Cavaliere d'Italia, di Pietro Canonica, modello Paolo Buridan

È arrivato l'ambasciatore

Non sarà forse stato un personaggio di grande rinomanza, ma per me era come un essere meraviglioso, un amico incantevole.
Si chiamava Ferdinando Persico, fratello di mia zia Chiara[1], ed era della nobile famiglia napoletana dei Marchesi Persico, amici e frequentatori del gruppo Benedetto Croce, Francesco Saverio Nitti, Vittorio Emanuele Orlando e altri dell'entourage politico ed intellettuale ex borbonico.
A tale proposito, ricordo una battuta di mia zia Chiara che, parlando di sua madre, mi aveva detto: "Era una donna di grande intelligenza, dama di Corte delle Loro Maestà". Con ulteriori chiarimenti, le "Loro Maestà" risultavano gli ultimi Borboni: Ferdinando Secondo e Maria Teresa Isabella, arciduchessa d'Austria. Mia zia era una donna molto raffinata, brava pianista avendo studiato per anni con il concertista e compositore Ferruccio Busoni. Quanto al fratello Ferdinando, aveva fatto la carriera diplomatica, ambasciatore a Vienna, poi a Londra, Mosca e Budapest e, quando io l'ho conosciuto, prima a Buenos Aires poi a Manila.
Perché quest'uomo mi ha sempre colpito e l'ho tanto ammirato? Forse per la sua squisita educazione diplomatica e per molte raffinatezze, non soltanto formali, retaggio della sua nobile origine.

* * *

La villa di Stresa, costruita agli inizi del 1900 da mio nonno materno, insieme alla villa più piccola dove abitavo con la mia famiglia[2], era sede annuale di lunghissime vacanze che si estendevano dalla fine di aprile usque ai primi di novembre (con grave pregiudizio per le mie presenze scolastiche, cosa che non preoccupava i miei che, durante le assenze, mi facevano frequentare lezioni private da un professore milanese radicatosi a Stresa).

Così, in questo villone con parco alberato, si passavano mesi, più o meno tranquilli perché, sia mio nonno, sia i miei genitori, frequentavano una vasta cerchia di villeggianti e visitatori. Il mese di settembre era il più affollato di presenze in villa. Tra gli ospiti, venivano un amico di mia zia, il fisiologo svizzero Daniel Bovet che nel 1957 fu Premio Nobel per la medicina e la fisiologia. Era un signore pacato, gentilissimo, di rapporti molto ossequiosi che, sovente, imbarazzavano mio nonno per l'eccesso di formalismi cerimoniosi.

Poi veniva sovente a visitarci l'allora Ministro delle Comunicazioni Antonio Benni, la cui figlia Stefania era molto amica di mia sorella Giulia.

Benni era un industriale[(3)], padrone della Magneti Marelli e, dovendo essere fascista per forza, nei rapporti con gli altri faceva come se il regìme non esistesse, anche se le forniture all'esercito di batterie e magneti gli fruttavano molto. Era un uomo di poche parole: nato a Cuneo, era stato Presidente della Confederazione dell'Industria e del Banco di Roma e penso si interessasse soprattutto alla fortuna della sua fabbrica. Nei rapporti con noi era gentile e, sovente, ci invitava nella sua bella casa. Il figlio, di poco maggiore della sorella Stefania, era un playboy e m'incantava perché aveva uno degli ultimi modelli della Bugatti-coupé e, una volta, mi aveva portato a fare un giro per dimostrarmi che quella macchina raggiungeva la velocità vertiginosa di 170 chilometri.

Venne una sola volta il Maresciallo dell'Aria Italo Balbo, celebre per la traversata atlantica del 1931, uno dei cosiddetti "quadrumviri" (ma mio padre lo chiamava "il quadrumane"). Divertì tutti con un'esibizione ininterrotta di barzellette antifasciste anche se quella sua smaniosità mondana rivelava un assillo di apparire quanto non era (mio nonno l'aveva subito definito "un villan rifatto"). L'impressione ci venne confermata da un invito alla sua villa, situata poco prima dell'abitato di Stresa, tutta arredata in stile "Novecento" ma molto pacchiana.

Ma il "the delle cinque" che rimase famoso fu quello dei reali di Spagna, Alfonso XIII di Borbone e della regina Vittoria Eugenia di Bat-

temberg. In vacanza privata a Stresa, erano stati presentati a mio padre che li aveva invitati in villa per il the delle cinque. Per l'occasione, ero vestito in modo elegante, con la mia divisa alla marinara e presentato alla coppia reale, previo inchino a Sua Maestà e baciamano alla Regina. I reali parlavano un ottimo francese e Alfonso XIII si era rivolto a me per sapere che scuola frequentassi e se mi piacevano le vacanze al lago. Le mie brevi risposte, in buon francese, li avevano soddisfatti e la Regina mi aveva fatto i complimenti. "Ton accent, mon garçon, est tout-a-fait parfait".
Sfortunato Re Alfonso! Due anni dopo quella visita, il 14 aprile 1931, aveva dovuto lasciare la Spagna che si era proclamata repubblica con a capo il Presidente Alcalà Zamora.

* * *

C'erano poi ospiti fissi annuali invitati da mio nonno. Per l'occasione nella villa grande, detta "il villone", si approntava la "camera verde degli ospiti" e si tirava fuori il servizio da tavola di Meissen e la cristalleria di Boemia.
Arrivava ai primi di settembre con molta pompa, a bordo di una macchina ministeriale, Sua Eccellenza, nonché Senatore e Accademico d'Italia, Pietro Canonica, scultore esimio presso molte Corti europee(4). Erano sue opere celebrate il monumento ad Alessandro Secondo a Pietroburgo oltre a quelli torinesi all'Artigliere (brutto!) e al Cavaliere d'Italia in Piazza Castello.
Quest'ultimo monumento ha una vicenda che merita di essere citata. Il Canonica – detto da mio padre "il prosopopèo" per le arie che si dava – ospite da tempo della Famiglia Imperiale russa, aveva fatto parecchi monumenti e altri si disponeva a farne. Ma, poco prima della rivoluzione, venne consigliato di lasciare la Santa Russia e rimpatriò portandosi dietro un cavallo di bronzo destinato a un monumento equestre a chissà chi. Questo quadrupede era molto grande, della razza del Don, alto di garrese e adatto a cavalieri di notevole statura. Stabilitosi a Torino, prima di diventare Senatore e Accademico, il Canonica aveva ricevuto l'incarico dal Comune di Torino di fare un

monumento al Cavaliere d'Italia: quale rara occasione per far fuori il suo cavallo del Don! Ma, per cavalcarlo, occorreva un cavaliere alto. Mio padre – altezza un metro e novantatre – venne invitato da Canonica a far da modello. Ma, con grande collera paterna, lo scultore, non soltanto effigiò in bronzo la figura, ma anche i tratti del volto sicché, ogni volta che a Torino passo in Piazza Castello, mi pare di rivedere mio padre e ne resto turbato.

* * *

Altro ospite fisso a fine settembre, era il fratello di mia zia il marchese Ferdinando Persico. Diplomatico e ambasciatore, si preannunciava telefonicamente da lontano (in genere, Londra o Parigi), con stupore di mio nonno (classe 1859) che diceva: "Pensa, parlava da Londra: incredibile! Malgrado lo spazio di mare, si sentiva meglio che con Torino". L'arrivo dell'ambasciatore era una festa per tutti perché era persona amabile e interessante.
Arrivava verso le undici del mattino e si faceva scaricare dal taxi al cancello della villa. Lo si sentiva da lontano perché intonava allegro una sorta di recitativo rossiniano: "Eccomi qui! Sì, sì! Eccomi qui!". Allora la famiglia che lo aspettava, cominciava con il coro: "È arrivato l'ambasciatore – con la piuma sul cappello...".
Da notarsi che, per anni, aveva sempre provveduto a mettere sui suoi bellissimi Borsalino una penna, credo di tacchino.
Feste, convenevoli poi, all'aperitivo, ci venivano comunicate le ultime indiscrezioni diplomatiche di Berlino, Londra, Parigi e Mosca. L'ambasciatore aveva un tono ilare e gradevole anche quando dava notizie catastrofiche: la Germania hitleriana che continuava ad armarsi; le preoccupazioni inglesi di Chamberlain; le politiche ambigue del Governo Daladier...
Ma, raccontate da lui, parevano quasi un gioco, improntato sì al pessimismo ma, infine, ad un "savoir vivre" che sembrava dimostrare come la politica europea non fosse poi né così brutta né così bella da preoccuparsi troppo.
Era una miniera di fatti vissuti o storici: "Vittorio Emanuele Orlando,

un piagnone che commuoveva soltanto sé stesso"; o le avventure sessuali del Principe di Piemonte Umberto di Savoia [...]. Poi, vita vissuta: l'Ambasciata di Mosca con i microfoni nascosti, i telefoni controllati e la censura su ogni comunicazione con l'estero. La sorveglianza, ai tempi staliniani era ossessiva sicché, ad un certo punto, pur sapendo di lasciare un incarico di grande prestigio, aveva chiesto il trasferimento in Ungheria.

E a Budapest, colpo di fulmine! Innamoramento folle di una bellissima contessa polacca. Matrimonio, giro per l'Europa, puntata a Torino (dove mio nonno aveva conosciuto l'avvenente polacca) poi – dopo un avventuroso scalo aereo a Helsinki (scampati per miracolo a un disastro) – altro colpo di scena: la fulgente polacca aveva un carattere impossibile!

Divisione, poi divorzio con il beneplacito della Farnesina e disapprobanti rampogne della aristocratica famiglia.

Ma i ricordi più intensi dell'ambasciatore risalgono alla mia prima infanzia. Avevo, credo, quattro anni e un mattino ero andato a trovare il mio amico Ferdinando nella "camera verde degli ospiti". Era alla scrivania e leggeva un libro. Gli chiesi che cosa stesse leggendo e mi disse che era una relazione su un viaggio in Oriente di un esploratore del secolo scorso.

"Ma tu – mi informai – sei mai stato in quei paesi?". Sorrise divertito: "Eccome! Ho visitato quasi tutta l'Asia e mi sono salvato per miracolo da un tifone durante la traversata del Golfo del Tonchino".

Era, evidentemente, una sua invenzione ma mi impressionò molto: "La nave sulla quale viaggiavo era un vecchio veliero, con un equipaggio di malesi ex-galeotti (che meraviglia, mi pareva di leggere un libro di avventure!). D'improvviso si scatenò un tifone e onde altissime sballottavano la nave. Ammainate le vele, si andava con la furia dei flutti e un'ondata aveva spezzato un albero. Ad un tratto, il Capitano gridò: Tutti alle pompe! La furia marina aveva rotto il fasciame e la nave imbarcava acqua. Tutti si precipitarono alle pompe a mano quando, all'improvviso, alta sull'orizzonte tra nembi neri che galoppavano, vidi una donna bellissima...".

"La Madonna?" – chiesi.

"No. Non era la Madonna, ma una donna di grande splendore che io sapevo che ci avrebbe salvati!".
"E perché?".
"Perché l'avevo molto amata e ancora le volevo bene".
Allora capii che la donna apparsa tra le nuvole doveva essere la sua contessa polacca.
"Così – concluse – il tifone si attenuò e riuscimmo a riparare in un porto malese".

* * *

Per molti anni, l'Ambasciatore fu ospite abituale di Stresa. La sua venuta pareva coincidere con la fine dell'estate, anche se l'ultima quindicina di settembre talvolta ci riservava dolcezze di colori e aure lacuali crepuscolari e incantevoli.
Quando, dopo l'assenza di due anni, ritornò a Stresa, tutta la famiglia intuì che forse quella era l'ultima visita dell'amico Ferdinando. Arrivò al cancello della villa ma non discese dal taxi e si fece portare sino alla entrata. Tutti eravamo riuniti per cantargli il solito benvenuto. "È arrivato l'ambasciatore...", ma quella volta il motivo ci restò in gola: sul nuovo bellissimo Borsalino NON AVEVA PIÙ LA PENNA!
Discese con sforzo dalla macchina appoggiandosi al bastone e mascherando in sorriso il dolore: "Artrite – disse – il clima di Manila è micidiale per i dolori articolari".
Poi, la guerra.

* * *

E tutto cambiò per sempre nella quietosa vacanza stresiana. Non più villeggianti ma "sfollati" per i bombardamenti, soprattutto milanesi; difficoltà economiche, inflazione, tragiche vicende vissute.
La "camera verde degli ospiti" non venne più riaperta, il famoso servizio di Meissen e la cristalleria di Boemia, distrutti da uno spezzone incendiario in una soffitta torinese, i viali del parco trascurati perché il giardiniere era stato richiamato alle armi.

Poco dopo mio padre si ammalò gravemente. Io ero partigiano in Val d'Ossola e le vicende europee parevano sempre più disastrose.

Quando, in qualche modo, la famiglia si ricompose, nella hall del villone di Stresa ci fu un brindisi alla fine della guerra, con l'ultima bottiglia di Veuve Clicquot rimasta in cantina.

Anche il lago pareva deserto: non più i tanti motoscafi e le vele che trascorrevano come bianchi gabbiani, ma il silenzio, il vuoto.

In quel giorno di serenità, ma anche di tristezza, rievocammo tempi trascorsi e il nostro Ambasciatore di cui non avevamo più notizie, ci raggiunse con una telefonata da Roma, dove si era stabilito dopo essere finalmente andato "in quiescenza".

Ci diceva di essere ammalato e stanco e, date le difficoltà di comunicazione, di non sentirsi l'animo di visitarci a Stresa. La nostra accoglienza gli mancava molto e, per telefono e con voce debole, accennò il solito motivo.

Disse che aveva già messo da parte tre bellissime penne da issare sul suo Borsalino e che nella prossima visita, avremmo potuto ancora accoglierlo così.

Da zia Chiara sapevo che le sue condizioni erano peggiorate perché l'artrite gli aveva dato disturbi al cuore.

Non l'abbiamo più rivisto.

Intanto mio nonno, a novantatre anni, ebbe un colpo apoplettico da cui si riprese soltanto in parte, poi mio padre morì e poco dopo anche il nonno non resistette ad un secondo attacco.

La grande villa di Stresa con il parco venne venduta da mio zio perché troppo onerosa da mantenere.

La stagione di una *insouciante jeunesse* era tramontata: gli orrori della guerra ci avevano cambiato, e in tutti pareva prevalere un senso di stanchezza e di rassegnazione.

Soltanto il vecchio Verbano resisteva impavido alle cupe vicende del mondo regalandoci le sue bellezze ed i cromatismi più raffinati.

* * *

Anni fa, un giorno di primavera, sono ritornato con mia moglie a Stresa e sono andato a rivedere la villa, ora di proprietà di un chirurgo novarese(5).
Era una giornata ferica di luci e di fiori, come soltanto il "nostro" lago sa donarci.
Il lago... per i nativi come me e come Piero Chiara o Vittorio Sereni, *è qualcosa di magico e di inesprimibile* – sono parole di Sereni, che tanto bene mi comprese quando un giorno gli dissi, convinto, che il Verbano *è come una meravigliosa amante infedele che spesso ti tradisce con procelle e settimane uggiosamente piovorne, poi – d'improvviso! – si rifà sorridente e fascinosa e tu le perdoni tutto.*
Ecco, quel giorno era un incanto. Mediando una buona mancia, avevo ottenuto il permesso dal giardiniere di visitare il parco, spiegandogli come in quella villa avessi passato parte della mia vita.

Così rivisitai, seppure dall'esterno, la nostra villetta, e tutti i luoghi da noi battezzati per ritrovarci: il "buon ritiro dei merli", il "viale dell'edera", la "panchina", la "foresta dei bambù" e il "piazzale", dove, dall'alto, si godeva la vista del lago e del golfo borromeo.
Nonostante la radiosità di quel mattino, ero triste, malinconico: nella memoria ritrovai l'infanzia, la giovinezza, i mesi sereni, le lunghissime estati, le interminabili vacanze, la mia famiglia, gli amici dispersi...
Guardando verso il cancello mi parve di rivivere uno dei tanti arrivi di Ferdinando, con il Borsalino e la penna al vento, e ancora, mi riecheggiò il motivo, tante volte scherzosamente cantato in coro:
È arrivato l'ambasciatore
con la piuma sul cappello...

NOTE AL CAPITOLO *È ARRIVATO L'AMBASCIATORE*

1. Chiara Persico, moglie del pittore Giovanni Cappa Legora, zio di Giorgio Buridan, vedi nota 2 al capitolo "Carlo Emilio Gadda: visite in settembre", p. 98.
2. Gli edifici sorsero su una precedente costruzione detta "Il Castello" a cui fa riferimento il nome del luogo "Poggio al Castello", vedi nota 1 al capitolo "Carlo Emilio Gadda: visite in settembre", p. 98.
3. Stefano Benni (Cuneo 1880 - Losanna 1945) prima Ministro delle Comunicazioni nel governo Mussolini dal '35 al '39, dopo l'8 settembre non aderendo alla RSI è arrestato a Stresa, imprigionato a Novara, poi si rifugia in Svizzera. Nel suo diario partigiano *In cielo c'è sempre una stella per me* Giorgio Buridan racconta che proprio grazie al Padre amministratore dei Rosminiani e al Benni che lo avvertono di essere stato segnalato per la sua attività clandestine, riesce a salvarsi.
4. Pietro Canonica, dal 1904 al 1914 riceve commissioni per ritratti e monumenti dall'aristocrazia e dalla corte di Russa; del 1914 è il monumento allo zar Alessandro II, vedi nota 5 al capitolo "Carlo Emilio Gadda: visite in settembre", p. 99.
5. La villa è ora abitazione privata di un noto albergatore di Stresa.

Resistenza

◂ *Domodossola, settembre 1944.*
Giorgio con le mostrine della Divisione Valtoce, il fazzoletto azzurro e il berretto con ricamato il motto della Valtoce: "La vita per l'Italia"

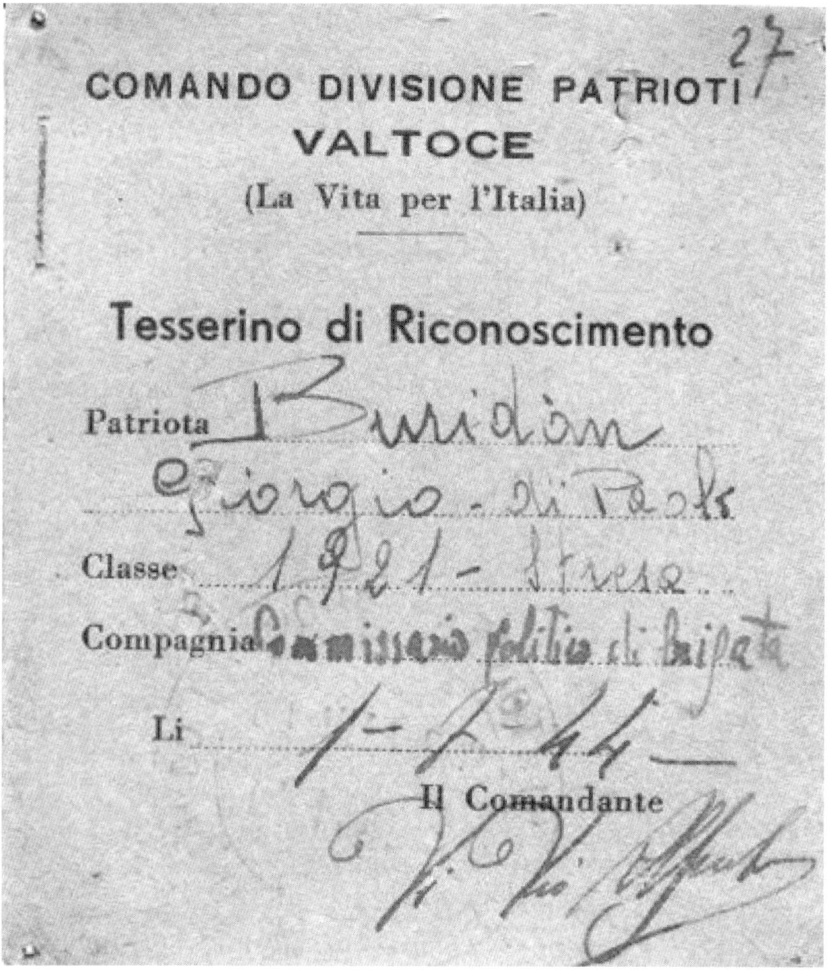

27

COMANDO DIVISIONE PATRIOTI
VALTOCE
(La Vita per l'Italia)

Tesserino di Riconoscimento

Patriota Buridan
Giorgio - di Paolo
Classe 1921 - Stresa
Compagnia Commissario politico di brigata
Li 1 - [illegible] - 44
Il Comandante

Nella Divisione Valtoce, la firma è del comandante Alfredo Di Dio "Marco".
Archivio GB

Ferruccio Parri o la dignità degli italiani

Parlare di Parri mi è difficile perché quest'uomo, questo amico e compagno ha rappresentato per me un esempio di dignità morale. Parri però non è stato un uomo politico: come Presidente del Consiglio non ha avuto la fermezza o la rassegnazione di piegarsi agli eventi di un dopoguerra turbato e violento.

Eppure è stato lui il capo morale della Resistenza, benché nominalmente affiancato da un anziano Longo che, oltre al coraggio di ex comandante dei Rossi in Spagna, non ha dato niente di positivo; e da un altro elemento che rappresentava il passato, col suo retaggio di mentalità reazionaria: il Conte Raffaele Cadorna di Pallanza[(1)].

Certo, ci voleva la ferrea determinazione di un altro statista, Alcide De Gasperi, per volare a Washington col cappello in mano e chiedere agli Americani aiuti urgenti per un Paese sconfitto e colpevole. Ma De Gasperi era un austriaco, era stato deputato del Parlamento di Vienna, era un uomo che sapeva anteporre ai suoi pregiudizi la volontà di agire. Parri, certo, non ha saputo scendere agli inevitabili compromessi con una classe politica erede dalle esperienze di regime e una casta burocratica che era rimasta la stessa fin dall'avvento del fascismo.

Poi la situazione interna: le minacce comuniste di un'appropriazione di potere, con intere divisioni partigiane rosse ancora armate e ideologizzate da un Togliatti che però, da buon leninista, aveva compreso non essere possibile un colpo di mano con la Sesta Flotta americana nel Mediterraneo, e lo Stato Guida pronto, come aveva fatto in Grecia, a rinnegare i compagni per non compromettere l'ascesa del Comunismo, soprattutto in Italia che già si prospettava nell'area del Patto Atlantico.

Così Parri è stato politicamente sconfitto e giudicato da tutti (o quasi) un politico inesistente e un uomo capace soltanto (soltanto?) di guidare alla liberazione le forze partigiane.

* * *

Da una mini inchiesta privata svolta presso alcuni giovani risulta che, per i politici, pochi – dopo un quarantennio circa – vengono ancora ricordati. Vale per Togliatti, Nenni (meno), De Gasperi, La Malfa (per via del figlio [Giorgio]), Moro (per l'uccisione). Pochi ricordano Longo, Terracini, mentre tra i dimenticati contiamo Malagodi, Pella, Zoli, Leone, Rumor, Colombo, e altri.
Questo per dimostrare come Parri, che è stato il capo della Resistenza e il Presidente del Consiglio sia scarsamente ricordato. Scusandomi con i lettori colti, ma considerando che queste pagine hanno valore di "futura memoria', mi permetto di annotare alcuni dati su Parri.

* * *

Ferruccio Parri nasce nel 1890 a Pinerolo da Fedele e Maria Marsili. Dopo aver frequentato le elementari nella sua città, si trasferisce a Casale Monferrato e studia al Liceo Cesare Balbo. Nel 1912 si laurea in Lettere moderne e l'anno seguente frequenta il corso Allievi Ufficiali presso il 90° Fanteria a Genova. Nel 1914 è per l'intervento italiano in guerra e in quell'anno compie il servizio di prima nomina come sottotenente di fanteria a Genova. Nello stesso anno, a ottobre, viene nominato Professore straordinario di storia e geografia nelle Regie scuole tecniche di Reggio Emilia. L'anno seguente (1915) il 6 maggio è richiamato alle armi. Combatte eroicamente e il 24 ottobre è ferito in combattimento. Riprende a combattere ed è promosso Tenente di complemento per meriti di guerra. Il 17 settembre viene nuovamente ferito ed il 30 novembre è promosso Capitano per meriti di guerra. L'anno seguente è Ufficiale a disposizione presso il Comando Supremo e il 17 giugno 1919 viene messo in congedo. Gli sono concesse tre medaglie d'argento. Dall'ottobre presta servizio presso l'Opera Nazionale Combattenti e si occupa di assistenza agli ex militari. Nel 1920 vince un concorso per insegnamento ed è destinato alla Scuola tecnica Manuzio di Roma.
Giugno 1920: è nel Comitato direttivo della Associazione Combattenti

per impedire la penetrazione fascista, e collabora a vari giornali corporativi. Nel dopoguerra continua ad occuparsi dell'Associazione, poi è ordinario al Liceo Parini di Milano e, dal 1922 al 1926, è redattore del *Corriere della Sera*. Nello stesso anno sposa Ester Verrua, sua compagna di Università, e il 30 giugno 1926 ha un figlio, Giorgio.
Inizia la sua lotta contro il fascismo pubblicando il periodico *Il Caffè* e organizza, insieme a Oxilia, Pertini e Rosselli l'espatrio clandestino di Turati. Viene arrestato con Rosselli e, dopo dieci mesi di carcere, il 15 dicembre è condannato al confino alle Tremiti.
Nel 1928 è trasferito a Lipari dove viene raggiunto dalla famiglia e si trova con Carlo Rosselli ed Emilio Lussu. Il 29 gennaio 1929, cinquanta suoi compagni ufficiali inoltrano una lettera per la sua liberazione. Anche il futurista Marinetti scrive al Capo del Governo chiedendo la grazia per Parri. Frattanto Lussu, Nitti e Carlo Rosselli fuggono in motoscafo da Lipari e fondano a Parigi *Giustizia e Libertà* cui aderiscono molti tra cui Garosci, Nitti, Rossetti, Tarchiani e Franco Venturi.
Nuovamente arrestato a Milano, viene mandato al confino a Vallo di Lucania poi, liberato per l'amnistia del decennale della "Marcia su Roma", si stabilisce nuovamente con la famiglia a Milano.
Nel 1938 comincia una nuova vita per Parri come funzionario dell'Ufficio studi della Edison continuando la sua attività antifascista che, nel 1942, lo porterà nuovamente in carcere. Dal 1943 al 1945, dopo la fondazione clandestina del Partito d'Azione, ha un ruolo determinante nello sviluppo delle formazioni partigiane "GL" [Giustizia e Libertà] e nella costituzione del Comitato di Liberazione Nazionale e del Comando Regionale Lombardo del Corpo Volontari della Libertà, cariche che condivide con Luigi Longo e con il generale Raffaele Cadorna. Nel 1944 Parri entra nella clandestinità e lascia la Edison. Intanto i Comitati GL organizzano i primi grandi scioperi milanesi alla Caproni, alla Borletti, all'Alfa Romeo. Dopo un viaggio a Roma con Giancarlo Pajetta ed Edgardo Sogno per ottenere dagli Alleati il riconoscimento del Corpo Volontari della Libertà, viene arrestato ai primi del gennaio '45 e rinchiuso a San Vittore e, successivamente, dopo il fallito tentativo di liberarlo da parte di Edgardo Sogno e altri

del suo gruppo, viene trasferito a Verona a disposizione del generale delle SS Wolf, finché Allen Dulles pone come condizione, per eventuali trattative, la liberazione di Parri.
Viene fatto passare in Svizzera e poi nuovamente ritorna al Sud, attraverso la Francia, insieme a Cadorna per stabilire un coordinamento per l'insurrezione. Il 13 aprile 1945 ritorna a Berna e qui viene trattenuto, per ordine di Dulles, sino al 25 aprile. Rimpatria durante l'insurrezione e partecipa al Comando Generale a Milano. Nel giugno, i partiti concordi propongono Parri come Presidente del Consiglio.
La storia di Ferruccio Parri può fermarsi qui. Membro della Costituente e Senatore a vita continua la sua intransigente politica contro i gruppi neofascisti e, con Franco Venturi, presenta una relazione al Convegno Internazionale sulla Resistenza in Europa.
Il 25 gennaio del 1980 muore la moglie Ester. Parri è molto anziano, ha novantuno anni e provato dal dolore, il 30 aprile viene ricoverato all'ospedale militare del Celio dove l'8 dicembre 1981 muore. Con funerali di Stato la salma viene tumulata a Genova nel Cimitero di Staglieno.

* * *

Ricordo benissimo quanto subito mi colpì in lui. Era lo sguardo: uno sguardo acuto e triste che pareva concentrare tutte le sciagure e le miserie del tempo. Poi, i tratti somatici del volto: con paragone irriverente (ma poi non tanto data la mia grande simpatia per i cani) l'espressione ricordava quella di un Cocker Spaniel, razza canina che mi è cara.
Ricordo, con grande precisione, quando Parri dopo avermi conosciuto, mi affidò l'incarico di organizzare sul Lago Maggiore dove risiedevo (ero sfollato a Stresa) una rete di distribuzione della stampa clandestina sul Lago e in seguito, nel Cusio e Ossola. La stampa ci arrivava da Milano dove un rappresentante del Comitato di Liberazione Nazionale (CLN) consegnava quasi ogni giorno i giornali ai camionisti della Rumianca, un'Industria di prodotti chimici di Villa d'Ossola che portava i prodotti a Milano e a Legnano[(2)].
Questa rete di distribuzione che avevo organizzato, funzionava bene e Parri, in successivi incontri, mi aveva fatto i complimenti dato che

in altre zone non riuscivano ad ottenere una tale regolarità.
Poi ero stato destinato alla Missione Radio Salem e, in quella occasione Parri aveva insistito perché suo figlio Giorgio[3], detto Dodo[4], che allora aveva diciotto anni, venisse per qualche tempo con noi per rendersi conto delle difficoltà di fare il partigiano.
Lo avevo accolto con molti timori: la nostra situazione era pericolosa perché sapevamo di essere da tempo radiogoniometrati dai tedeschi. Così un giorno che ero andato a Milano per un collegamento mi ero incontrato con Parri e con la moglie, poi Dodo era venuto con me. Il ragazzo era felice che il padre gli avesse permesso di partecipare alla Resistenza: da tempo lo pregava ma Parri era restio. Finché si era persuaso: così ero partito da Milano con Dodo. Sua madre, la signora Ester, gli aveva dato una grossa torta fatta da lei e destinata a tutti noi. Dodo era un ragazzo sveglio e simpatico, molto preciso e ubbidiente: dai suoi aveva avuto una educazione rigorosa, ubbidiva come un soldato e si faceva i suoi turni di sentinella, anche sotto la pioggia, senza mai protestare.
Finalmente un giorno che ero stato a Milano per un collegamento avevo incontrato Parri che, malgrado i rischi (era continuamente ricercato) aveva deciso di venire su alla Salem con me per trovare Dodo. Così avevamo dovuto preventivamente organizzare tutta una messa in scena: alla stazione di Lesa, sul Lago Maggiore, un gruppo di nostri partigiani avrebbe fermato il treno e, dopo aver disarmato i pochi militi della Milizia ferroviaria, avrebbe preso una decina di viaggiatori a caso come fossero stati dei fascisti da arrestare. Ovviamente Parri era tra questo gruppetto e così avevamo cominciato a salire per la montagna sinché, dopo circa un chilometro, con la finzione di un attacco improvviso (sparatoria relativa e certo terrore dei poveri viaggiatori), nel trambusto seguito, Parri e il sottoscritto si erano eclissati. Quanto ai militi della Polizia ferroviaria, dopo averli disarmati, erano stati rimandati indietro.

* * *

Ho molto vivo il viaggio fatto con lui da Milano alla Stazione di Lesa. Viaggio molto rischioso: sia Parri sia il sottoscritto avevamo carte d'i-

dentità false, forniteci dal Servizio-Documenti del CLN di Milano. Io ero l'impiegato Giovanni Ronchi, fu Paolo e Zanoletti Teresa, nato a Massino (Novara) Via del Municipio, 3. Quanto a Parri, non ricordo che nome avesse: cambiava identità anagrafica sovente ma, meticolosissimo, per ogni nome falso si forniva di una documentazione precisissima a memoria, tale da resistere ad un primo fermo[5].
Da Milano a Lesa il treno impiega circa un'ora e quel giorno eravamo fortunati perché non si viaggiava su carri merci malamente seduti a terra, ma su "lussuosi" vagoni di terza classe.
Ci eravamo sistemati in fondo a un vagone, in un posto tranquillo, vicino a una grossa signora e a un uomo anziano che pareva un professore in pensione. Naturalmente, non potevamo restare in silenzio per tutto il viaggio così, dopo un inconcludente discorso con la grassa signora sui suoi dolori artritici, avevamo deciso di parlare di libri ma, ovviamente, soltanto di narrativa italiana.
Durante quei mesi, i libri stranieri erano stati proibiti e, soltanto in pessime traduzioni su carta da giornale, una piccola editrice (Madella di Sesto San Giovanni) stampava, quasi alla macchia, qualche romanzo francese. Di questi esemplari curiosi ne ho conservato uno: *Teresa Raquin* di Emilio Zola, ma ho perduto *La porta stretta* di Andrea Gide.
In quell'occasione avevo avuto modo di constatare quanto Parri fosse informato della narrativa: autori come Palazzeschi, Moretti, Onofri e tanti altri gli erano noti e, dai discorsi, avevo potuto intuire come una parte delle letture le avesse fatte ai confini di Tremiti e delle Lipari.
In quella stessa giornata avevo avuto un lungo scambio di idee con Parri quando eravamo arrivati alla nostra "Baita Viotti" della Radio Salem.
Per prudenza (anche Dodo era stato preavvisato) non avevo detto ai compagni che quel visitatore era Parri, il capo della Resistenza, ma soltanto "uno del Comitato'. Così gli avevano rivolto richieste di cibo, indumenti e coperte. Si era fermato a osservare il funzionamento della trasmittente durante il collegamento pomeridiano con Brindisi. Era molto interessato e stupito di come quel piccolo apparecchio riuscisse a collegarsi a tanti chilometri di distanza.
Altro fatto a stupirlo era stata la dinamo. Ovviamente, non potevamo

avere energia elettrica, così la radio era stata dotata di una dinamo "a pedali'. Cioè, dall'inizio del collegamento in poi, qualcuno doveva pedalare per procurare la corrente alla radio. Questa dinamo aveva una targhetta metallica che poi, negli spostamenti si era staccata. L'avevo raccolta e l'ho ancora. La dicitura è la seguente:

Generator 20 watts
type CMK/1
6/8 volts - 3 amperes
at 100 RPM of Handle.

Avevo incontrato Parri periodicamente nei mesi seguenti nel recapito segreto di Via Marcia su Roma a Milano. I nostri discorsi non si riferivano quasi mai ad una situazione contingente (a meno che non ci fossero disposizioni urgenti da adottare). Piuttosto Parri cercava di spiegarmi le ragioni umane che l'avevano spinto nella lotta antifascista e gli avevano dato la forza di affrontare la prigione. Il suo era una sorta di chiarimento dovuto ad un giovane come me verso il quale aveva molta simpatia e stima. Parlava con la sua voce lenta e pacata e non l'ho mai sentito alzare la voce anche in momenti di grande tensione. Diceva che odiava la gente che parlava forte perché il tono di voce alto gli pareva un fatto di sopraffazione.
Certo, un idealista, ma anche un uomo pragmatico che preferiva vedere il presente e il futuro con grande lucidità.
Ricordo un discorso il cui significato poteva essere questo: "Non farti troppe illusioni. La guerra finirà e la Resistenza avrà la meglio su questi miserabili residui di un regime. Il fascismo sarà sconfitto, così come l'Ordine Nuovo nazista, ma in realtà il fascismo non scomparirà mai. Perché è una tendenza disgregatrice che fa leva sulla vanità e sulla prepotenza di molta parte di un popolo. Il fascismo è una caratteristica italiana, di un paese troppo poco maturo con nemmeno un secolo di unità nazionale. Se per unità si vuole intendere un'unione poco sentita date le enormi differenze etniche tra nord e sud. Il fascismo potrà risorgere sotto altre forme: ma sarà sempre come un tarlo ad un futuro spirito di democrazia, un tarlo che insidierà i pochi principi che, faticosamente, riusciremo ad affermare.

Sì, non farti troppe illusioni: non dovremo mai dimenticare il "senso" della Resistenza e questo, più che un impegno è un preciso stato d'animo di vita. Se così non sarà per tutti allora il nostro agire andrà perduto e troppi valori per i quali oggi combattiamo saranno stati vani".

* * *

Vedevo talvolta sua moglie, la Signora Ester, una donna colta, gentile e coraggiosa. Mi affidava periodicamente delle lettere per il figlio Dodo, che in quel periodo, per suo desiderio, era venuto su con noi. Qualche volta mi dava dei piccoli pacchetti: "Attenzione, è un po' fragile. È una focaccia che ho fatta per Dodo. Ma, mi raccomando, non la mangi tutta lui!".
L'autorità di Parri era indiscussa. Quest'uomo timido, un poco schivo, possedeva una volontà e una facoltà di persuasione straordinaria. E soprattutto non cedeva mai, nemmeno nei momenti più difficili. Da un lato, in certe decisioni pareva perfino ostinato, come quando si era opposto che la Missione Salem continuasse i collegamenti essendo stata goniometrata dai tedeschi da almeno due mesi. Ma Enzo Boeri era ancora più deciso di lui: "Questa radio ci serve, è indispensabile. Il rischio è forte, ma è possibile continuare ancora per qualche tempo prima che il goniometro mobile ci localizzi precisamente e anche perché abbiamo una buona rete di informatori. Tutti quelli della Salem sono al corrente del pericolo: è come stare in prima linea. Ma il Comandante Generale sei tu e tocca a te decidere".
Prevalse la decisione di Enzo e la Salem continuò a trasmettere sino a quando i tedeschi localizzarono precisamente il posto. Ma i nostri informatori ci avevano preavvisati e così ci fu facile scappare.

* * *

L'ultima volta che incontrai Parri fu una domenica pomeriggio nell'abitazione clandestina di Via Marcia su Roma[(6)]. Da Stresa avevo avuto notizia che ero stato segnalato. E non era una notizia vaga: pro-

veniva dal Ministro fascista Benni che, amico dei miei, cercava di mettermi (o forse anche mettersi) al sicuro[7].
Raccontai a Parri la situazione e gli chiesi consiglio se continuare oppure abbandonare tutto e scappare. Mi chiese la mia opinione. Dissi che, per quanto mi riguardava, avrei ancora potuto restare ma avevo paura per i miei compagni e forse era meglio, essendo "bruciato', di lasciare tutto.
Qui si dimostrò la saggezza di Parri. Mi ringraziò per quanto avevo fatto finora ma mi *ordinò* di scappare. Mi spiaceva ma sapevo che ormai avrei potuto abbandonare il comando ad altri. Così fu e mi rifugiai in Lomellina in una cascina di mio nonno materno. Ma questo lo ho raccontato nel capitolo che segue *Notte e nebbia.*
Ci lasciammo che era tardi e Parri se ne andò con il suo passo stanco e quella espressione intensa di amicizia. Non l'ho più rivisto, nemmeno nei giorni della liberazione: quest'uomo colto e onesto aveva improntato tutta la sua vita a lottare contro la dittatura. Il suo era un impegno morale, si sarebbe potuto definire laicamente una missione.

* * *

Poco dopo la liberazione, con accordo unanime, quanto un poco equivoco di tutti i partiti, Parri venne nominato Presidente del Consiglio. Era un riconoscimento a tutta la sua opera ed un avallo, profondamente sgradito al sud, dove la resistenza non era esistita, a quello che veniva definito "il vento del nord'. Un vento rosso di riscatto, appoggiato dal Partito Comunista di Togliatti che, sin da quel momento faceva di tutto per egemonizzare il movimento della Resistenza.
Mi ha raccontato Corrado Bonfantini, presente a Roma all'insediamento di Parri, come quest'uomo stanco, dall'abito vecchio ma dignitoso e dallo sguardo acuto e critico che dava fastidio ai maneggioni della politica romana, apparisse seccato dalla cerimonia ufficiale. All'entrata a Montecitorio erano schierati i commessi, segretari e i corazzieri addetti all'ordine interno del Parlamento. Parri, entrando, li guardò con palese irritazione e Bonfantini, che gli era vicino, lo sentì brontolare: "Troppa gente inutile... ridurre le spese!".

Lo stesso giorno del suo insediamento (19 giugno 1945) una bomba, probabilmente di stampo fascista, esplose nei pressi della piazza del Parlamento. Non vi fu nessuna vittima e la Polizia Militare Alleata rimase per prudenza consegnata nelle caserme, mentre nel Palazzo si stavano svolgendo dibattiti per la definitiva risoluzione della crisi e la premessa per un Governo di ricostruzione e un'Assemblea Costituente. Per poter essere sempre presente, al limite delle sue forze, Parri si fece portare nell'ufficio presidenziale una brandina militare. Benché la sua sorte fosse già segnata da un De Gasperi, che aveva perfino l'appoggio della Sinistra (anche se, apparentemente, ogni giorno veniva attaccato su *L'Avanti* e su *L'Unità*), Parri riuscì a battersi con discorsi pragmatici privi di qualsiasi suggestione oratoria. Il 24 giugno in un appello alla Radio, affermò come Popolo e Governo non fossero entità distinte ed avverse, ma unità di pensiero e di azione senza distinzione di partiti, *e soprattutto oltre i partiti.*
Sotto la camicia nera fascista una nuova Italia è apparsa, una povera Italia disperata ma ansiosa della sua libertà, ferita nel suo senso di onore. Ci siamo rialzati nella stima del mondo e questo posto dobbiamo meritarlo perché non ci sarà regalato! Dobbiamo conquistarcelo giorno per giorno col nostro lavoro, serio e duro lavoro... Il Governo, già vi è stato detto, non è la Divina Provvidenza... il problema grosso di questi mesi è di sbarcare il lunario e salvare la lira. Niente parole grosse tra noi, ci conosciamo e ci intendiamo senza bisogno di declamazioni... Per la nostra generazione non c'è congedo, ha detto uno dei nostri e miei amici partigiani... Ho accettato perché non sono pessimista: voglio solo vedere chiaro e parlare chiaro. Non sono pessimista e credo nel nuovo paese: credo nel fondo di onestà, di generosità e di serietà che è nell'animo del nostro popolo, credo nella sua volontà di risorgere.

* * *

Pochi giovani oggi ricordano Ferruccio Parri, il grande "Maurizio" o "Lo zio', come si faceva chiamare, un uomo che è sempre stato lontano da ogni forma di riconoscimenti, ma ha servito il paese con coraggio, sempre pagando di persona.

Di lui posso dire che sono onorato di averlo conosciuto e frequentato perché per me "Maurizio" è stato come un simbolo: quello della dignità degli Italiani.

NOTE AL CAPITOLO *FERRUCCIO PARRI O LA DIGNITÀ DEGLI ITALIANI*

1. Nel giugno 1944 si costituisce a Milano il CVL (Corpo Volontari della Libertà) con l'obiettivo di un indirizzo militare comune per le formazioni partigiane della Resistenza, è il braccio armato della Resistenza. Mentre il CLN (Comitato di Liberazione Nazionale) costituisce l'organizzazione politica, il CVL costituisce l'organizzazione armata. Le formazioni partigiane vengono così sottoposte al comando del generale Raffaele Cadorna, affiancato dai vicecomandanti Ferruccio Parri (Partito d'Azione), Luigi Longo (Partito Comunista), e poi Giovanni Battista Stucchi (Partito Socialista), Enrico Mattei (Democrazia Cristiana), Mario Argenton (Partito Liberale ed autonomi).
2. Vedi capitolo "I camionisti della Rumianca", pp. 155 e ss.
3. Vedi capitoli "Via Marcia su Roma n. 6", pp. 133 e ss. e "Clemente Rebora e la grazia della poesia", pp. 145 e ss.
4. Dodo, Giorgio Parri (Milano 1926 - Roma 2013), fatto prigioniero a Coiro monte nel novembre 1944, dopo qualche giorno liberato in uno scambio di prigionieri, con una brutta ferita ad una gamba. All'arresto del padre nel gennaio 1945 espatria in Svizzera. Nel dopoguerra avvocato e nel Direttivo del Movimento d'Azione, GL, e dirigente nella FIAP (Federazione italiana associazioni partigiane) fondata dal padre. Sulla sua bara il fazzoletto azzurro della Valtoce.
5. Nomi clandestini di Ferruccio Parri: Maurizio, Lo zio, Franco, Marsili, Valenti, Donato, Pozzi, Arrigoni, Elettrico, Pasolini Fermo.
6. Vedi capitolo "Via Marcia su Roma n. 6", pp. 133 e ss.
7. Vedi nota 3 al capitolo "È arrivato l'ambasciatore", p. 109.

Giorgio, in borghese durante le prime attività clandestine nella Resistenza

Notte e nebbia

Alcuni anni fa mi trovavo, per un breve soggiorno, sulla Riviera di Ponente dove stavo ultimando la quarta puntata di un adattamento tratto da una bella novella *Il pianoforte* di Francesco De Renzis per la Radio della Svizzera Italiana di Lugano[1].

Questa novella era stata per me una sorta di scommessa: rifiutata dalla RAI perché di un autore poco noto, aveva a mio giudizio tutti gli elementi più adatti ad una traslazione radiofonica.

Questo De Renzis era un barone napoletano nato a Capua nel 1836, ufficiale borbonico ma patriota che sognava l'unità d'Italia. Nel 1860, a seguito di un articolo sul giornale piemontese *L'Opinione* dichiara di voler passare tra le file dei sabaudi e si arruola come sottotenente. Combatte a Gaeta e, per il suo valore, è promosso capitano. Poi diventa ufficiale d'ordinanza di Vittorio Emanuele II finché nel 1866 lascia l'Esercito e si dà alla politica. Dopo il suo matrimonio con la sorella del Presidente del Consiglio Sidney Sonnino, De Renzis è deputato per alcune legislature, finché passa in diplomazia ed è ambasciatore a Bruxelles, Madrid e Londra. È proprio in questo periodo londinese che il raffinato nobile napoletano scrive alcuni romanzi e una raccolta di novelle tra le quali, appunto, questo *Pianoforte*, un racconto che mi aveva sempre entusiasmato e che sino ad allora non ero riuscito a realizzarne l'adattamento.

Dunque, in quel breve soggiorno marino, lavoravo tutto il pomeriggio ma, al mattino, mi concedevo una lunga camminata sul Lungomare Europa. Quella mattina, sole caldo, mare e cielo intensamente azzurri, dopo circa un chilometro ho visto, tracciata a biacca sull'asfalto una grossa scritta: *Morte agli ebrei, cancro del mondo*. Poco più avanti, tracciata dalla stessa mano un'altra: *Gli ebrei sono la peste vivente.*

Ma perché? – mi sono chiesto.

Non è che ami particolarmente gli ebrei: certe posizioni estreme dello Stato d'Israele non posso che condannarle. Ma li giudico come sono nella realtà: persone come me con una fede diversa. Così come lo sono altri gruppi religiosi o etnici. Appartengo a una cultura, che non giudico né migliore né peggiore, ma tale differenza obbiettiva non mi porta affatto a spregiarli e, meno che mai, ad odiarli.

* * *

Nella mia vita ho salvato alcuni ebrei dalla deportazione, almeno lo spero. È successo durante la guerra, in Lomellina, prima che il Comandante del Corpo Volontari della Libertà, Ferruccio Parri, mi mandasse come Commissario di Brigata in Val d'Ossola. In quei mesi, a contatto con il CLN milanese, avevo organizzato sul Lago Maggiore una precisa rete di contatti per la distribuzione di stampa clandestina che ci arrivava da Milano portata dai camionisti della Rumianca, una grossa industria di prodotti chimici di Villa d'Ossola(2). Poi ero stato segnalato e così, essendo ormai "bruciato" mi ero rifugiato in una cascina di mio nonno materno in Lomellina.
Ero antifascista. Provenivo da una famiglia borghese assolutamente refrattaria ad ogni velleitarismo littorio. Non che i miei fossero particolarmente eroici: in fondo, il loro rifiuto era soltanto dovuto ad un fatto sociale, estetico e snobistico. Mio padre, per esempio, era monarchico di tendenze liberali e conservatrici e giudicava i fascisti come dei cafoni, gente senza stile da non frequentarsi per l'assoluta mancanza di educazione, cultura e gusto. Riconosceva che il loro intervento era stato utile nel '21, ma poi le squadracce, i manganellatori, gli oleo-ricinisti, li valutava per quanto erano: gente malavitosa, una canaglia che poteva servire per bloccare i bolscevichi ma che poi doveva venire dispersa senza tante storie. Ne parlava talvolta con un suo amico, l'allora Generale Caviglia, futuro Maresciallo d'Italia che, pacatamente, lo quietava: "Ma, caro avvocato, lei dimentica che abbiamo un Re e, al momento giusto, vedrà, vedrà...".

* * *

C'era poco da vedere: un omettino dalle gambe e dalle idee corte, "lo sciaboletta'[3] come lo chiamavano, incerto, indeciso, titubante e cocciuto non si sarebbe mai preso la responsabilità di bloccare quella masnada.

Per era diverso. Ero ventenne e il disgregamento dell'Europa di fronte ai nazisti mi ossessionava. Più che antifascista ero rivoltoso, per niente nazionalista e poco patriota, ma non potevo sopportare un asservimento e una dominazione tedesca. La mia dignità umana si ribellava, ecco tutto. Per questo, molto prima del 25 luglio, data della caduta del fascismo, ero entrato nell'antifascismo rischiando la pelle perché pensavo che il dovere dei giovani come me fosse quello di reagire. Poi, per motivi e tradizioni familiari e atavici: da parte di mio padre, un'illustre discendenza francese, e di mia madre, savoiarda (mia nonna materna, infatti, era francese). In casa si parlava francese perché mio fratello – che in quel periodo viveva con noi – aveva sposato una parigina che non sapeva l'italiano[4]. Circolavano in casa *Vient-de-paraître* e giornali come il *Candide* e il *Gringoire*; alcuni nostri amici erano valdesi o svizzeri: insomma, si trattava di un nucleo familiare di scarsa italianità.

Eppure, in qualche modo assurdo, amavo questa Italia sgangherata, arruffona, arraffona, sempre in ritardo con la Storia (l'impresa etiopica, mentre le altre nazioni stavano per abbandonare le colonie) la retorica più idiota di una romanità fasulla; il mezzocalzettismo individuale del "tengo famiglia'. Evidentemente, appartenevo a una razza allergica a tali suggestioni.

* * *

Così ora mi trovavo in Lomellina e, quasi subito, avevo preso contatti con gruppi socialisti che si davano da fare. Erano quasi tutti anziani, di tendenze riformistico-turatiane, ed alcuni avevano appeso in cucina, come un altarino, il ritratto di Giacomo Matteotti[5] onorato da fiori freschi di campo. Io non ero socialista (ho sempre avuto una posizione repubblicana), ma li ammiravo perché rappresentavano un tramite tra un passato degno ed un futuro democratico.

Questi pochi resistenti, essendo venuti a conoscenza da non so quali vie che i tedeschi inoltravano le tradotte verso la Germania su alcune linee secondarie, perché si erano verificati incidenti in grosse stazioni e la scorta aveva dovuto sparare creando terrore e preoccupazioni tra la gente, avevano organizzato, con alcuni ferrovieri delle linee vercellesi dove transitavano queste occasionali tradotte, un piano semplice anche se passabilmente rischioso.
In pratica, a un certo chilometro quindici, non so a cosa si riferisse, nella notte la tradotta avrebbe rallentato fino ad arrestarsi. È lì, in quel punto, che saremmo intervenuti. Se tutto fosse andato bene, eseguito l'agguato, caricati i cadaveri della scorta sui vagoni, il macchinista avrebbe viaggiato alla massima velocità sino al casello/stazione che la notte era abbandonato. Fermato il treno, sarebbe disceso, avrebbe deviato lo scambio sul binario morto poi, risalito, avrebbe dato tutto vapore per lanciare il treno contro i respingenti cercando di fare deragliare la locomotiva e ritardare il ripristino della linea. Esaurito il compito, il macchinista doveva raggiungere al più presto un gruppo di partigiani che si stava formando nell'Oltrepo pavese.
In tal modo era più difficile per i tedeschi procedere a rappresaglie dove era successo il fatto e, quanto ai bossoli dei proiettili, dispersi tra l'erba alta era difficile trovarli in una zona molto ampia di campi e di risaie.

* * *

Ed eccoci in questa fosca notte, tra campi molli di nebbia e di rugiada, in un buio apocalittico, acquattati nel fossato della via ferrata.
Aspettiamo in silenzio. Fa freddo e l'umido si insinua tra il collo e il cappotto. Siamo divisi in tre gruppi con compiti precisi e diversi. Il primo gruppo d'assalto dovrà scattare avanti e, giocando sulla sorpresa, annullare la resistenza della scorta tedesca.
Compito del secondo gruppo, più numeroso, "slucchettare" i vagoni merci con speciali tronchesini al più presto.
Un terzo gruppo dovrà aiutare a scendere i prigionieri dal treno e poi, dividendoci in file diverse, scortarli attraverso i campi a tre cascine che distano due o tre chilometri, dove i poveretti troveranno acqua,

vino, cibo, abiti e pochi soldi raccolti in una colletta clandestina di paese.
Faccio parte di quest'ultimo gruppo e sono armato, più simbolicamente che altro, con una calibro 6,35 che non serve proprio a niente.

* * *

È passata più di un'ora. Restiamo lì, guatanti come gattacci cattivi, ad aspettare. Il silenzio della notte è assoluto e la nebbia aumenta: ho l'impressione di trovarmi in qualche nottata di secoli lontani, tra oceani erbacei opalescenti, nel lontano lieve frascheggio di pioppi. Attesa vigile e sempre il silenzio.
Poi, emergente da percezioni sonore non orientabili, in aumento lieve rumore come rotolio di ruote: una bicicletta! Si concretizza dal nulla: il compagno è ansante: "Ci siamo! La tradotta è partita dal casello. All'erta!".
L'ectoplasma si disfa nuovamente nella nebbia e, per qualche attimo ancora ci pare di avvertire il rumore, fino ad un'eco o, magari, una persistenza di udito.

* * *

Non ci sono dubbi: arriva! Arriva!
Lo sentiamo lontano in crescendo graduale: la tradotta procede adagio, forse per il carico, forse per permettere al macchinista di arrestarsi al punto giusto. La nebbia l'avvolge, forse è vicina, forse non ancora... Siamo tutti tesi per scorgere nel buio l'alone dei fanali... Ecco: ci pare di vederli, ma forse è una illusione. Mi chiedo come farà il macchinista a distinguere il tenue fascio di una torcia a pila puntata sul vetro della locomotiva... Un brivido! E, se il punto di congiunzione fosse errato? O se, a nostra volta, ci trovassimo cento metri più avanti o indietro? L'effetto sorpresa svanirebbe.
Eccolo! Eccolo! Questa volta non ci sono dubbi: è l'alone dei fanali come lampade opaline... Il compagno punta la torcia, la agita, e dal treno si alza un fischio acuto e drammatico: il segnale!

* * *

Stridore di freni, la massa ferrosa si insinua nella nebbia, appena scompigliandola. Il blocco si arresta proprio davanti a noi e, subito, il secondo gruppo degli "slucchettatori" salta fuori dal fosso per agire. Dai vagoni un vociare indistinto e convulso: i deportati urlano la loro disperazione e la speranza. Il tempo di sbloccare tre vagoni di coda, poi la reazione della scorta tedesca. Purché non lancino bombe a mano! E invece sparano a raffica con le loro *machine-pistole*.

Fa un certo effetto vedere nella nebbia guizzare le fiammelle dei mitra a raffica: come fuochi fatui sperdentisi nel caliginoso fumo che ora si sfrangia con le sbuffate vaporose della locomotiva.

"Attenti! Spostatevi! Siete sotto tiro!". Il macchinista è sceso dalla parte opposta e, passando sotto le ruote, ci ha raggiunto concitato: "Sono in dieci, uno è dentro alla torretta del vagone di coda, bisogna beccarlo presto!".

L'operazione di slucchettamento ha una sosta. I tedeschi tirano all'altezza dei vagoni, noi del terzo gruppo ci buttiamo giù nel fossato, la testa quasi a contatto con le zolle umide e fredde.

I "Sappisti" (SAP, squadre d'azione partigiane) del primo gruppo vanno all'attacco. Già due sono riusciti, passando sotto il primo vagone, a far fuoco e sorprendere due tedeschi, altri aspettano che quelli della scorta si sporgano appena per vedere e riescono a centrarli. Le urla aumentano con le raffiche intense e grida strazianti e lamentose di un ferito. Ma non è tempo di lasciarsi andare a patetiche considerazioni. Le raffiche della scorta decrescono: tre dei sappisti sono riusciti a salire sulla locomotiva e ingaggiano un combattimento uomo a uomo.

È il momento! Fuori la seconda squadra con i tronchesini! Io urlo ai prigionieri dei carri già slucchettati: "Giù! Presto! Nel fosso! Qui!".

Si buttano letteralmente dai vagoni.

Mi faccio più sotto. Vicino a me c'è il meccanico della fabbrica dei trattori: ieri abbiamo bevuto insieme all'osteria. Un rumore metallico e poi una scintilla che fa "swippt!": "Boia d'un tudesc! – dice il meccanico – cinc ghèi püsé e el me ciapava!".

* * *

L'azione è riuscita, la scorta è stata annullata.
Mi ritrovo oltre al fosso, tra l'erba, con un gruppetto che nel buio appena rischiarato da una pila, credo sia di una trentina di persone. Sono tutti ebrei, rastrellati in diverse zone e regioni. Sembrano terrorizzati, ma anche commossi, alcuni tremano di stanchezza, di freddo, di paura. Gli altri alla guida dei compagni del mio gruppo si sono allontanati, subito sommersi dalla marea d'erba e di nebbia.
Allora uno che mi è vicino e, alla luce della pila mi pare un anziano con la barba bianca, si fa avanti verso di me: "Sono il rabbino Levi" – dice. Ha le lacrime agli occhi e, senza aggiungere altro, mi abbraccia. Dice una sola parola, essenziale: "Grazie!".
Ci allontaniamo, fagocitati dalla nebbia. Sopraggiungono quelli del primo gruppo che hanno già sistemato i cadaveri della scorta tedesca sul treno. Ci scambiamo – o almeno si prova nella caligine – dei segnali di saluto, ma poi quelli tagliano il campo in un'altra direzione. Lontano un fischio brevissimo, rumore ovattato di freni e la tradotta riparte.

* * *

Ecco: questa mattina, tanto tempo dopo, vedendo le scritte antisemite sul Lungomare Europa, mi è tornato in mente l'episodio. Non particolarmente drammatico né eroico, diciamo uno dei tanti che ho vissuto.
Quanti di quei poveri ebrei si saranno salvati? Il mio modesto compito si esauriva lì, nella fuga organizzata. Ma voglio immaginare che qualcuno ancora ricordi, e che quella notte lomellina, di nebbia, di ansia e di buio, sia stata per lui, come per me, un momento importante.
Il cielo si affolla di nuvole bellissime, il mare ha lame cromatiche diverse. Ripercorro la strada e mi ritrovo sulla scritta. Ci sputo sopra, convinto. E poi mi dico: che tutto questo non succeda mai più.

NOTE AL CAPITOLO *NOTTE E NEBBIA*

1. L'adattamento de *Il pianoforte*, racconto di Francesco De Renzis (Capua 1836 - Auteil 1900), porta la data del 1984, trasmesso alla RSI nell''88, '89, '92.
2. Vedi capitolo "I camionisti della Rumianca", pp. 155 e ss.
3. Vittorio Emanuele III di Savoia (Napoli 1869 - Alessandria d'Egitto 1947). Abdica il 9 maggio 1946. Alto un metro e 53 cm, da qui il soprannome popolare di "Sciaboletta", perché una sciabola normale avrebbe toccato terra.
4. Padre Paolo Buridan, discendente dal filosofo francese Jean Buridan (1301-1358), mamma Maria Teresa Cappa Legora; nonna materna Giulia Musy; fratello Carlo Alberto che sposa Elida Molini.
5. Giacomo Matteotti (Fratta Polesine 1885 - Roma 1924). Deputato socialista. Il 30 maggio 1924, pronunciava in Parlamento un discorso di oltre un'ora, interrotto da ripetuti insulti della maggioranza fascista, in cui denunciava il clima di violenza e illegalità in cui si erano svolte le elezioni, delle quali chiedeva l'annullamento. Dieci giorni dopo, il 10 giugno, fu aggredito e rapito. Il suo corpo fu ritrovato in un bosco vicino a Roma il 15 agosto.

Via Marcia su Roma n. 6

S'immagini l'inquadratura di un film di Marcel Carné, come *Il porto delle nebbie*, tipica inquadratura da "verismo noir" con luci lunghe e basse e inevitabile pioggia. Si era nel 1938 e il Front Populaire con i baffoni di Léon Blum stava per esaurirsi.
Oppure si immaginino certe atmosfere *mornes, blèmes et blafardes* (come avrebbe scritto Zola) d'un romanzo di Eugène Dabit, *Hotel du nord*. Appena cinque anni dopo, nel 1943, si trasportino l'inquadratura e le atmosfere a Milano e si osservi lo scenario che si presenta.

Una strada stretta, limitata da un lato da una fila di case modeste a due piani, presumibilmente d'inizio secolo. Dal lato opposto, un canale lento e grigio, superstite dei grandi Navigli milanesi.
Il selciato è in pietra grigio-scuro e in alto sul fondo i Bastioni segnano la fine della breve strada. Al di là del canale, un muro basso lascia intravedere vecchi padiglioni: è l'Ospedale degli scabbiosi, abbandonato chissà quando.
Altro elemento da film noir, una piccola chiusa che produce un gorgoglio continuo e sommesso.
Il parapetto, in parte lucente per l'usura e in parte rugginoso in basso, l'acciottolato lucido di pioggia, contrastano all'angolo con una targa imperiosa: "Via Marcia su Roma"(1).

* * *

È al numero 6 a piano terra che, negli anni Venti, vi era uno dei "covi" del fascismo nascente, il che giustifica la targa commemorativa. Peraltro ora, anno 1943, tutto è tranquillo e calmo, si respira un'aura di fine Ottocento e anche la guerra pare lontana. Il covo non ha lasciato tracce e pochi milanesi lo ricordano (o, forse, è stato soltanto un deposito di armi): questo è un angolo di una Milano dimenticata ma il navigliotto superstite fa ancora la sua figura.

* * *

Anno 1944.
Al primo piano della casetta abita un distinto professionista, il Dottor Plinio Pagni con la moglie Antonia.
Il Dottor Pagni, attuale locatario, ha preso questo nome da un compagno d'armi caduto nella campagna d'Italia, presso Salerno. Il risorto Plinio Pagni è invece il mio amico, Dottor Enzo Boeri, medico psichiatra[2], che ora è responsabile di tutti i Servizi Radio clandestini dell'OSS, il Servizio Segreto americano (Observation Strategic Service)[3].
La casa di Via Marcia su Roma ha un piccolo appartamento, arredato con cattivo gusto, e nasconde un altro covo, ma questa volta della Resistenza, noto soltanto a poche persone, dove avvengono incontri ad alto livello del Comitato di Liberazione Nazionale Alta Italia (CLNAI) e del Comando Militare Regionale Lombardo.
Sono tra i pochi a frequentare l'alloggio: come Capo Radio del Gruppo Salem[4], (in collegamento con Brindisi), situato all'Alpe Formica nella zona sopra il Lago Maggiore nell'alto Vergante (a cavallo tra il Verbano e il lago d'Orta) sopra i piccoli paesi di Sovazza e Coiromonte.
Quasi ogni giorno vado a Milano in Via Marcia su Roma per riferire sui collegamenti radio, portare i "cifrati" da trasmettere e fornire notizie sugli spostamenti del radiogoniometro mobile della Wermacht che da qualche tempo tenta di localizzarci.
Non si creda, tuttavia, che il nostro covo abbia alcunché di romantico: niente armi nascoste o in vista, niente arruffio di carte o di stampa clandestina, tutto in ordine perfetto (merito soprattutto di Antonia ma anche di Enzo): un'aura da alloggetto ammobiliato da piccoli borghesi.
Il pretesto per ricevere tanti amici è dato da una falsa tessera del Dottor Plinio Pagni dell'Ordine dei Medici Psichiatrici, e questo giustifica il passaggio, quasi giornaliero di alcuni "pazienti" senza dare

troppo nell'occhio. D'altronde la Polizia e la Milizia e la Polizia repubblichina, forse in omaggio alla sacralità dell'ex covo fascista, non sorvegliano la strada che è frequentata da pochissime persone che vi abitano e rarissimi passanti perché la via è a cul-de-sac dalla parte finale dei Bastioni.
La coppia Enzo e Antonia Boeri (Dottor e signora Pagni) è una delle unioni più felici.
Lui, bravissimo psichiatra, già aiuto primario all'Ospedale Cardarelli di Napoli, lei una donna bellissima e colta, dai capelli corvini e dagli occhi di un incredibile colore violetto.
La calma di Enzo ne fa l'elemento ideale per un difficile compito nella Resistenza: non che sia incosciente, ma possiede una straordinaria facoltà di affrontare ogni avversità con ottimismo e realistica calma.
Durante la campagna d'Italia, Enzo combatteva col grado di Capitano Medico insieme ad un'unità dell'Ottava Armata ed era stato preso prigioniero in un'imboscata dai tedeschi. E questi l'avevano legato, come ostaggio, alla torretta di un carro armato e avanzavano verso le linee alleate. Ma Enzo non era il tipo da lasciarsi travolgere dall'angoscia. Buon conoscitore del tedesco aveva cominciato a discorrere con il carrista e gli altri e, scoperto che tutti erano austriaci, aveva fatto in modo di far loro provare vergogna per quanto stavano facendo. Ricordò le nobili origini dell'Impero Austro Ungarico, la mitica figura del Kaiser, tutti i bagliori di una grande nazione spentasi nel nulla... fino al tradimento di ogni loro ideale con l'Anschluss, la fatale annessione con i nazisti.
Il carro armato procedeva adagio lungo una strada in salita dell'Appennino verso le linee americane... e Enzo continuava a parlare, sempre più pacato, con tono quasi addolorato nei confronti di nemici che si comportavano in quel modo. Finché li convinse: allora, con il loro consenso, estrasse un fazzoletto bianco e non appena le prime sentinelle americane scorsero il carro: "Non sparate, si arrendono!", gridò Enzo in inglese.
Così si salvò e, forse, salvò anche quei giovani carristi da un futuro molto incerto.

* * *

Cognome SILVESTRI
Nome Gianfranco
Padre Giovanni
Madre Gatti Teresa
nato il I4 Sett. I92I
a Torino
Stato civile celibe
Nazionalità italiana
Professione impiegato
Residenza Cupra Marittima
Via Roma 3 (Ancona)
CONNOTATI E CONTRASSEGNI SALIENTI
Statura metri I,70
Corp.:snella
Capelli:neri
Occhi:neri
Segni partic. / /
FIRMA DEL TITOLARE Silvestri Gianfranco
Cupra mar. li I2-I-I943 XXI°
IMPRONTA DEL DITO INDICE SINISTRO
IL PODESTÀ
COMUNE di CUPRA MARITTIMA

Cognome R O N C H I
Nome Giovanni
Padre Paolo
Madre Zanoletti Teresa
nato il I4 Settembre I92I
a NOVARA
Stato civile celibe
Nazionalità italiana
Professione impiegato
Residenza
Via M A S S I N O
CONNOTATI E CONTRASSEGNI SALIENTI
Statura metri I,70
Corporatura:snella
Capelli:neri
Occhi:neri
Segni partic.: / /
FIRMA DEL TITOLARE Ronchi Giovanni
MASSINO li I5-Nov.I94I-XX
p. IL PODESTÀ
IMPRONTA DEL DITO INDICE SINISTRO

Giorgio Buridan, "Gianfranco Silvestri" e "Giovanni Ronchi", carte d'identità false

I "pazienti" del Dottor Pagni erano tipi diversi. Talvolta arrivavano isolati fermandosi pochi minuti, altre volte erano in quattro o cinque e restavano per ore come partecipassero ad una seduta collettiva di psicanalisi. Sotto questa copertura, per la verità abbastanza ingenua, i rappresentanti della Resistenza avevano modo di consultarsi, discutere ed adottare le più importanti decisioni.

Ne ricordo alcuni perché in quell'alloggio ho passato alcuni giorni in attesa che Parri decidesse d'inviarmi presso la costituenda formazione "Valtoce" in Val d'Ossola.

Erano giornate tristi, in cui giravo a piedi o in bicicletta per una Milano squallida, bombardata e povera.

Cercavo disperatamente persone nascoste sotto falso nome; altri che – quasi giornalmente – si trasferivano da amici e conoscenti perché segnalati. Talvolta giravo per un'intera giornata senza riuscire a trovare la persona che cercavo, anche perché dovevo agire con estrema prudenza per non compromettere me o l'interessato. Comunicavo notizie e ne ricevevo altre – tutte a memoria – che poi riferivo ad Enzo Boeri.

Era una vita difficile perché si correva sempre il rischio di essere pedinati: i repubblichini avevano assoldato vecchi arnesi di questura, abilissimi, e talvolta era difficile stabilire se si era pedinati, specialmente se c'era molta gente. Poi ero anche molto preoccupato perché la copertura della mia carta d'identità falsa (Gianfranco Silvestri) era del tutto incompleta.

Non avevo infatti avuto tempo e modo di costruirmi una precisa biografia sulla provenienza da Cupra Marittima: la famiglia, gli amici, le strade, i bar, i negozi... insomma, tutto quanto poteva essere oggetto di un interrogatorio in caso di fermo. Ben diverse erano state le precedenti incarnazioni: sia Giorgio Valle, sia Giovanni Ronchi avevano una loro minuziosa connotazione e avrebbero potuto resistere ad una meticolosa inchiesta di vita.

* * *

Il frequentatore abituale di Via Marcia su Roma n. 6 era Leo Valiani (Aldo Aldi), uno dei fondatori del Partito d'Azione[5], futuro costituente e Senatore a vita. Allora era un uomo sempre agitato, come vivesse a cento gradi, in focoso contrasto con tutti, decisamente violento.
Nei momenti più bui del tempo, quando i nazisti avevano travolto quasi tutta l'Europa orientale ed erano arrivati a pochi chilometri da Mosca, Valiani ostentava un incredibile ottimismo. Lo ricordo fissare la carta d'Europa alla parete e avvicinarsi sino quasi a toccarla, come volesse penetrare visivamente quei paesi. Poi – di colpo – girarsi verso di noi con un sorriso radioso: "Sento odor di fine guerra". Questa dell'"odor di fine guerra" era la sua battuta abituale ma tutti lo guardavamo con profondo scetticismo.
Il suo odio per i repubblichini era totale: mentre giudicava i tedeschi soldati nemici, per i miliziani della Repubblica Sociale provava, oltre il disprezzo, un odio profondo.
Altro personaggio, assolutamente in contrasto con l'irruente Valiani, era l'avvocato Farina, Delegato per l'Ossola. Vestiva sempre nel modo più tradizionale e chiunque l'avrebbe scambiato per un burocrate o un funzionario di banca. Era gentile e pacato perfino nei gesti, ed esprimeva un senso di precisione e di ordine borghese.
Poi arrivava ogni tanto Corrado Bonfantini[6], uomo coraggiosissimo, per tre volte arrestato dai tedeschi e dai fascisti. Scampato la prima volta alla fucilazione, era stato scambiato, da parte di una formazione "Matteotti" con un ufficiale delle S/S. La seconda volta se l'era cavata con la corruzione di un secondino durante il trasporto in cellulare.
Più difficile era stata la terza volta con una rocambolesca evasione da San Vittore, buttandosi da una finestra al secondo piano e riuscendo a cadere su una macchina militare tedesca con la capote in tela ed uscendone incolume.
Bonfantini era un uomo allegro e – non si sa come – spensierato. Niente mai pareva incrinare quel suo temperamento scherzoso e festoso, sempre fornito di barzellette antifasciste, ironico e decisamente critico anche verso i suoi compagni socialisti.
Con Corrado Bonfantini, uomo socievole e simpatico, diventai amico: lo ritrovai più tardi a Domodossola durante la nostra gloriosa Repub-

blica, e – molti anni dopo – a Torino in casa del critico teatrale de *La Stampa*, Alberto Blandi, con il quale lavoravo a un programma a puntate per la RAI[7].

L'avvocato Meda[8], democristiano, era un anziano rappresentante di quell'ala di "cattolici nazionalisti" che, in un primo tempo, come d'altronde Sonnino, Facta, Tittoni, Corradini, perfino Frassati e Luigi Albertini, si erano illusi che il fascismo incarnasse il Partito dell'Ordine e, fino al 1923 avevano, in modo non attivo, collaborato. Ora Meda aveva l'aspetto di uno sconfitto: tutta la sua carica di "anti-postumo" si era scontrata con la prudenza (per non dire vigliaccheria) di un'Azione Cattolica che, per non collaborare con il Regime, si era racchiusa in sé stessa fino a quando il fascismo si era rivelato per quanto era e perfino i mansueti "nazionalisti cattolici" erano stati costretti (sia pure in buona fede) a prendere atto della dittatura. Tuttavia Meda collaborava con noi con dedizione ma ci impensierì il suo arresto: uomo timoroso, messo di fronte a minacce, botte o torture, il Meda avrebbe parlato? Per sua (e nostra) fortuna, intervenne subito, attraverso pressioni del Clero, l'Arcivescovado, anche se il Cardinale Ildefonso Schuster non pareva manifestare troppa simpatia per la Resistenza. Meda venne non si sa come rilasciato (e credo venne consigliato) a ritirarsi da una lotta attiva alla quale, per età e per temperamento, non pareva molto adatto.

Sono stati per me l'arresto di Meda (al quale il giorno prima avevo portato un messaggio) e l'incidente dei giornali clandestini, due momenti particolarmente allarmanti nella falsa paciosità di Via Marcia su Roma.

Ottimista e calmo come sempre, Enzo Boeri era uscito con la bicicletta per raggiungere non so chi, ma aveva dimenticato a casa il rotolo dei giornali.

Quel giorno il sole era caldo e la finestra aperta. Dal basso Enzo chiamò:

"Antonia! Per piacere i giornali".

La moglie lanciò il fascio dei giornali che, essendo mal legati, si aprirono. Vi fu una pioggia e un volo di *Italia libera*, *Avanti*, *Unità*, *Il ribelle* e altri. Alcuni finirono nel canale e l'acqua lentamente se li portò

via, graziosamente spiegati, così finirono oltre la chiusa, sul fondo, chissà dove.
Dalla finestra con Antonia assistevamo agghiacciati alla scena. Per fortuna in quei momenti nessuno passava per la via così Enzo, con tutta la calma che gli era solita, raccolse uno a uno i fogli, li riunì insieme e, dopo averli pinzati sul portapacchi al manubrio, si allontanò pedalando sorridente.
Prima di conoscere Via Marcia su Roma n. 6, mi ero immaginato il nostro covo in modo romantico: disordine, caos, mitra appesi alle pareti, bombe a mano sul tavolo... trovai invece un ordine perfetto. Poche carte in giro, un aspetto tranquillo da alloggio piccolo borghese. Probabilmente, non c'era nemmeno un'arma, d'altronde, in caso di irruzione improvvisa, le armi a che sarebbero servite?
I pochi giorni passati in Via Marcia su Roma, anche se mi avevano dato l'occasione di conoscere importanti elementi della Resistenza, erano stati per me cupi e tristi. Sarà stata questa Milano piena di vetri rotti e di macerie, le strade sporche, la gente dallo sguardo affamato e pieno di terrore... o forse la mia stanchezza nell'affrontare quel lavoro clandestino che ti fa sentire in ansia continua, con la sensazione di poter essere arrestato da un momento all'altro... O, magari, la visione del vecchio Naviglio, dall'acqua sporca e lenta, e quel gorgogliare continuo e ossessivo della chiusa.
Venne varie volte il Vicecomandante Generale Ferruccio Parri che già conoscevo avendolo incontrato molte volte per riferirgli del mio Servizio di distribuzione della stampa clandestina sul Lago Maggiore. Un giorno "Maurizio" mi pregò di seguirlo per portarmi da "Leo", un compagno radiotecnico che lavorava presso la fabbrica Safar e che avrebbe potuto esserci utile nel caso di un guasto alla radio Salem.
Ovviamente, non dovevamo aver l'aria di conoscerci, sicché Parri camminava da un lato della strada e io dal lato opposto, fermandoci e fingendo talora di guardare le vetrine dei negozi (allora veramente misere con pochissima merce esposta). Poi Parri si era fermato a un mercatino rionale di verdura e fingeva di interessarsi molto al prezzo delle patate e dei cavoli (o, magari, si interessava davvero per poi riferirne alla moglie, dato che la famiglia Parri viveva, come sempre,

molto modestamente). Ci ritrovammo al termine della strada e, all'incrocio, Parri si accorse che ci stavano pedinando. Mi lanciò un'occhiata rapida, capii che dovevamo entrare in un portone vicino:
"Corri! Vai più forte possibile!".
Entrammo in un cortile passammo per un piccolo cancello e ci trovammo in un altro cortile:
"Di qui, forza! Forse non se ne sono accorti!".
Dal secondo cortile si uscì da un altro portoncino e infine passammo in un vasto portone che dava su una piazza. Nessuno in vista: salvi! Questa avventura mi insegnò ad essere più vigile e prudente: infatti, il primo ad accorgersi del pedinamento era stato Parri, io me ne ero accorto quando ormai quei due in borghese erano abbastanza vicini.

Due volte comparve, con la sua scattante autorità, il socialista Sandro Pertini(9), simpatico, gioviale ma con un tono sempre perentorio, quasi – non conoscendolo – "autoritario", e con quella residua cadenza ligure che rendeva più affabile il suo personaggio.

* * *

Poi un pomeriggio, mentre ero alla finestra a contemplare tristemente il naviglio grigio, arrivò Enzo Bocri c mi comunicò l'ordinc di Parri di lasciare Milano e di raggiungere il gruppo della "Valtoce" come Commissario Politico per il Partito d'Azione. "Maurizio" era partito improvvisamente per la Svizzera insieme a Valiani per incontrare alcuni alti ufficiali del Comando Alleato, così non aveva potuto salutarmi. Mentre riflettevo, molto impensierito, sul mio nuovo destino, arrivò anche Antonia e si resero conto del mio stato d'animo un poco triste. Fu lei ad abbracciarmi augurandomi buona fortuna. Enzo, invece, cercò di confortarmi:
"... meglio, meglio andare a far la guerra che star qui, in mezzo a tutti i pericoli a fare questa vita da dannati di contatti, organizzazione, tra arresti, deportazioni e...".
Mi tese la mano:
"Buona fortuna, Commissario!"(10).

Era la prima volta che qualcuno mi chiamava così. Sorrisi, poi diedi un ultimo sguardo alla strada: il canale lento, i padiglioni dell'Ospedale degli scabbiosi, e quel gorgoglio monotono, eterno della piccola chiusa. In alto un cielo grigio che si uniformava allo squallore di quella via. Scesi le scale, uscii. Ma, in basso, mi voltai verso la finestra e vidi Antonia che mi sorrideva.

* * *

Addio, Via Marcia su Roma n. 6!
Peraltro, il nostro covo venne abbondonato poco dopo la mia partenza perché ritenuto troppo pericoloso e, probabilmente, segnalato.
La storia si chiude qui. Non sono mai più ritornato in quella via, né desidero più rivederla. Troppe angosce, troppi terrori in quella silenziosa lotta clandestina in città.
Una sola curiosità: quale sarà il nome sulla nuova targa? Così come del covo fascista non restano lapidi, spero che anche del nostro non resti traccia(11).

Per me, per la mia vita, anche quella parentesi milanese si era conclusa.

NOTE AL CAPITOLO *VIA MARCIA SU ROMA N. 6*

1. Via Marcia su Roma, Milano, oggi Via San Marco, con il vecchio naviglio coperto, e non più esistente la casa al n. 6.
2. Enzo Boeri è stato fisiologo. Alla liberazione divenne docente di fisiologia umana a Ferrara.
3. Enzo Boeri (Milano 1914 - Ferrara 1960), fratello di Renato Boeri, amico di Giorgio Buridan. Molti i suoi nomi di copertura, oltre a "Giovanni Bernini", semplicemente "Giovanni", "dottor Cremona", dottor Lorenzo Borsieri, Leo, soltanto negli scritti di Buridan si trova il nome del dottor Plinio Pagni. Del Partito d'Azione, dopo l'8 settembre 1943 entra nella Resistenza; ad Algeri frequenta il corso americano per gli agenti dell'ORI (Organizzazione Resistenza Italiana) che agiva in collaborazione con gli Alleati, sia attraverso i servizi segreti inglesi, SOE, che americani, SI, dell'OSS. Il 17 marzo 1944, come capo sul campo degli agenti ORI e della Missione "Apricot-Salem" è paracadutato sul Mottarone, altura tra il lago Maggiore e il lago d'Orta. Enzo Boeri raggiunge Milano e iniziano i rapporti quotidiani con Ferruccio Parri, che già aveva organizzato una rete efficiente di informatori. Boeri viene insignito dal Governo americano, della più alta onorificenza concessa a uno straniero, la medaglia di bronzo.
4. Radio Salem, la Missione Apricot-Salem viene paracadutata dall'OSS sul Mottarone il 17 marzo 1944 al comando di Enzo Boeri. La Radio Salem diviene la radio ufficiale del CVL, ricevendo i bollettini quotidiani di tutte le attività partigiane, e trasmettendoli al quartiere generale alleato. Nella rete di comunicazione clandestina quasi giornalmente i messaggi vengono portati dalle staffette tra Mottarone, Stresa e Milano. In rinforzo alla Salem, il 15 giugno viene paracadutata sul Mottarone la missione Radio "Augusta". Capo della Missione Radio Salem diventa Renato Boeri (Milano 1922-1994), che dal fratello Enzo ha imparato l'uso della radio clandestina e la codificazione dei messaggi.
5. Leo Valiani (Fiume 1909 - Milano 1999), da giovanissimo nel Partito comunista, poi nel Partito d'Azione deputato all'Assemblea costituente. Storico del socialismo, della Resistenza, dell'Italia contemporanea.
6. Corrado Bonfantini (Novara 1909 - Imperia 1989), medico chirurgo. Condannato al confino dal Tribunale speciale come antifascista socialista. Nella primavera del '44 arrestato, ferito, fugge dalla camera operatoria dell'ospedale San Giovanni e lascia Torino, rifugiandosi a Milano, dove diventa capo delle Brigate Matteotti. Nel giugno riprende i contatti con i servizi segreti alleati e, a Berna, con Allen Dulles che, favorevole alla zona libera in Ossola, promette aiuti militari. Durante la Repubblica dell'Ossola, settembre 1944, chiede di rappresentare il

CLNAI presso la Giunta Provvisoria di Governo dell'Ossola. A Milano, al comando della VI Brigata Matteotti, è il primo, il 26 aprile, a dare l'annuncio dell'avvenuta liberazione della città dai microfoni della stazione radio di Porta Vigentina. *Qui parla Corrado, comandante delle Matteotti. Milano è libera. Abbiamo conquistato la libertà, ma ora dobbiamo costruire una democrazia.* Nel dopoguerra Corrado, segretario della federazione torinese del PSIUP, deputato all'Assemblea Costituente e poi alla Camera, tra il 1948 e il 1958. Militò nella sinistra del PSDI.

7. Con Alberto Blandi, e Guido Boursier, Buridan è autore per la RAI, nel 1967 della rivista radiofonica in tredici puntate "Il Signor Dappertutto", e nel 1968 con Alberto Blandi dell'originale televisivo "La Duse". Prende da lui il nome, presso il Teatro Nuovo di Torino, la Scuola di recitazione "Centro di Formazione Teatrale Alberto Blandi".

8. Luigi Meda (Milano 1900-1966), dopo l'8 settembre '43 tra i primi organizzatori della resistenza milanese, arrestato, liberato nell'aprile 1944 per intervento del Cardinal Schuster. Eletto per la Democrazia cristiana all'Assemblea Costituente.

9. Sandro Pertini (Stella San Giovanni, SV 1896 - Roma 1990), socialista, sei condanne, e confino per antifascismo, esule in Francia. Ritornato nel 1943 condannato a morte dalle SS, evade con Giuseppe Saragat. Partecipa alla Resistenza ed è tra i dirigenti nel Comitato di Liberazione Nazionale Alta Italia (CLNAI). Dal 1978 al 1985 Presidente della Repubblica.

10. Come Commissari politici o di guerra, Giorgio Buridan, per il Partito d'Azione e Mario Greppi, per il Partito socialista, inviati da Ferruccio Parri per il CLNAI, alla fine di giugno 1944, giungono insieme ad Eugenio Cefis "Alberto", in Ossola, presso il Gruppo Ossola, che sta per diventare "Divisione Valtoce", al comando di Alfredo Di Dio "Marco".

11. In effetti non vi è traccia del "covo" in Via Marcia su Roma, ma quel che chiamiamo "caso" ha voluto che la presentazione del diario partigiano di Buridan *In cielo c'è sempre una stella per me*, avvenisse nel 2015 proprio in Via San Marco (già via Marcia su Roma), al n. 49, dove si trovava la sede AnpiLibri.

Clemente Rebora e la grazia della poesia

Non sono in molti, a parte gli appassionati di poesia, a conoscere le vicende di un nostro grande poeta, imprevedibile e solitario.
Clemente Rebora nasce nel 1885 a Milano da una famiglia ligure. Si laurea alla "Accademia Scientifico/Letteraria" e insegna nelle scuole tecniche e serali di Milano. Durante la prima guerra mondiale è soldato e combatte valorosamente sul Carso.
Le sue prime raccolte poetiche sono del 1913 e del 1922 con i *Frammenti* e i *Canti anonimi*. Benché vicino alla rivista fiorentina *La Voce*, se ne distacca presto per le sue particolari tendenze espressionistiche.
A conclusione di una lunga crisi religiosa, nel 1930 si avvicina all'Ordine Rosminiano ed entra nel Seminario di Domodossola. Continua a scrivere ma ora la sua poesia è intessuta di una continua ricerca della fede, decisamente antiletteraria e di orientamento mistico.
Per qualche tempo viene mandato dall'Ordine a Rovereto dove fa il predicatore. Le sue ultime raccolte sono *Via Crucis* e *Curriculum vitae* del 1955; nel 1956 *Canti dell'infermità* e *Gesù il fedele*. Muore a Stresa nel 1957, all'età di 72 anni.

* * *

Il mio incontro con Don Clemente Rebora, sacerdote rosminiano, presso il Collegio Rosmini di Stresa, avvenne quando ero partigiano, Commissario Politico di Brigata presso la Divisione Valtoce che operava in Val d'Ossola. Ma ero stato staccato per assumere un comando presso la Radio Clandestina "Salem" paracadutata da Brindisi dagli americani nella zona del Mottarone, sopra il Lago Maggiore[1].
La vicenda di questo gruppo è drammatica: alla Salem eravamo in cinque: i due giovani radiotelegrafisti paracadutati, Gianni[2] e Nando[3];

il capogruppo Renato Boeri[4]; poi, Piero Carnevali[5] di Stresa che si occupava, come poteva, dei rifornimenti, ed infine il sottoscritto. Quasi all'inizio dei nostri collegamenti eravamo stati goniometrati dai tedeschi che possedevano un radiogoniometro mobile: il mezzo sempre più ci localizzava, ma continuavamo a trasmettere e ricevere perché era il nostro compito. Di questo gruppo dei cinque sono l'unico superstite.

Ma arriviamo a quel tempo in cui la mancanza di cibo si faceva sentire. Il povero Carnevali non sapeva più dove trovare qualcosa da mangiare e non volevamo acquistare roba a borsa-nera per non destare sospetti.

Intanto lassù alla "Baita Viotti", così l'avevamo chiamata in ricordo del grande compositore vercellese che Renato tanto amava[6], attendevamo la venuta di Carnevali con una grande ansia di fame. La situazione alimentare era insostenibile: tiravamo avanti a riso e erba-cicoria dei campi bollita e senza condimento. Unica consolazione, il vino che non ci mancava per l'elargizione di un vicino che ci aveva regalata una botte.

Si trattava, insomma, di procurare al più presto quanto, un tempo, durante l'assedio francese di Torino, Vittorio Amedeo aveva definito "munizioni da bocca". Già, ma dove? E da chi?

A me era venuto in mente il Collegio Rosmini di Stresa che ospitava molti studenti convittori e che doveva avere provviste sufficienti. Il guaio era il Padre Rettore che, non so se per paura, o prudenza, aveva dimostrato sentimenti filo-repubblichini in un suo articolo su un giornale allora fascista *La Civiltà Cattolica*. A seguito di tale presa di posizione (anomala perché i rosminiani non erano mai stati vicini al fascismo), su mio invito, il Comitato di Liberazione di Milano aveva mandato una lettera al Rettore (che materialmente credo sia stata scritta da Leo Valiani). Una missiva piuttosto minatoria, in cui si ingiungeva al Rettore di evitare certi atteggiamenti e di rispettare quello che era sempre stato il pragmatismo dell'Ordine di Rosmini. Tuttavia di questo Rettore non c'era da fidarsi: erano tempi pericolosi e, vuoi per conformismo, vuoi per viltà, vuoi per convinzione, c'era da aspettarsi tutto da tutti.

Il confessionale, Chiesa del Collegio Rosmini a Stresa

Avevo deciso di prendere l'iniziativa perché il regime alimentare riso/cicoria ci pesava e faceva diminuire le mie forze, cosa non confacente alle camminate che dovevo quotidianamente affrontare.

E mi era venuto in mente che, al Collegio Rosmini di Stresa vi era un sacerdote che conoscevo di fama: il poeta Don Clemente Rebora.

Tuttavia, quale poteva essere l'atteggiamento politico di questo exvociano? Decisi di tentare e, arrivato alla Chiesa del Collegio Rosmini, chiesi di confessarmi da Padre Rebora.

Il mio esordio in confessionale era stato davvero insolito: "Padre – avevo detto – non sono religioso e vengo con altro scopo. Ma so che il segreto confessionale è assoluto e per questo ho deciso di confidarmi con lei".

All'inizio Rebora pareva stupito, quasi allarmato. "Che ti è successo? Parla: qualsiasi sia il tuo peccato, cercherò di aiutarti. Abbi fiducia in me".

"Il peccato mio e di alcuni miei compagni partigiani è di avere fame".

E così lo misi à même della situazione. Rebora pareva come solle-

vato (forse temeva che avessi ammazzato qualcuno, cosa non infrequente in quel tempo alquanto variegato). Disse che, certo, mi avrebbe aiutato e ne avrebbe parlato con il Padre Amministrativo che provvedeva alle esigenze alimentari del Collegio. Poi gli dissi di come avevo conosciuto Rebora poeta, della mia ammirazione e dello stupore per la sua determinazione religiosa.
Rispose con una breve frase: "Iddio mi ha chiamato".
Dissi: "Ma allora, tutta la sua opera precedente?".
Attraverso la grata del confessionale mi arrivò una voce stanca: "Non ho fatto nulla, allora non ero in grazia di Dio".
Il colloquio stava esaurendosi ma non volevo lasciarlo con l'impressione di un laico irriverente: "La ringrazio per quanto potrà fare per noi. Tenga conto del nostro agire e dei rischi che sempre corriamo".
Il suo commiato era stato tacitiano: "Siete voi il futuro di questo Paese, vi ammiro e vi benedico: che Dio vi protegga!".

* * *

Anche se queste note esulano un poco dalla memoria di Rebora, mi pare sia interessante riferirle. Riguardano la mia conoscenza con questo Padre Amministrativo del quale, purtroppo, ho dimenticato il nome(7).
Era anziano e sofferente a causa di un intervento a un polmone. Per assolvere i compiti che gli erano stati affidati, aveva preso l'abitudine di bere. E siccome usciva quasi ogni giorno col calessino, si fermava alle diverse osterie per bere un bicchiere. L'avevo scoperto per caso una volta che mi ero fatto accompagnare con il calesse da Stresa a Lesa per recapitare una cassetta che mi era stata affidata.
"Cosa contiene?" avevo chiesto al Comandante.
"Ah, sì: tritolo e detonatori".
"Ah".
"Non preoccuparti: è bene imballato. Nessun rischio".
E così ero partito sul calesse con il mio simpatico vecchietto rosminiano che pareva godersi la gita lungo la costiera del Verbano.
"Quella cassetta – disse accennando all'ingombro che stava sotto il sedile – che c'è dentro?".

"Da quanto mi hanno detto, tritolo e detonatori".
"Scherza?".
"No, è la verità".
Sbiancò in volto. Disse con voce rotta:
"Mah... ma è pericoloso!".
"Pare di no. È bene imballato. A meno di spararci dentro".
Da quel momento tacque definitivamente. Ma, arrivati in località Le Sale, il cavallo bruscamente si fermò.
"Vai, Tonino, vai – ordinò il reverendo – che ti prende?".
Ma il cavallo pareva non sentire l'ordine.
"Uhm, già, forse ha ragione lui. Che ne direbbe, figliolo, di berci un bicchiere?".
Erano le tre del pomeriggio: "Mah, se le fa piacere...".
"Sì. E poi devo farmi passare la paura di quel... di quella...".
"La prego: non ci pensi".
"Sì, però... proprio lì sotto il... Beh... andiamo a bere un bicchiere".
Così fu. Un quartino. Ritornò al calesse rinfrancato: "Ma che scherzi deve farmi lei!".
"Non se la prenda: non avevo altro mezzo. Dì solito non trasporto esplosivi".
Lentamente arrivammo tre chilometri più avanti e, novellamente, il cavallo si arrestò.
"Vai, vai, Tonino! Ma che hai, oggi?".
Altra osteria. Evidentemente il quadrupede obbediva a misteriosi riflessi pavloviani.
"Ah, quello è un pigro. Sarà il caldo...".
"Già: fa caldo".
"C'è proprio qui un'osteria con del vino buono. Vuol favorire?".
Consegnai la cassetta a un compagno di Lesa: "Ah, sì, il tritolo, benissimo, aiutami a scaricarla".
Il Padre Amministrativo scese di colpo dal calesse e si allontanò riparandosi dietro la casa. Da quel momento ritornò loquace e scherzoso: "Veh, figliolo, che vita ci tocca di fare! Ma tu non hai mai paura?".
"Sì, sì, reverendo, molta".
"E come...?".

"Ci si abitua. Ho preso dieci bombardamenti a Torino, due a Milano. Poi, la guerra partigiana...".
"Beh... ora respiro. Ma dobbiamo festeggiare la buona riuscita del nostro trasporto, non le pare?".

* * *

Ritrovai Padre Clemente Rebora nell'immediato dopoguerra sempre al Collegio Rosmini di Stresa. Era sofferente e stanco. Mi sorrise da amico: "Finalmente! Sa che ho proprio temuto per lei! Che gioia rivederla in buona salute!".
"E lei come sta, Padre Rebora?".
"Lasciamo stare. Vede: vivo e lavoro".
Era malato e lo sapeva, ma aveva in sé la grande forza della fede. E la domenica continuava a predicare con voce sempre più stanca.
"Sono venuto a trovarla, prima di tutto per scusarmi per quella confessione francamente non troppo riverente".
"Ma perché? Lei faceva il suo dovere".
"E il Padre Rettore?" – chiesi.
"Ah, dopo una lettera ricevuta dal CLN di Milano è cambiato. Ha chiesto il trasferimento a Rovereto. Ma dobbiamo scusarlo: era un impulsivo ma, a suo modo, un patriota".
"A suo modo..." – dissi.
"Ma mi parli di lei. Tutto bene, immagino".
"Sì. Ho appena finito di leggere un libro che mi ha colpito: *La felicità domestica* di Tolstoj pubblicato dalla Corona Bompiani".
"Ah, la mia vecchia traduzione!".
"Non conosco il russo ma ho ammirato il suo stile. Davvero, mi complimento".
"La prego, non dica così. Questo lavoro l'ho fatto quando ancora non ero in grazia di Dio".

* * *

Non ho più riveduto Padre Clemente Rebora, rosminiano. Ma la sua morte mi ha rattristato e non soltanto per la perdita di un bravo poeta.
Dopo anni, ritrovandomi a Stresa, sono salito al Collegio Rosmini dove mi avevano detto che sotto un altare c'era la sua tomba. Il monumento funebre mi ha colpito perché rispondente al carattere di Rebora(8). Nessuna statua o bassorilievo ma, sull'altare, un libro marmoreo aperto su una sua poesia. Sfortunatamente, non l'ho annotata ma credo facesse parte della raccolta o, magari, era l'ultima scritta.
Di Rebora mi resta quello sguardo amico, triste, pensoso, e la sua voce dolce affievolita dalla malattia.
Permettete: sono panteista e anticlericale. Ma rimpiango Rebora per la sua profonda fede e per la grande umanità.

NOTE AL CAPITOLO *CLEMENTE REBORA E LA GRAZIA DELLA POESIA*

1. Giorgio Buridan che già aveva fatto da staffetta tra il Mottarone, Radio Salem, e Milano, Via Marcia su Roma, con i messaggi clandestini, il 26 giugno 1944 – vedi il suo diario di guerra partigiana *In cielo c'è sempre una stella per me*, (Tararà, Verbania 2014), p. 45 –, arriva in Ossola, il distaccamento presso la Missione Salem, deve essere avvenuto dunque nei mesi successivi.
2. Giovanni Bono "Gianni" (Torino 1922 - Valbondione, Bergamo 1945), radiotelegrafista, paracadutato con la Missione radio Salem, sul Mottarone il 17 marzo 1944, mandato da Enzo Boeri nella radio Locust sulle montagne al nord di Bergamo, è catturato e fucilato il 15 marzo a Valbondione. Vedi anche nota 3 al capitolo "Via Marcia su Roma n. 6", p. 143.
3. Leandro Galbusera "Nando" (Cinisello Balsamo 1916 - ...) è operatore telegrafista nella Missione Licata-Guava, paracadutata insieme alla Missione Salem, sul Mottarone. Arrestato nel gennaio 1945, torturato, deportato al campo di Bolzano, liberato il 2 maggio 1945. Vedi anche nota 4 al capitolo "Via Marcia su Roma n. 6", p. 143.
4. Renato Boeri (Milano 1922-1994), "Viotti, "Renatino". Nell'agosto del 1943 è tra i fondatori del giornale clandestino *L'Italia degli studenti*. Dopo l'8 settembre collabora a portare in salvo in Svizzera ebrei italiani e i prigionieri alleati fuggiti dai campi di concentramento. È tra i giovani amici di Giorgio Buridan a Stresa – è lui ad averlo presentato a Ferruccio Parri, amico della sua famiglia. Dal fratello Enzo Boeri paracadutato con la missione Apricot-Sàlem il 17 marzo 1944, impara a decifrare i messaggi e diventa il capo e coordinatore della missione radiotrasmittenti al Mottarone e della rete di staffette e informatori che si forma intorno ad essa. Poi comandante della brigata Stefanoni della Divisione Valtoce. Nel dopoguerra fu Primario Neurologo nell'Istituto Besta di Milano.
5. Piero Carnevali, già sergente maggiore degli Alpini, provvedeva al Mottarone ai provvigionamenti e ai contatti con le staffette, è ucciso ad Armeno il 28 luglio 1944.
6. Giovanni Battista Viotti (Fontanetto Po 1755 - Londra 1824), violinista e compositore, presso la Cappella Reale a Torino, e in diverse corti europee. Si ipotizza che il Viotti sia il vero autore della Marsigliese, dal ritrovamento di uno spartito datato undici anni prima di quello attribuito all'ufficiale francese Claude Joseph Rauget de Lisle.
7. Padre amministratore del Collegio Rosmini di Stresa era allora Noè Perucchio (1884-1946).

8. La salma di Clemente Rebora ebbe una prima sepoltura nel cimitero di Stresa, nel 1985 venne traslata nella Chiesa Santuario del SS. Crocifisso del Collegio Rosmini, di fronte alla tomba di Antonio Rosmini rappresentato nella stupenda scultura di Vincenzo Vela (1847). Grande l'ammirazione di Buridan per il poeta Rebora tra i più grandi del '900 e che a oggi resta inspiegabilmente conosciuto a pochi, nonostante la sua opera letteraria e poetica sia nella collana "I Meridiani Mondadori" (2015). Questa memoria era stata consegnata a Padre Ezio Viola che, giovane chierico, aveva assistito Rebora fino alla morte, dando testimonianza dei suoi ultimi mesi in *Passione* di Clemente Maria Rebora, con una nota di Eugenio Montale, Interlinea Sodalitas, Novara-Stresa 1993. Fu l'occasione per la curatrice di queste note della conoscenza di padre Carmelo Giovannini che tutta la vita ha dedicato alla ricerca di tutte le testimonianze su Rebora e di tutte le sue opere di Rebora, compresi i tre volumi dell'*Epistolario*, editi da EDB (Bologna 2004-2010).

Partigiano in Val Vigezzo

I camionisti della Rumianca

Io non so se un debito di gratitudine vada in prescrizione dopo mezzo secolo: penso di no perché lo sento molto vivo verso gli amici camionisti della “Rumianca” degli anni ’43/45.
Mi spiego: la Rumianca era – ed è – una grossa fabbrica di prodotti chimici sita a Villadossola che ha un traffico intenso principalmente verso industrie milanesi e lombarde.
Questi camionisti, nel periodo più difficile della nostra Storia, hanno continuamente rischiato condanne per assistere noi partigiani della Val d’Ossola. Ma cominciamo dall’inizio.

* * *

Luglio 1943: dopo la caduta del fascismo il Governo Militare Badoglio combatteva ogni forma di opposizione democratica. Mentre gerarchi e gerarchetti circolavano tranquilli, molti esponenti antifascisti – dai liberali ai comunisti – venivano arrestati o, comunque, diffidati dal prendere posizioni contrarie al Regime Militare.
A quel momento ero già entrato nella Resistenza: presentato, subito dopo il 25 luglio, dal mio amico Renato Boeri a Ferruccio Parri, avevo avuto da questi l’incarico di costituire un servizio di distribuzione della stampa clandestina nella zona del Lago Maggiore e, in seguito, nel Cusio e Ossola.
Mi ero dato da fare con amici, ma non era facile perché, dopo l’arresto di un avvocato di Pallanza, tutti avevano paura. Tuttavia, alcuni avevano aderito e ci si stava dando da fare. Gli inizi erano stati goliardici e giocosi. Avevamo ricevuto manifestini antibadogliani e li attaccavamo alle piante, ai muri, dovunque. I passanti li guardavano con diffidenza anche se si intuiva che erano d’accordo. Poi arrivavano i carabinieri e

facevano sparire i manifestini. Noi aspettavamo che si fossero allontanati e poi li riattaccavamo allo stesso posto. Un giorno mi aveva preso sul fatto un maresciallo, con minacce di denuncia, ma nemmeno lui pareva troppo convinto e così era tutto un gioco.
Intanto, ero riuscito a convincere una persona che sarebbe stata molto utile: la signorina Ottolini[(1)], di professione infermiera diplomata, e perciò munita di lasciapassare che l'autorizzava a circolare anche dopo le ore di coprifuoco (ore 19).
Inoltre, essendo infermiera all'ospedale di Intra, ogni giorno andava al lavoro con il battello e poteva così portare con sé un certo numero di copie da distribuire ad altri fidati amici che, a loro volta, le avrebbero fatte girare.
Io, invece, usavo la bicicletta perché era il mezzo migliore per non essere notati. Avevo un portapacchi a molla sul manubrio e "pinzavo" un buon numero di copie strettamente arrotolate.
Dopo circa un mese dall'invito di Parri – anzi mi piace chiamarlo come allora "Maurizio" o "Lo zio" – la mia rete di distribuzione funzionava molto bene e ne ero orgoglioso.

* * *

Intanto però la situazione andava facendosi pericolosa: non era più il tempo scherzoso dei manifestini antibadogliani, si era in clima di fascismo e si era formata la Repubblica di Salò. E qui comincia la storia dei miei amici ai quali dedico questa memoria: gli eroici camionisti della Rumianca.

* * *

Quasi ogni giorno a Milano, un delegato del Comitato di Liberazione Nazionale (CLN), che non conoscevo, contattava uno dei camionisti di turno che rientrava, dopo la consegna del carico, a Villadossola.
All'autista venivano affidate, secondo le disponibilità delle tipografie clandestine, alcune centinaia di copie di giornali: *Italia Libera*, *Unità*, *Avanti*, *Risorgimento Liberale* ed altri.

Le copie venivano nascoste in un ripostiglio sotto il cruscotto per essere "lanciate" ad una data ora in un luogo prestabilito.
Il posto era a due chilometri da Stresa, lungo un rettilineo che costeggiava il lago tra una siepe di cespugli.
L'incaricato del ritiro dei giornali doveva trovarsi sul posto all'ora precisa del passaggio del camion (cosa difficile perché potevano esserci ritardi o anticipi, secondo il traffico lungo il percorso). Quindi, era necessario appostarsi "a monte" del punto X e aspettare che il camion passasse e lanciasse. Soltanto allora, assicurandosi che nessuno avesse assistito, si raggiungeva il cespuglio dove il fascio di giornali era caduto, lo si attaccava al portapacchi sul manubrio e via.
Ma poiché talvolta le consegne non erano di un solo camion ma di due, arrivava una telefonata: "Questa sera saremo in due a cena", e un'altra persona doveva raggiungere il posto prestabilito. Infine, recuperate tutte le copie, ci si trovava, ogni volta in abitazioni diverse, per fare lo smistamento.
Eravamo in tre a "conoscerci": io che dirigevo il Servizio, il mio compagno Aniceto[2] e l'infermiera Ottolini. Gli altri che facevano le consegne non sapevano tutti i nomi, misura prudenziale già adottata dalle vecchie cellule del Partito Comunista Italiano.
L'operazione si complicava nei giorni di pioggia (frequenti al Lago Maggiore): le copie venivano avvolte in una busta lunga (che una cartoleria di Milano ci forniva gratuitamente "su misura"), ma queste buste impermeabili si facevano troppo notare e io le coprivo sempre con uno straccio o un golf.
Ricordo il volto di uno dei camionisti quando vedeva la mia bicicletta e mi superava: sporgeva un braccio e mi faceva un grande sorriso.

* * *

Il Servizio di distribuzione andò avanti per tre mesi con ottimi risultati: paesi abbastanza lontani del Cusio e dell'Ossola erano riforniti con lo stesso sistema da nostri incaricati (che neppure conoscevamo) e seguivano i nostri stessi metodi.
Al CLN di Milano erano molto contenti del Servizio anche perché in

altre zone (Brianza e Oltrepo Pavese) non erano ancora riusciti a farlo funzionare.
Finché un giorno...
Già, nella vita c'è sempre "finché un giorno": è destino che sia così.
L'arresto di un elemento liberale di Pallanza sconvolse tutti i piani. Tralascio il nome di questo arrestato: era un degno professionista che, al momento di essere fermato con le copie in tasca, si prese paura e, portato a Novara alla caserma delle Brigate nere, con minacce di botte e tortura, rivelò i nomi che conosceva. Per fortuna non molti, data la nostra prudenza di isolare ogni cellula.
Però ci furono alcuni arresti. Io riuscii non so come a scamparla, ma avevo il dubbio che il mio nome fosse segnalato e che aspettassero il momento adatto per arrestarmi e poter prendere altri.
A Milano, chiesi consiglio a Parri sul da farsi. Era incerto, dibattuto tra l'importanza che il Servizio continuasse a funzionare e il pericolo che correvo. Mi chiese, molto esplicitamente, se me la sentivo di rischiare. Risposi di sì ma che ero preoccupato per i compagni più vicini. Allora mi comandò di passare tutte le consegne all'infermiera Ottolini, che avrebbe diretto il Servizio, e mi ordinò di raggiungere al più presto in bassa Val d'Ossola, la costituenda formazione "Valtoce" con il grado di Commissario Politico di Brigata per il Partito d'Azione.
Si concluse così il mio Servizio al quale avevo lavorato tanto.

* * *

Parto da Milano carico di manifestini e stampa clandestina destinata ai gruppi dell'Ossola e, arrivato a Lesa, sul Lago Maggiore, mi incontro con il comandante Alberto (Eugenio Cefis)[(3)]. Trovo da lui Mariolino (Mario Greppi)[(4)] già conosciuto a Milano che mi seguirà in formazione anche lui Commissario di Brigata per il Partito Socialista.
Si chiude per me questo secondo ciclo di vita nella Resistenza, così come si era concluso il primo – il fatidico giorno 8 settembre 1943 – con una fuga dalla Stazione Centrale di Milano dopo una breve sparatoria contro i tedeschi con le armi abbandonate da soldati italiani che scappavano[(5)].

Giorgio Valle e Giovanni Ronchi (miei nomi di battaglia) sono ormai personaggi dissolti e, al loro posto, sorge la nuova entità di Gianfranco Silvestri, residente a Cupra Marittima (provincia di Ancona), questo perché Cupra si trovava già in zona liberata dagli alleati e le carte d'identità erano state prese dall'Ufficio Anagrafe di quel Comune da un nostro elemento.

* * *

Gli inizi della mia vita partigiana sono molto modesti: la formazione Valtoce, che agisce come può con colpi di mano contro pattuglie isolate di tedeschi e fascisti nella bassa valle per procurarsi le armi, conta ventisette elementi e il mio tesserino porta, appunto, il numero progressivo di ventisette.
Tempi molto duri, scarsissimi gli aiuti perché la popolazione non crede nel movimento partigiano ed ha paura di rappresaglie. Quando passiamo, ci guardano con occhi di pietà ma anche di disprezzo: "Teste calde, gente senza domani!". Anche il nostro aspetto è poco rassicurante: siamo vestiti come straccioni con avanzi di divise del Regio Esercito e della Wermacht; barbe lunghe per mancanza di lamette, sguardi affamati. È la fame che ci tormenta di più perché la bassa Ossola non è zona agricola e, tranne poche coltivazioni di pere e di mele non si trova niente da mangiare. Spesso ci addormentiamo a stomaco vuoto o quasi, o dobbiamo rimediare con un brodo scondito di cipolle e cavoli.
È in questa situazione difficile che l'aiuto dei camionisti della Rumianca si rivela indispensabile. Ma anche per questi bravi compagni la vita è sempre più difficile: posti di blocco fascisti e tedeschi, perquisizioni dentro i camion, minacce continue se vengono trovati due o tre fiaschi di vino... insomma, un inferno.
Malgrado tutti i rischi, "quelli della Rumianca" fanno quanto possono. E magari una sera ci arriva – inaspettatamente – un sacco di riso, o del vino. Questi doni vengono divisi con grande equità tra noi e i ragazzi di un'altra formazione (La Valdossola) anche loro affamati. Quando i camion arrivano e si bloccano con stridìo di freni, è tutta

una festa anche se quella sera non sono riusciti a portarci niente, ma facciamo festa ai conducenti perché sappiamo quanti rischi hanno corso per arrivare sino a noi.
Questi camionisti della Rumianca, sono sempre in viaggio, sempre stanchi, impolverati, nervi tesi, e sovente i loro camion (che sono vecchi e usurati) hanno dei guasti che devono in qualche modo riparare. Ricordo, quando facevo il Servizio di distribuzione, una volta che all'ora stabilita il camion non era passato. L'ansia che fosse stato fermato, che magari i due autisti – presi con la stampa clandestina – fossero ora in carcere a Novara, magari picchiati o torturati! Quella volta, mi ero fermato al posto stabilito oltre due ore sull'orario (ed era pericoloso anche per me), finché il camion era apparso, aveva fatto il lancio e uno degli autisti, salutandomi mi aveva gridato: "niente, niente, un guasto!", e io ero così contento che quasi mi sarei messo a piangere dalla gioia.

* * *

Ma una sera – era tardi, quasi buio e non si aspettava più il mezzo – ecco spuntare il grosso Fiat a rimorchio con i fari accesi e tanti allegri colpi di claxon. Incredibile! Sotto i sacchi vuoti di fosfati scaricati a Legnano c'era una quantità di provviste: riso, farina, pasta e perfino un intero prosciutto, dono anonimo di un salumiere di Castellanza, e poi vino, tanti fiaschi, spaghetti e qualche barattolo di conserva!
Così quella sera, sotto la pergola di una piccola osteria di Beura Cardezza, vicino a Villadossola, abbiamo fatto una gran festa con i nostri compagni camionisti, ed eravamo felici, e io più di tutti perché quei due conducenti del camion erano gli stessi che mi avevano più volte visto sulle strade del Lago Maggiore quando "lanciavano" la stampa clandestina.
Era proprio una grande serata: era estate, faceva caldo, si poteva dormire bene anche all'aperto con due coperte militari e il sacco da montagna in funzione di cuscino...
La padrona dell'osteria aveva fatto miracoli con gli spaghetti ed erano anche saltate fuori dal camion (ma forse erano per loro, i conducenti)

sette scatolette di carne che erano servite per arricchire il ragù. Così si mangiava, si facevano brindisi alla fine della guerra, del nazifascismo, o anche soltanto ad un imprecisato domani.
A turno, alcuni dei nostri montavano la guardia perché non c'è mai da fidarsi, specie nei momenti di allegria.
Così si facevano sogni di pace, ed era come se domani la guerra fosse conclusa, e non si pensava a quanti di noi non avrebbero magari visto il giorno della pace, e pazienza per i momenti brutti che ci aspettavano, pazienza per la vita dannata che ci toccava fare a vent'anni e, infine, si scolavano quei fiaschi di chianti e ci pareva quasi che anche il vecchio camion fosse un amico che stava lì davanti con la sua mole da bestione da tiro e il suo odore di nafta e di olio caldo.

* * *

Sul tardi, i due camionisti sono ripartiti per la Rumianca e ci siamo detti "a domani" perché già l'indomani dovevano portare un altro carico di fosfati a Milano e magari, nel ritorno, fare un lancio di stampa.
Già, questa era la nostra vita agli inizi della guerra partigiana quando eravamo in pochi e male armati: imboscate a pattuglie nei paesi anche lontani dalle nostre zone. Attacchi fulminei, fughe, azioni più da briganti che da militari, ma avevamo urgenza di procurarci armi automatiche per poter agire in pianura. Certo, erano agguati crudeli, disumani: sparare all'improvviso contro persone – sia pure nemiche – mi ha sempre dato un senso di orrore. Meglio, quando la pattuglia, magari un po' più numerosa, reagiva e allora si ingaggiava uno scambio di colpi: era la guerra. Ma, ripeto, agivamo per procurarci armi perché ne andava della nostra sorte e allora i "distinguo" loioleschi sulla vita, la morte, il diritto di uccidere, diventavano esercitazioni dialettiche. Può parere disgustoso, ma era così. Almeno in quei momenti.
E poi la fame, tanta fame, sempre.
Si era all'inizio del luglio 1944: poi, sono successe tante altre cose. Ma oggi volevo soltanto assolvere il mio debito di gratitudine verso questi compagni: gli indimenticabili camionisti della Rumianca.

Note al capitolo *I camionisti della Rumianca*

1. Gianna Ottolini "Ginin" (Pallanza 1904 - Stresa 1997). *Terziaria francescana, partigiana e crocerossina,* volle scritto sulla sua tomba. Fece parte di un gruppo di distribuzione della stampa clandestina, in servizio all'Ospedale Militare di Baveno, aiutava i militari guariti a sfuggire ai richiami della RSI, avviandoli al Mottarone; dal marzo '44 al Mottarone come Capo del Servizio Informazioni, nella VII Brigata Stefanoni, alle dipendenze di Renato Boeri. Dopo la liberazione di Stresa fu assessore nella Giunta provvisoria. Ricevette il grado di Capitano.
2. Aniceto Della Rossa "Aniceto" (Donnevouse, Francia 1922 - ...), diviene poi nella Valtoce, comandante del Terzo battaglione "Mario Greppi" della VII brigata Stefanoni.
3. Eugenio Cefis "Alberto" (Cividale del Friuli 1921 - Lugano 2004), tenente dei Granatieri, l'8 settembre, dall'Accademia di Modena raggiunse Milano. Sul Mottarone costituì una banda armata che si unì alla Valtoce, divenendo il vice del suo comandante Alfredo Di Dio, alla cui morte nell'ottobre 1944 divenne comandante. Seguì la Valtoce costretta nell'espatrio in Svizzera, dopo la rioccupazione dell'Ossola da parte dei nazi-fascisti, e fuggito dal campo di internamento ritornò riprendendo il comando della Valtoce, che si unì alle formazioni dell'Alto Milanese, nel Raggruppamento Divisioni Patrioti "A. Di Dio".
4. Mario Greppi "Mariolino" (Milano 1920-1944), figlio di Antonio Greppi, socialista, primo sindaco di Milano dopo la Liberazione. Occupa un posto particolare nei ricordi di Giorgio Buridan. Dopo l'8 settembre, per le formazioni socialiste "Matteotti," entra nella rete degli informatori e della stampa clandestina, è ufficiale di collegamento nel Comando Generale delle Brigate Matteotti. Insieme a Giorgio arriva in Ossola il 26 giugno 1944, i due giovani erano inviati da Ferruccio Parri presso la formazione di Alfredo Di Dio, che si stava costituendo in "Valtoce", come commissari politici o di guerra. Nel suo diario partigiano *In cielo c'è sempre una stella per me*, Giorgio Buridan molto spazio dedica all'amico, agli incontri avuti con lui, soprattutto all'ultimo discorrere sotto le stelle a Colloro, la sera prima della partenza di Mariolino per Milano, dove il ragazzo, che portava documenti riservati, venne ucciso il 23 agosto dai fascisti dell'Ovra.
5. L'episodio viene raccontato da Giorgio Buridan, presente nella stazione Milano l'8 settembre, in un lettera ad un amico, in cui si accosta l'evento di cui era stato attivo testimone, al racconto che ne fa Beppe Fenoglio ne *Il partigiano Johnny*.

Estate con i Georgiani

Alla memoria del compagno ed amico Mario Greppi ucciso dai fascisti a Milano nel 1944[1].

All'inizio del 1944, gli alleati erano fermi a Montecassino [Linea Gustav].

Fermi, bloccati, senza nessuna intenzione di sfondare il fronte. E nemmeno in Russia le cose andavano meglio perché, dopo la conquista di Stalingrado, i Russi riordinavano le forze e niente faceva pensare che avrebbero ricominciato l'offensiva.

In Italia, per noi antifascisti, la situazione era difficile. I pochi gruppi di resistenza clandestina, tra arresti, sventure e deportazioni in Germania, cercavano di mettere insieme le prime bande partigiane.

Questo termine "bande" era appunto quello usato perché non si poteva parlare di brigate e tanto meno di divisioni: bande erano, di pochi disperati quasi senza armi, con una rabbia e una disperazione incredibili.

Appena ero arrivato in Val d'Ossola presso la costituenda formazione Valtoce, mi ero accorto che eravamo proprio quattro gatti e, anche dopo un mese, da ventisette eravamo una quarantina con tanta fame e miseria.

Facevamo piccole azioni di commando per prendere le armi che non avevamo, specie le armi automatiche. Contro di noi c'erano i miliziani della Repubblica Sociale di Salò che avevano presidi sparsi intorno ma, per fortuna, ci credevano in molti e non osavano spingersi oltre il fondo valle. Quanto ai tedeschi, più smaliziati, avevano capito che era inutile rastrellare quattro banditi scalcagnati, così – di tanto in tanto – facevano puntate con autoblinde per intimorirci. La primavera del '44 era dunque il tempo dell'attesa, un'attesa troppo lunga, quasi messianica, logorante. Noi della banda avevamo due grossi problemi: quello di non farci prendere e quello di mangiare. Il secondo era più difficile perché i pochi aiuti arrivavano dalla pianura attraverso i camionisti della Rumianca però non bastavano e dovevamo arrangiarci in una vallata povera e senza risorse.

Eravamo tutti giovani e avevamo molta fame. Eravamo magri, denutriti, brutti, sporchi con giacche militari del Regio Esercito e della Wermacht, scarpe da valligiano e coperte puzzolenti. Eravamo insomma, dei vagabondi armati, una specie di "santa canaglia" e, tutto sommato, i fascisti non avevano torto a chiamarci "fuorilegge" e "banditi".

Ma non erano tanto gli insulti a farci rabbia quanto il pensiero delle diverse condizioni di lotta: non avevamo proprio niente, eravamo in pochi con facce disperate e la gente che ci vedeva passare scuoteva la testa, disgustata, come si fa per i matti.

Ah, sì, per gli storici è facile dopo scrivere parole come "la Resistenza", "il Nuovo Risorgimento", "il Riscatto"... Però, c'era qualcosa a farci muovere in questa disperazione: la dignità.

Pare strano di parlare di dignità umana per dei pezzenti pulciosi, ma questa parola devo proprio scriverla anche se adesso suona falsa, da libro di testo.

Era una specie di aristocratico orgoglio e, quando leggevamo i resoconti delle nostre povere imprese sulla stampa clandestina, quelle frasi di elogio ci davano sui nervi. Non volevamo essere "gli eroi della montagna", preferivamo il nostro ruolo di banditi e scalzacani arrabbiati.

C'era poi un elemento costante: la cocciutaggine. Eravamo testardi, dispettosi e maligni contro tutti, semplicemente decisi a resistere. E resistevamo, infatti, e crepavamo e tiravamo avanti, giorno dopo giorno, con la nostra cronica disperazione. Quando qualcuno veniva preso, se gli andava bene, era "passato per le armi", se no torturato e poi ucciso. Non c'era scampo per i fuorilegge: i banditi si ammazzano come cani.

Ma sapevamo che in tutta Europa c'erano altri disperati a combattere e che anche quelli erano fuorilegge e affamati.
Non mi sono mai sentito – e mai più mi sentirò – europeista come in quei giorni. Altro che Cattaneo, Mazzini, e tutti gli altri! A noi ce ne importava poco del Risorgimento, di Cavour e di tutti, tranne che di Garibaldi che era stato il solo a trovarsi in condizioni come le nostre. Garibaldi ci era simpatico, anche se non ne parlavamo quasi mai, anche se pochi ricordavano le sue imprese lette sui libri di scuola. Ma la sua rabbia anarchica era la nostra, la sua miseria di pane e formaggio era la nostra, persino quei suoi stracci, rimediati tra i due mondi erano simili ai nostri.
Ci sentivamo dei moralisti, dei "giusti", degli "insorti" e portavamo odio tremendo verso gli imboscati, che non soltanto non ci aiutavano, ma per paura dicevano male di noi, che eravamo dei briganti e dei ladri.
Poi ce l'avevamo con i capi d'industria. Quando ci sparavano contro, pensavamo che quell'arma era stata fabbricata dalla Breda o dalla Fiat o dalla Beretta e i padroni delle fabbriche ci avevano guadagnato sopra. E, quando ci capitavano delle munizioni piene di segatura, sabotate dagli operai, malgrado il rischio, ci faceva piacere(2).
Dignità umana, appunto. I nostri rapporti erano basati sull'amicizia: eravamo una quarantina, ci conoscevamo uno per uno, con i nostri difetti e le nostre virtù. Il significato della "banda" era questo: un insieme di scalzacani amici. Amici per la pelle, era il caso di dirlo.
Rapporti primitivi ma simpatici. Il nostro prete(3), ad esempio, la domenica diceva la Messa su un altarino che si era portato dietro, e tutti – credenti o no – andavamo ad assistere alla Messa, ma a modo nostro, magari da lontano, fumando tiglio arrotolato in carta da giornale. E la predica ci riportava ai primi secoli della Cristianità, quando la Chiesa era luogo d'incontro e di scambio d'idee.
Lui leggeva il Vangelo e ci parevano belle, all'aria aperta, quelle antiche favole mediorientali. Cristo era più uomo che mai, un mendicante fuorilegge, un partigiano che si ribella ai maledetti imperialisti di Roma. E allora si mette in marcia con altri disperati per la Galilea e comincia a dire che tutti gli uomini sono uguali e che non ci devono essere più schiavi ma soltanto uomini liberi.

Queste, più o meno, erano le prediche "concrete" del nostro prete e finivano sempre con un appello alla speranza e alla provvidenza. La speranza era un fatto augurale, ma alla provvidenza ci credevamo poco. Sì, lui diceva che ci aveva sempre aiutati, che eravamo ancora vivi e che anche quel giorno si sarebbe mangiato... ma poi il rancio che seguiva non era una grande dimostrazione della provvidenza.
Con i nostri stracci e le nostre pulci, eravamo gente gentile e dignitosa. Uno dei ladri, scappati dal carcere di Novara che erano con noi (e non ho mai conosciuto tipi più onesti di quelli), aveva imparato in carcere a fare la maglia e confezionava con lana avuta in regalo, calzettoni veramente orrendi ma molto caldi. Faceva anche delle sciarpe, meno orrende, ma diceva che per le sciarpe ci voleva troppa lana.
Così la banda era organizzata molto bene perché ognuno aveva i suoi incarichi e doveva sbrigarli nel modo migliore. E c'era anche molta disciplina perché – partigiani o no – la nostra era una formazione militare e ogni giorno si sapeva esattamente quanto si doveva fare e lo si faceva, ma non senza discutere.
Se un ordine pareva insensato, si discuteva e questo concetto l'avevo imposto io come Commissario Politico: era necessario che tutti fossero d'accordo e, se l'accordo mancava, allora quelli che ritenevano fosse ingiusto potevano partecipare come volontari. Una volta su un attacco, per la verità abbastanza temerario, eravamo rimasti convinti in tre, me compreso. Così ero deciso ad andare con quei due, anche se era una cosa pazzesca.
Visto che eravamo cocciuti, gli altri avevano cominciato nuovamente a discutere finché non si erano convinti ma avevano detto che, anche se eravamo dei matti, non potevano lasciarci andare in tre al macello. E così quell'azione era stata fatta da tutti ed era andata bene ma io mi sentivo responsabile di averli trascinati in quella impresa.

* * *

Verso la metà del giugno 1944 una sera, ritornando al campo dopo una pattuglia, avevo trovato una decina di strani tipi vestiti da tedeschi. Era un gruppo di Georgiani[(4)], presi prigionieri sul fronte

russo, e poi arruolati a forza nelle truppe ausiliarie e trasferiti in Val d'Ossola a presidiare la linea ferrata.
Questi Georgiani, da tempo, non aspettavano altro che incontrare i partigiani per disertare e così erano venuti da noi portando via armi e munizioni.
Tutte queste storie erano venute fuori attraverso dialoghi stentati in lingua francese tra me, il nostro Comandante e uno che aveva scortato i Georgiani: un giovane russo dal nome ostrogoto che avevamo subito chiamato Alexander(5). E, siccome parlo il francese, ero stato incaricato di tenere i collegamenti tra i Georgiani e Alexander. Cosa non molto facile perché, anche tra Alexander e i compagni, esistevano lingue diverse, sicché la mia ritraduzione non migliorava la comprensione.
Questi Georgiani erano tipi incredibili: all'inizio erano stati molto riservati, ci avevano consegnato le armi e promesso di combattere ma non davano confidenza e a me erano antipatici.
Il Comandante(6) invece li aveva giudicati bene, si era fidato e aveva ordinato di fare posti di blocco sulle strade per controllare ogni giorno quanto succedeva.
Così, senza molto entusiasmo, ero stato aggregato ai guerriglieri sovietici e mi era stato ordinato di controllarli da vicino perché non è troppo saggio fidarsi dei disertori. Certo, l'impressione del loro aspetto era, a dir poco, allucinante.
Erano tutti sulla trentina, figura massiccia e contadina, con grinte che avrebbero ben figurato su una rivista di propaganda antisovietica. Alcuni portavano la barba, altri avevano un passamontagna ornato in fronte da una stella rossa.
Quanto ad Alexander, vestiva per metà da tedesco e per metà da russo e, dentro il sacco da montagna, aveva un autentico colbacco che però metteva in testa soltanto nei momenti gravi: doveva essere – a suo giudizio – una specie di insegna di comando.
Alexander aveva detto ai Georgiani che ero il Commissario Politico e che dovevano ubbidirmi, e i Georgiani avevano accettato senza discutere: erano sfilati, uno alla volta dinanzi a me, e mi avevano fatto il saluto comunista a pugno chiuso. Da quel momento i rapporti ufficiali erano sistemati e Alexander mi aveva detto di fidarmi di loro.

C'era poi stata la distribuzione delle armi. I sovietici avevano portato nuovissimi mitra tedeschi e perfino un fucile mitragliatore. Mi pareva giusto che avessero in dotazione armi moderne per il difficile compito di pattuglia che dovevamo fare sulle strade.
Ma i Georgiani non avevano voluto saperne: tramite Alexander avevano spiegato che loro erano contadini, abituati a fare la guerra a cavallo, e che avevano sempre usato fucili lunghi con la baionetta innestata e che anche adesso volevano armi del genere.
Così la mia strana truppa si era portata dietro tutti i fondi di magazzino: carabine lunghissime, vecchi modelli '91, oppure le austroungariche Steyr, insomma, una via di mezzo tra il western e il museo di Artiglieria, ma tutte con la baionetta.
Alexander invece, uomo moderno, aveva fatto la guerra sul Don e diceva che le armi automatiche sprecano troppe munizioni e hanno una portata di tiro limitata. Lui era per le azioni ravvicinate: una buona pistola e bombe a mano.
Altro aspetto allucinante era che non parlavano mai: erano capaci di marciare per ore in silenzio, senza essere stanchi, senza sbuffare, senza nemmeno un'esclamazione: andavano e basta.
A trovarmi davanti quelle grinte immobili, chiuse, parsimoniose perfino nei gesti, mi sentivo raggelare.
Ricordo che i primi giorni cercavo di stare sempre indietro perché mi ero fatto l'idea sbagliata che quelli non aspettassero che di spararmi per poi tornare dai tedeschi e denunciare le nostre posizioni.
Poi ci capitò di essere attaccati dalla Wermacht. Un pomeriggio eravamo in paese quando un borghese venne ad avvisarci che un'autoblinda stava avanzando. Dissi ad Alexander che era meglio stare a vedere nascosti perché il nostro compito era soltanto di segnalare i passaggi sulle strade, dato che eravamo male armati. Ma Alexander non la pensava così. Diceva che sul Don gli era già capitato d'incontrare le autoblinde ma che le sistemavano con le bottiglie Molotov.
Io ero un pivello e non avevo mai sentito parlare di queste bottiglie, ma mi seccava di chiederlo per non fare brutta figura. Finché, insomma, mi ero fatto coraggio e Alexander mi aveva spiegato che era

un vecchio trucco inventato dai rossi in Spagna. Si aspettava nascosti l'autoblinda poi – quando passava vicina – si lanciavano contemporaneamente una bottiglia piena di benzina e una bomba a mano a percussione. Così la benzina s'incendiava e dava fuoco all'autoblinda, specialmente se si tirava vicino al serbatoio.

Era già tutto preparato e Alexander e Igòr si erano arrampicati su un muretto, nascosti da un albero di fico, noi eravamo più avanti e si aspettava che passasse l'autoblinda. Ma poi i tedeschi avevano rinunciato alla puntata ed erano tornati indietro: Alexander era rimasto male e aveva anche dovuto rendere la bottiglia di benzina perché allora la benzina era preziosa.

In quella occasione avevo avuto modo di apprezzare i miei Georgiani. Io avevo avuto molta paura perché tutta quella azione mi pareva pazzesca. Sì, era una cosa idiota, in una bella giornata come quella di avere tanta paura, ma non potevo farci niente. Eravamo al riparo di un muretto e i Georgiani stavano acquattati per terra e mi parevano gattacci maligni in agguato.

Poi mi ero accorto che uno di loro, Ivàn mi stava guardando nel solito modo, con occhi fermi, e a me seccava di fargli capire che avevo paura. Ma forse l'aveva capito e mi aveva sorriso. Era un sorriso buono, un poco paterno, ma buono, gentile, e mi aveva fatto piacere perché, sino a quel momento, nessuno di loro mi aveva guardato così.

Più tardi quella sera ritornammo in paese e uno dei Georgiani disse che era contento che fosse andata così perché loro non erano bravi a combattere contro le macchine blindate, ma preferivano fare gli attacchi alla baionetta, che era loro abitudine di bere dopo ogni azione. Così eravamo andati all'osteria e lì ci avevano dato del vino scadente. E avevamo bevuto a lungo, in silenzio, poi i Georgiani si erano messi a cantare un motivo molto triste e Alexander mi aveva detto che era il canto dei contadini.

Alexander aveva ritirato il colbacco nel sacco da montagna e aveva cominciato a parlare con me.

Mi aveva raccontato che era di Kiev e che studiava per diventare ingegnere elettrotecnico. Poi mi aveva parlato della sua famiglia, dell'Ucraina e della brava gente russa. Io ero molto interessato perché allora non si sapeva quasi niente dell'Unione Sovietica e così Alexander mi aveva detto di come vivevano, delle loro difficoltà e di come desiderasse entrare nel Partito.

Io stavo ad ascoltarlo, e non osavo dire niente, e pensavo tra me alla tristezza di noi italiani per essere stati truffati dal fascismo. Pensavo come dovesse essere entusiasmante difendere la propria terra e non attaccare la Grecia e l'Albania e, magari, morire per un'idea sbagliata. Alexander aveva capito com'ero triste e non osava chiedermi perché un popolo così gentile (aveva detto proprio così) avesse sopportato per tanto tempo il fascismo e perfino fosse andato con i nazi ad attaccare la Russia.

Che cosa potevo rispondergli? Gli avevo raccontato semplicemente la mia storia, di come un italiano giovane cercasse di reagire a quelle follie, di quel che avevo fatto nella Resistenza clandestina e poi gli avevo parlato di pochi decisi a tutto come Gramsci, Gobetti e i Rosselli.

Ma questo non chiariva ancora le cose. Che cosa potevo dirgli, dopotutto? Ero giovane e da molti mesi continuavo a rischiare la pelle, ero stanco, triste, sconfortato. Alcuni miei amici erano morti, di altri non sapevo più niente, e ogni giorno le cose per noi sembravano peggiorare.

Avevo voglia di piangere di fronte alla sicurezza marxista di Alexander: una rabbia!

"Che vuoi che ti dica? – avevo la testa bassa, ero umiliato. – Ecco: guardaci! Siamo qui, siamo in pochi, eppure io credo – credo, capisci! – che oggi l'Italia sia questa. Sì, sì, proprio questa, degli stracci, della fame, della disperazione. E non è giusto darci delle colpe e delle responsabilità che non abbiamo!".

Alexander faceva di sì con la testa e, con automatismo, frugava dentro il suo sacco per tirar fuori il colbacco: forse giudicava il momento particolarmente grave. E io mi sentivo un povero cristo e, e avrei voluto raccontargli tutte le cose belle che avevo visto, ma non potevo perché ero molto commosso.

Finalmente Alexander mi aveva capito e mi aveva detto che mi giudicava un compagno, un amico, e sperava proprio un giorno, a

guerra finita, di rivedermi a Kiev e che mi avrebbe presentato tutti i suoi amici.
Pensavo a che cosa era successo a Kiev e se lui avrebbe mai più ritrovato i suoi amici, ma non osavo dirglielo per non rattristarlo e Alexander, che intuiva i miei pensieri, diceva che adesso dovevamo combattere i nazifascisti e pazienza per i suoi amici, per Kiev, per tutto.

* * *

Frattanto al tavolo l'atmosfera si era scaldata. Durante i nostri discorsi i Georgiani avevano continuato a bere e a cantare, era stato portato altro vino e due di loro mi parevano ubriachi.
Allora avevo detto ad Alexander di ordinare di smettere perché non volevo ubriachi. Alexander aveva tradotto, credo con parole dure, e i Georgiani si erano alzati dal tavolo. Così nel buio avevamo attraversato il paese addormentato trascinandoci dietro un torpore di vino e di stanchezza.
All'uscita del paese mi ero accorto che mancavano due Georgiani, quelli ubriachi. I compagni non ne sapevano niente, io ero furioso e Alexander imprecava in russo e credo dicesse cose terribili.
Finalmente avevamo incontrato un borghese e quello ci aveva detto che i due erano entrati in una casa, picchiando alla porta con il calcio del fucile, e avevano minacciato di sparare, e adesso stavano dentro a rubare.
Traduzione francese ad Alexander e ritraduzione russa, e tutti di corsa verso la casa del borghese: una scena indimenticabile!
La porta si apre ed esce fuori uno dei Georgiani che indossa un'armatura medievale, con elmo e cimiero e perfino un'alabarda, tra fracasso di ferraglie e grida di gioia. Lo segue il compagno con due bottiglie di vino e una faccia da bestione idiota.
Ero così sbalordito che non sapevo cosa dire. L'apparizione del russo, travestito da guerriero medievale, al lume di luna, mi aveva lasciato senza parole. Ma Alexander aveva ordinato qualcosa ai Georgiani e quelli si erano lanciati verso il compagno e gli avevano tolto la bardatura storica. Poi avevano cominciato a picchiare gli ubriachi e li

picchiavano con tanta forza che, ad un certo punto, ero intervenuto perché il pestaggio minacciava di finir male.
I due erano stati scortati alla casa e Alexander li aveva obbligati a render, pezzo a pezzo, l'armatura, l'alabarda e perfino le bottiglie di vino. Poi mi aveva detto che i compagni avrebbero fatto l'autocritica (allora non sapevo che diavolo fosse) e di stare attento perché dovevo tradurla al padrone di casa[7].
Il Georgiano, sanguinante a un labbro per le botte ricevute, aveva fatto l'autocritica. Aveva detto che, come comunista e come partigiano, si vergognava per quell'azione, che era giusto che lo avessero picchiato e che doveva essere punito. Che pregava il cittadino di accettare le sue scuse e di non giudicare i Georgiani per il fatto successo.
Il borghese fu simpatico. Disse che, certo, accettava le scuse e non giudicava i comunisti per questo fatto dato che anche lui era comunista, e ci invitava tutti a bere certe bottiglie speciali che aveva in cantina.
Purtroppo la bevuta italo-sovietica non avvenne perché dovevamo ritornare al Comando ed era tardi. Ma anche questo fatto era servito a capire che ormai eravamo amici e che quei grossi silenziosi contadini, anche senza capire una parola della mia lingua, mi erano devoti e disposti a difendermi come un compagno.

* * *

Passai così alcune settimane con Alexander e i Georgiani a fare posti di blocchi volanti nella bassa valle. Adesso era proprio una compagnia simpatica e loro mi volevano bene. Un giorno che ero caduto su un sentiero e avevo preso una storta, due di loro a turno mi avevano portato a spalle per chilometri.
Avevamo anche avuto scontri con i tedeschi. Un giorno eravamo stati sorpresi, stupidamente, da una pattuglia mentre stavamo in un prato allo scoperto a mangiare le mele. Era stato un brutto momento e così di sorpresa che Alexander non aveva nemmeno avuto il tempo di mettersi il colbacco. Io mi ero accorto, con sollievo, di avere meno paura ed ero andato sotto sparando raffiche di mitra. Ma i Georgiani

erano stati una rivelazione: si erano avvicinati alla pattuglia, riparandosi come potevano gridando come ossessi mentre i tedeschi tiravano a tutto spiano e mi ero accorto che erano disturbati dalle mie raffiche di mitra (in poco tempo avevo esaurito tre caricatori), e poi avevano attaccato alla baionetta secondo il loro costume e nessuno dei tedeschi si era salvato.

Ma un Georgiano era rimasto ferito ad un braccio e doveva avere un male terribile. Però non diceva niente e stava lì insieme agli altri, pallido e con la faccia tirata. Allora, contro il parere di Alexander, ma facendo valere il mio grado, avevo deciso di andare subito in paese per farlo medicare dal dottore, anche se era pericoloso perché i tedeschi potevano ritornare e ci toccava aspettare il nostro compagno.

* * *

In quei mesi, però, le cose erano cambiate: molti sbandati e giovani di leva erano venuti con noi e avevamo avuto dagli americani lanci di armi e munizioni. Adesso la nostra formazione si chiamava Divisione Valtoce e aveva tre brigate[8] e così anche le altre che operavano in Valdossola erano diventate grosse formazioni militari. Anche per i viveri andava meglio per i frequenti aiuti (molti anche dai ferrovieri che arrivavano dalla Svizzera) e per noi, abituati alla fame e alla miseria pareva una cosa incredibile.

Con l'estate, il caldo e l'asciutto, tutto sembrava più facile e in valle i partigiani passavano all'offensiva. Adesso non erano più piccole azioni di pattuglia, ma attacchi precisi e coordinati. Eravamo quasi sul punto, insieme alle altre formazioni, di invadere tutta la bassa Ossola e di occupare posti importanti.

* * *

La prima di queste azioni organizzate era stata quella di Piedimulera, grosso paese a fondo valle, presidiato da tedeschi e fascisti. Era stato il più grande sforzo e ci aveva impegnato dall'alba sino alla sera.

Ultimato l'accerchiamento, con quattro gruppi, era cominciato l'attacco. Con Alexander e i Georgiani dovevamo entrare in paese protetti alle spalle da una nostra mitragliera da 20 m/m piazzata in alto. Ma le cose erano andate subito male perché i tedeschi, che stavano in un bunker, avevano centrato con un anticarro la nostra mitragliera sicché noi, che eravamo entrati in paese ci eravamo trovati senza protezione e avevamo dovuto scappare sotto il fuoco e ripararci nei portoni o dove si poteva.

Ma adesso la paura mi era passata del tutto e, se non ero bravo come i miei Georgiani, me la cavavo e tutti mi stimavano ed ero contento di combattere insieme a loro.

Verso sera il combattimento era ripreso e Alexander pareva deciso di mandare i Georgiani all'attacco alla baionetta dato che, dalla parte opposta una nostra colonna aveva impegnato bene i tedeschi e quell'attacco all'arma bianca avrebbe spaventato molto il presidio fascista.

Finalmente il fuoco della mitragliatrice era quasi cessato (forse i fascisti si erano resi conto di non avere molte munizioni) e così, con i Georgiani, eravamo scattati avanti urlando. I miei guerrieri, con la baionetta innestata, correvano come diavoli e sparavano e continuavano a correre e a gridare.

Quelli del bunker erano stati presi di sorpresa perché noi avevamo quasi aggirata la postazione e così ci avevano messo tempo a spostare l'arma e questo ci era servito per rientrare e appostarci tra le case.

Non avevo più visto Alexander e stavo con tre Georgiani in paese al riparo di un portone. Poi, erano scoppiate diverse bombe a mano vicine, e così avevamo capito che Alexander era riuscito a portarsi proprio sotto il bunker e lanciare le bombe. Uno dei Georgiani mi aveva fatto un cenno con la testa e allora eravamo partiti di corsa e i Georgiani correvano tanto in fretta da superarmi.

* * *

Più tardi tutto era finito.
I tedeschi e i fascisti si erano arresi e il paese di Piedimulera era in mano nostra[9]. Ma, in quell'ultimo attacco tre Georgiani erano morti, colpiti dalla mitragliatrice mentre correvano.
Erano caduti a pochi metri uno dall'altro, crivellati di colpi, e ora stavano lì immobili nel sangue, e io pensavo che prima correvano tanto e gridavano e che non li avrei più visti e che avevamo passato insieme tante cose.
Non sapevo nemmeno i loro nomi, non ci eravamo mai parlati in una stessa lingua, erano contadini molto diversi da me, eppure erano amici. Li guardavo sconsolato mentre il loro sangue arrossava la polvere del terreno e avevano un'aria stupita, come incredula perché qualche volta la morte arriva così d'improvviso da lasciarti come sbalordito.
E adesso mi sentivo triste, sino alla disperazione, e non m'importava niente che avevamo vinto, ma restavo lì a guardare i Georgiani caduti e avevo le lacrime agli occhi, e mi vergognavo di piangere perché gli altri compagni non piangevano.
Io sentivo che non avrei resistito e a un certo punto i singhiozzi sarebbero venuti fuori, e così infatti era successo, e mi ero inginocchiato vicino ai morti, e piangevo, piangevo ormai senza vergogna.
Allora uno dei Georgiani tra i più anziani, si era chinato verso di me, mi aveva rialzato e poi mi aveva abbracciato. Ci eravamo allontanati dai morti, mentre i compagni li coprivano, prima di seppellirli chissà dove.
Era quasi notte, il paese era pieno di grida di gioia, tutta la popolazione era uscita dalle case per acclamarci, festeggiarci. Il crepuscolo era finito e, nella luce incerta, vedevo sventolare tricolori.
Io camminavo desolato e il Georgiano mi sosteneva, come si fa con un figlio, e parlava adesso, e diceva tante cose nella sua lingua, ma io avevo l'impressione di capire, ed erano parole di amicizia.
Mi venivano in mente la nostra miseria e la nostra fame, e come quelli fossero morti combattendo con noi, a migliaia di chilometri dai loro paesi, e com'è ingiusto dover scontare colpe che non si sono commesse, e quanto è alto il prezzo della dignità e della libertà.

Pensavo proprio così: “dignità” e “libertà”. Ma in quel momento non erano parole astratte, miti da libro di testo, ma erano vere, autentiche, avrei voluto dire “nostre”.
Camminavamo nel paese e tutti ci facevano festa, ma a me non importava niente, e continuavo ad andare avanti insieme al Georgiano, e parlavamo, parlavamo, ognuno nella sua lingua, e cercavo di spiegargli perché non avevo potuto fare a meno di piangere, e lui faceva “dà, dà” e mi dava affettuose manate sulla spalla, e ripeteva sovente “tovarisch”, compagno.

Nota dell'Autore: *Questo testo è stato scritto nel 1960 e, con mia traduzione, pubblicato come inserto sul giornale di Nizza* L'Aurore.
Successivamente, l'ho riveduto perché ritenevo che alcune parti risultassero troppo lunghe ed è venuta fuori questa "memoria" che ora presento con le altre (Caraglio, agosto 1996).

NOTE AL CAPITOLO *ESTATE CON I GEORGIANI*

1. Mario Greppi è rimasto figura di amico che risplende nella memoria di Giorgio Buridan, a lui dedicò un articolo nel Volantino Valtoce del maggio e di giugno 1945, e una poesia, ed era in progetto di dedicargli una memoria da aggiungere a queste. Vedi anche nota 4 al capitolo "I camionisti della Rumianca", p. 162.
2. Esisteva un Manuale clandestino per il sabotaggio da usare nelle fabbriche, stampato a Roma, con la veste di "Orario Generale, Ferrovie delo Stato…, Torino, Fratelli Pozzi, luglio 1943; ripubblicato con prefazione di Ferruccio Parri (Napoleone, Roma 1973).
3. Due erano i cappellani che seguivano la Valtoce in ogni momento: Don Sisto Bighiani "don Sisto" (Ornavasso 1920 - Pontegrande, Bannio Anzino 1979) e Don Massimo Ghilardi "don Burla", così chiamato perché un tipo simpatico che con la battuta immediata sapeva tener su il morale.
4. I Georgiani: secondo il racconto di Enrico Massara "Toti", tra i fondatori del Gruppo Ossola poi Valtoce, dal libro *Mon vieuz capitaine* (Ist. St. Res., Novara 2004) nel maggio del '44 dei georgiani di stanza a Sesto Clande volevano disertare. Riesce Massara a raggiungerli e a farli fuggire dai tedeschi. Essi raggiunsero il Mottarone, da qui la maggior parte raggiunse la Valtoce al "Boden" di Ornavasso dove si era stabilito il comando della Valtoce.
5. Alexander, molto probabile si tratti di Aleksander Stapanovic Tkacev, che, ritornato in Russia, non riuscì ad ottenere dalle autorità russe il permesso di ritornare a vedere l'Ossola.
6. Alfredo Di Dio (Palermo 1920 - Fìnero 1944) "Diala", "Marco", il giovane comandante della Divisione Valtoce molto significò per l'Autore, che gli dedica il suo diario partigiano *In cielo c'è sempre una stella per me*. Di famiglia siciliana fin da bambino abita a Cremona, dove dopo gli studi classici studia Giurisprudenza; sottotenente carristi all'Accademia di Modena, dopo l'8 settembre, con il fratello Antonio (1922-1944) anch'egli militare di carriera, entra nella Resistenza in Valle Strona e in val d'Ossola, a Ornavasso, fonda la Divisione Valtoce nel luglio 1944, dopo l'uccisione avvenuta a febbraio in battaglia del fratello Antonio. Le due formazioni autonome Valtoce e Valdossola liberano l'Ossola dai nazifascisti, e proteggono la Repubblica dell'Ossola, fino al ritorno in grandi forze del nemico; viene ucciso presso la Galleria di Fìnero, il 12 ottobre 1944.
7. La presenza di una armatura fa pensare a una abitazione signorile, che potrebbe essere la Villa Biraghi a Vogogna, e il padrone di casa l'industriale Carlo Maimeri, vedi Ester Maimeri, *La staffetta azzurra* (Mursia, Milano 2002), p. 58.

8. La Divisione Valtoce viene poi a costituirsi di quattro brigate, ognuna portava il nome di un caduto: Antonio Di Dio (Palermo 1922 - Mègolo 1944), fratello di Alfredo Di Dio, ucciso in combattimento il 13 febbraio '44; Filippo Maria Beltrami "Il Capitano" (Cireggio 1908 - Mègolo 1944), ucciso in combattimento il 13 febbraio '44; Remo Rabellotti (Galliate 1920 - Migiandone 1944), fucilato il 14 giugno '44; Paolo Stefanoni (Domodossola 1923 - Candoglia 1944) ucciso il 10 luglio '44, in un assalto al treno per liberare trentacinque cecoslovacchi.
9. Piedimulera, è la battaglia decisiva dell'8 settembre 1944, che vide le Divisioni Valtoce e Valdossola vincitrici sui nazifascisti, aprendo alle trattative a cui seguì il ritiro dei tedeschi e fascisti dall'Ossola. A Domodossola si instaurò la Giunta Provvisoria di Governo, chiamata La Repubblica dell'Ossola, che durò dal 10 settembre al 23 ottobre, data che vede la Giunta espatriare in Svizzera, dopo aver resistito a lungo e affrontato molti combattimenti, e dopo che il Comandante Alfredo Di Dio fu ucciso alla Galleria di Fìnero il 12 ottobre 1944 in quella che è rimasta nella memoria dei testimoni, come un'imboscata.

Don Sisto Bighiani, "Il nostro prete... diceva la Messa su un altarino che si era portato dietro..."

Il compagno Umberto Terracini

10 settembre 1944.
Tutta la Val d'Ossola, dalla zona del Verbano e delle vallate adiacenti è in mano partigiana! Le formazioni Valtoce, Valossola e Piave presidiano il territorio dal Lago d'Orta sino ai confini con la Svizzera.
Ed eccomi qui in Domodossola liberata: le formazioni sfilano per la città ma ho altro da fare.
Ho reclutato tutte le allieve del Collegio Rosmini per ripulire la Villa Cucchini dove si installerà il nostro Comando. Ramazza e poche storie: bisogna pulire! Vado a caccia di mobili da ufficio e brande. Fuori, una bionda fanciulla mi abbraccia e mi dà dei fiori. Ringrazio ma faccio presente che da dodici ore non ho mangiato. Ritorna dopo poco con pane e formaggio.

* * *

Ordini del Comandante[1]: il Comando del Centro Informazioni Partigiane si piazzerà in Palazzo Capponi. Anche qui, reclutamento delle studentesse di liceo che, da brave ragazze borghesi e viziate, strepitano e protestano perché sono stufe di pulire. Allora, urla, minacce e invettive e infine eseguono. Arriva il Comandante per dirmi come, con il nuovo incarico e per i meriti, sarò da ora non più Commissario di Brigata ma di Divisione. Male: altre responsabilità e altre grane.

* * *

Quattro giorni di calma completa a Domodossola: i nazifascisti, dopo la batosta e la requisizione delle armi, non si fanno più vivi. Ancora il Comandante che mi invita a scrivere e fare stampare ogni giorno un volantino "Valtoce", millecinquecento copie con le notizie e i commenti. Mi attrezzo con un camioncino Millecento in cui sistemo un tavolinetto da campeggio, una sedia pieghevole e una macchina da scrivere Everest Studio. Sarà la mia redazione mobile per sorvegliare i due fronti (Ornavasso e Valle Vigezzo).

* * *

Primi numeri di "Valtoce": l'accoglienza dei lettori è ottima anche se i miei pezzi risentono per essere stati scritti a tempo di record[2].

* * *

14 settembre 1944, mattina.
Gli agenti in borghese del mio Servizio Informazioni [Sip, Servizio informazioni patrioti][3] fermano due eleganti signore arrivate da poco a Domodossola. Uno dei nostri dopo averle un poco corteggiate, riesce ad ottenere qualche vaga informazione. Adesso tocca a me come Commissario di interrogarle. Abbastanza abili nello sfuggire alle domande. Allora, sempre sorridendo e prendendo tutto allegramente, beviamo insieme champagne pescato chissà dove. Diventano più colloquiali ma sempre guardinghe: non mi fido. Incarico Marina [Duelli], una nostra agente, di perquisirle a fondo facendole spogliare. Protestano ma poi si rassegnano. Sorpresa! Marina mi porta un taccuino, nascosto nelle mutandine della più anziana in cui sono marcati dati riguardanti formazioni partigiane, entità, possibile armamento, nomi dei Comandanti (tra i quali figuro anch'io). Infine, in un doppio fondo della borsetta, Marina trova una piccola Mauser cal. 7,65.
Tutto evidente: sono due spie. Ma chi le ha mandate? Fanno ancora resistenza, allora il gioco cambia. Estraggo la pistola e le minaccio: sparo un colpo in alto per far loro paura. Sono terrorizzate poi parlano: sono state mandate da un Centro di spionaggio repubblichino, sito in Milano in Piazza Due Sicilie numero 9. Mi riprometto, tramite il CLN, di informare i GAP (Gruppi d'Azione Partigiana) di fare una sorpresa a quell'indirizzo. Trascrivo tutto il verbale che faccio firmare

ad entrambe e poi le mando sotto scorta dal Comandante. Il mio compito è finito ma la sorte delle due spie è irrimediabilmente segnata.
Salto sul camioncino e mi dirigo veloce verso la Val Vigezzo dove mi hanno telefonicamente segnalato un attacco di repubblichini.

* * *

Poco prima dell'abitato di Santa Maria Maggiore sento sparare, ma sono colpi di armi leggere. Poco dopo, a riparo di una casa, uno dei nostri mi informa: tre pattuglie della Monterosa mandate in ricognizione, in tutto sui quindici uomini. I nostri sono dietro a un muretto e di lì fanno fuoco. Vedo tra loro un borghese che mi pare anziano e chiedo chi è e come si trova lì. Mi si risponde che è un certo Terrazzini appena arrivato dalla Svizzera. Ha detto che ha dei vecchi conti da sistemare con i fascisti, così gli hanno dato un moschetto '38 e spara convintamente. Mi interessa, lo chiamo e viene al riparo della casa:
"Signor Terrazzini?" – dico, ma lui mi interrompe.
"No, scusi, sono Terracini, Terracini Umberto[4].

* * *

Questo è stato il mio primo incontro con Terracini, uomo straordinario con il quale ho avuto la fortuna di fare amicizia. Terracini: un nome prestigioso nella storia della Resistenza e del Partito Comunista italiano. Eppure... qualche giorno fa l'ho citato ad un ragazzo allievo del Liceo Classico: buone letture, di sinistra, abbonato a *l'Unità*, estimatore del *Manifesto*, eppure... Eppure ignorava chi fosse questo Terracini. Allora ho deciso, in questa memoria, di riportare qualche dato biografico.
Umberto Terracini, nato a Genova nel 1895, laureato in giurisprudenza, nel 1911 si iscrive al Partito Socialista. Nel 1915 viene arrestato per propaganda sovversiva e sconta tre mesi di carcere. Durante la guerra è soldato semplice nel 71° fanteria e poi nel Reparto Automobilisti. Nel 1919 è eletto segretario della Sezione socialista torinese e,

insieme a Gramsci e Togliatti, fonda "L'Ordine Nuovo". Nel 1920 entra a far parte della Direzione del Psi. Alla costituzione della frazione comunista, durante il famoso Congresso di Livorno, partecipa alla fondazione del Partito Comunista Italiano e, sino all'agosto del 1926 è membro del Comitato Centrale.
Comanda la Delegazione italiana al 3° Congresso dell'Internazionale a Mosca ed è eletto nel Praesidium. Nel 1925 è arrestato per complotto contro il Regime fascista ma, per mancanza di prove, viene rilasciato. Ancora arrestato nel 1926 viene condannato dal Tribunale Speciale nel famigerato "processone" del 1928 a ventitre anni di reclusione, insieme a Gramsci, Scoccimarro e Roveda. Scontati dodici anni di carcere, di cui cinque di segregazione cellulare, viene liberato nell'agosto del 1943. Ripara in Svizzera durante il Governo Badoglio e di lì passa in Val d'Ossola subito dopo la liberazione della zona. Finita la guerra sarà membro della Consulta Nazionale e poi Presidente della Costituente.

* * *

Lo sconosciuto che mi trovavo davanti in quel mattino di guerra era proprio lui, Terracini Umberto – come si era presentato – forse perché abituato per ragioni carcerarie a premettere il cognome al nome. Mi sorrise con simpatia e si congratulò perché aveva letto uno dei miei volantini "Valtoce". Lo invitai a smettere di sparare e a scendere con me a Domodossola dove si stava formando la Giunta di Governo. Durante il tragitto, mi parlò della gioia di ritrovarsi in una zona libera e del piacere provato a sparare contro i repubblichini: "Ma intenda, però – disse – non volevo uccidere anche perché non so sparare, ma nel dubbio ho sempre alzato il tiro: sa, non si sa mai...".

* * *

Dalla Svizzera intanto erano accorsi a Domodossola altri esuli. Ricordo il cattolico Malvestiti, Remo Vigorelli, il grande latinista Concetto Marchesi, il critico Gianfranco Contini, Mario e Corrado Bonfantini con cui ho fatto amicizia e ho passato alcune serate insieme.

Intanto si era formato il Governo Provvisorio con la rappresentanza di tutti i partiti. Il Dottor Umberto Terracini ne faceva parte come segretario e direttore del giornale *Liberazione*, organo della Giunta Provvisoria. A capo era un personaggio di rilievo: il Professor Ettore Tibaldi, primario chirurgo e Direttore dell'Ospedale di Domodossola[5].

Purtroppo, durante i quarantaquattro giorni del Governo ossolano ho avuto modo di incontrare Terracini due volte soltanto per i troppi impegni suoi e miei. So però che si è adoperato per appianare attriti nella Giunta anche al di sopra delle sue vedute politiche. Una volta mi ha fatto i complimenti per il mio impegno di Commissario dicendomi che vedere giovani come me così attivi era per lui grande con-

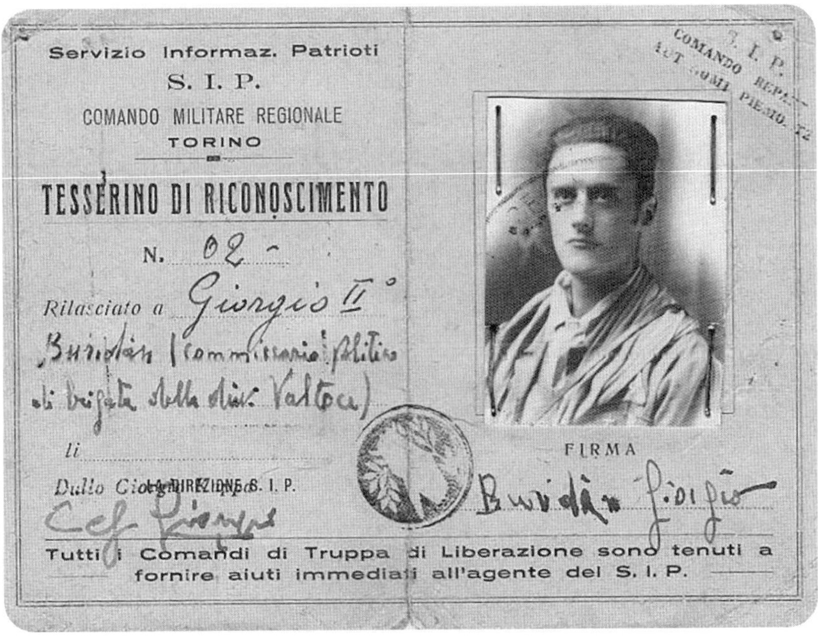
Servizio Informaz. Patrioti
S. I. P.
COMANDO MILITARE REGIONALE
TORINO
TESSERINO DI RICONOSCIMENTO
N. 02 -
Rilasciato a Giorgio II°
Buridan (Commissario politico di brigata della div. Valtoce)
li
LA DIREZIONE S. I. P.
FIRMA
Buridan Giorgio
Tutti i Comandi di Truppa di Liberazione sono tenuti a fornire aiuti immediati all'agente del S. I. P.

Nel S.I.P. firma del comandante "Alberto" (Eugenio Cefis)

solazione che lo ripagava di tante sofferenze subite. Ma la libera repubblica dell'Ossola aveva i giorni contati. Nazisti e fascisti non potevano tollerare che nel Nord fossero vive zone controllate da quelli che definivano "banditi" e "ribelli".

* * *

Inizio di ottobre 1944.

Sulle cime della Val Formazza la neve ha cominciato a cadere mentre a Novara si stanno concentrando le forze per il rastrellamento. Fonti autorevoli come lo storico Roberto Battaglia valutano l'ammontare delle truppe nazifasciste in tredicimila uomini con appoggio di carri armati, mortai e artiglieria pesante. L'attacco inizia la mattina del 7 ottobre, violentissimo e nei giorni seguenti aumenta ancora di intensità e, a stento si riesce a contenerlo grazie ad alcune mitragliere da 20 m/m, diversi mortai e due anticarro Oerlikon, tutto materiale preso ai tedeschi. Purtroppo però le munizioni stanno per esaurirsi. È il più imponente rastrellamento mai fatto in Italia: di fronte alle nostre forze, sui quattromila uomini, vengono impiegati reparti della Monterosa, Brigate Nere, Muti, San Marco, Guardia Repubblicana, SS italiane, Decima Mas, Gruppo corazzato Leonessa, Polizei e Alpinjager tedeschi. La sera del 13 ottobre incontro Terracini alla Giunta di Governo. Gli illustro gli ultimi sviluppi della situazione. Impossibile continuare: le munizioni delle pesanti e degli anticarro sono esaurite. A Villadossola i nostri stanno bloccando da alcune ore una colonna di carri armati M/13 lanciando nei cingoli delle bottiglie Molotov. Abbiamo molte perdite e, mentre stiamo parlando, si sentono i cannoni da 88/56. Terracini appare triste: ha ricevuto l'ordine di partire subito per la Svizzera con un treno speciale che si è formato a Domodossola per portare molti profughi e bambini. Mi dice il suo desiderio di restare con noi a combattere. Ma gli dico che deve obbedire e che una personalità come lui non può esporsi. Ormai ci diamo del tu. Cerco di scherzare: "Il mestiere di ribelli e di banditi lascialo fare a noi!". Ma non ride affatto. Allora gli dico che sono sconsolato perché tutto è finito: "Finito un accidente! – ribatte – Ritorneremo, non dubitare,

credi a me che ho visto momenti peggiori!". Sorride triste: "Siete stati meravigliosi e per me questo vostro valore è la conferma che in Italia si potranno fare grandi cose".
Ci salutiamo. È tardi. Stringe il pugno commosso e quasi grida "Morte ai nazifascisti!". E poi mi abbraccia.
I cannoni sembrano più vicini e si sentono colpi di mortai, chissà dove.
A memoria della sua partecipazione a quelle giornate, Terracini ha scritto:
L'Ossola liberata da poche formazioni male armate, e per quasi quaranta giorni sottoposta alla pressione spietata dei Nazisti e dei Fascisti, in quell'indimenticabile autunno, fuori da ogni aiuto e da ogni tutela straniera, ha testimoniato la capacità degli Italiani a darsi delle libere Istituzioni.

* * *

All'alba del 14 ottobre Domodossola deve essere abbandonata. La nostra formazione Valtoce si ritira in Val Formazza.
22 ottobre 1944.
Freddo, pioggia e nebbia fitta. Oltre Ponte di Formazza c'è già qualche centimetro di neve. Ricevo l'ordine di abbandonare la postazione di Ponte di Formazza e di raggiungere il Comando alle cascate del Tocc. Sempre nebbia e dieci centimetri di neve. Insieme a un gruppo faccio saltare tutto il deposito di proiettili e bombe a mano. Anche il deposito di nafta e di benzina viene incendiato. Faccio distribuire tutti gli scarsi viveri che restano.
Incomincia la terribile marcia sulla neve fresca. Fa molto freddo e il sacco da montagna mi taglia le spalle.
Alle 18,30 arrivo al Lago Vannino, acqua grigia e ghiaccio sulle rive. La breve fila si snoda in silenzio lenta e triste.
Ore 20: buio totale. Arriviamo in vista dei vagoni distrutti dell'ex-ristoratore.
Sono sfinito.
Ore 22: arrivo al confine. Al rifugio Maria Luisa di Passo San Giacomo a 2.313 metri. Neve alta. Gelo. Sono sfinito. Nella baracca dei doga-

nieri siamo in pochi. Vicino alla stufa, rischiarato malamente da una lanterna, c'è il Presidente della Giunta Provvisoria, professor Tibaldi, esausto: "Ah, se gli alleati avessero mantenuto le promesse! Con le armi potevamo resistere!".
Promesse, già. L'ordine era stato di costruire un grande campo di atterraggio per paracadutisti, alianti e apparecchi leggeri. E, faticosamente, noi della Valtoce, ma soprattutto i compagni della Valossola, avevano spianato il terreno sino a renderlo perfettamente agibile. Avevano perfino piantato un cartello: "CAMPO GEO CHAVEZ", in ricordo del pioniere peruviano Jorge Chavez che nel 1910 aveva trasvolato le Alpi ed era caduto, forse perché assiderato dal freddo, presso Villadossola.
Promesse, già. Ma la progettata testa di ponte con paracadutisti e armi non si era fatta. E noi avevamo dovuto sostenere da soli tutto il peso del massiccio rastrellamento.
L'ultimo gruppo è qui nella baracca. Appare da fuori una guardia svizzera che ci invita ad entrare nella Confederazione. Esitiamo ancora. Ore 2: notte del 23 ottobre 1944.
Arriva l'ultima nostra pattuglia di sciatori e annuncia che reparti di Alpinjager tedeschi sono già al Lago Vannino. Alle 4,30 del mattino attraversiamo il confine. Seguiamo in silenzio la lanterna della guardia svizzera.
E comincia la discesa. La notte è fonda e tra le nuvole qualche chiarore si riflette sulla neve con colorazioni violacee. Camminiamo in fila indiana. Abbiamo abbandonato le armi al posto di frontiera e da quel momento siamo "internati militari'. In testa alla fila, dopo la guardia svizzera, sono insieme al Comandante(6). Il freddo è terribile. Ormai non reagisco più, continuo a tossire e faccio una fatica tremenda a camminare. Finalmente – ma quante ore sono passate? – per quei miracoli laici che talvolta succedono, arriviamo su una strada carrozzabile. È la val Bedretto e di lì attraversiamo paesi addormentati: All'Acqua, Ronco, Bedretto, Ossasco. Ma ormai non ce la facciamo più: molti cadono a terra esausti. Il Comandante ordina una sosta e ci ripariamo in due fienili dove possiamo sdraiarci e dormire.
Una guardia svizzera resta a scortarci, le altre scendono per predisporre il nostro arrivo ad Airolo.

Crolliamo nel sonno. Si dimentica tutto e si evade in un universo grigio. Ma la tosse continua a svegliarmi.
Abbiamo dormito alcune ore. Guardo l'orologio: sono quasi le nove del mattino. La guardia svizzera, gentilmente, invita il Comandante a dare ordine di proseguire. Ormai siamo a pochi chilometri da Airolo. Attraversiamo Fontana, un ultimo paesino, e vediamo i valligiani che sono usciti dalle case per salutarci.
La stanchezza ci riprende ma siamo quasi arrivati ad Airolo. Poco dopo Fontana, un camion militare blocca la strada. A bordo, un grosso pentolone metallico con brodo caldo e dei bricchi di caffè. Beviamo avidamente quel brodo e sentiamo il gelo attenuarsi. Infine entriamo in Airolo. Vediamo da lontano molta gente in attesa: siamo sporchi e stanchi, una sorta di armata del disastro. Il Comandante mi consulta e diamo ordini precisi: tutti in fila a passo di marcia! E avanti a cantare la canzone della Valtoce.
Nel paese di Airolo, bandiere svizzere e italiane, grida di "Viva i partigiani!". Passando ci riempiono le tasche di sigarette e di cioccolato: "Viva i partigiani dell'Ossola! Viva l'Italia libera!".
Ci sentiamo orgogliosi e, raccogliendo le ultime forze, sfiliamo cantando:
Marciar, marciar
marciar ci batte il cuore...
Ma c'è molta tristezza in tutti. Così cerchiamo di non pensare e di passare tra gli airolesi che applaudono come fossimo ancora una formazione militare:
Non c'è tenente
né capitano
né colonnello
né generale
questa è la marcia
dell'ideal...(7)
Finalmente la sfilata ha termine e arriviamo davanti a una caserma di cavalleria dove ci sistemano provvisoriamente. Sto male, ho la febbre e tossisco. Ci ammucchiano in un capannone grande con paglia pulita a terra. Ci sdraiamo sulle coperte.

Chiedo a un graduato svizzero se non c'è un medico, ma mi spiega che è a Bellinzona e sino a domani non potrà visitarmi.
Cerco di dormire ma la polvere della paglia mi irrita la tosse. Malgrado il freddo dormirò fuori per terra sulle coperte. Frugo nel sacco da montagna e cerco qualcosa per calmare la tosse. Finalmente trovo delle pastiglie di Efedrina. Dose: una, due. Ne mando giù tre così potrò dormire. E, poco dopo, la tosse si spegne e piombo nel sonno.
Mi risveglio chissà quando. Qualcosa mi sta lavando la faccia. Apro gli occhi e vedo la testa enorme di un cavallo che mi sta leccando.
Il mattino seguente arriva il capitano medico: è uno svizzero francese molto attento e gentile. Mi visita e mi trova un focolaio di broncopolmonite. Così mi carica sul suo Maggiolino e mi porta all'Ospedale Cantonale di Bellinzona dove vengo ricoverato.
Mi trattano bene e con grandi premure. Il fatto che io sia un comandante partigiano li incuriosisce. Vorrebbero che raccontassi la mia storia ma sono troppo stanco. Mi fanno varie iniezioni e ho l'impressione che la febbre si attenui.
Dopo alcuni giorni – ma che deliziosa la giovane infermiera ticinese che ha cura di me e mi coccola! – vengo dimesso e mi accompagnano in macchina a un paese sul lago vicino a Lucerna.
È Lutzelau, presso Weggis, sul Lago dei Quattro Cantoni, in un Hôtel requisito per il periodo di quarantena. Siamo sorvegliati dalla Police d'Armée e non possiamo uscire all'esterno. Saremo un centinaio tra ufficiali, internati militari e rifugiati politici. Ci sono persone di molto valore. Al pomeriggio si organizzano conferenze: ricordo Altiero Spinelli(8) che tiene una interessantissima lezione sull'europeismo e Mario Fubini(9) che fa una storia della democrazia.
Terminata la quarantena, che però è di dieci giorni, veniamo smistati. Tutti gli internati militari con un grado di ufficiale sono destinati a Mürren, gli altri partigiani in vari campi nei dintorni di Berna.

* * *

A Mürren trovo un ambiente antipatico[10]. A parte la splendida vista della Jungfrau innevata, l'Hotel dove siamo alloggiati è enorme e ospita un centinaio di internati militari, in gran parte ufficiali scappati all'8 settembre. Noi Comandanti partigiani veniamo guardati dall'alto in basso e, sovente, scoppiano liti con quelli che chiamiamo "i disertori".

Ma c'è pure il lato simpatico: si stanno organizzando incontri culturali pomeridiani in un teatro. Conosco e frequento il colto poeta Diego Valeri[11] con il quale parliamo di poesia: ha fatto parte del movimento simbolista e parnassiano a Parigi. Valeri, che si ostina ad imparare ad andare in sci con cadute ridicole, tiene una serie di lezioni sui "poeti francesi di fine '800" molto precise e documentate.

E poi c'è Terracini che ho modo di incontrare ogni giorno e che mi onora della sua amicizia. Spesso mi racconta episodi della sua esistenza carceraria, specie quando, in segregazione cellulare, non gli era permesso né di leggere né di scrivere. Mi dice che gli pareva di essere Severino Boezio, quello condannato dal suo Re Teodorico e autore (ma Boezio nel carcere di Pavia almeno lo lasciavano scrivere) di *De Consolatione Philosophiae*. Così, per non impazzire, Terracini ogni giorno si impegnava a scrivere, in modo immaginario, un giornale: dal "fondo" al "corsivo", alla terza pagina sino alla cronaca "bianca" e "nera", inventandosi le notizie. Mi spiega, con grande razionalismo, come tutti gli anni di carcere siano stati per lui una grande scuola di vita e come abbiano condizionato il suo carattere fornendogli una saggezza. Ma poi si corregge: "Per carità, non equivochiamo! Non sono affatto un saggio!".

È sempre molto interessato a me e mi prega di raccontargli la mia storia. Che poi non è così particolare: giovane borghese, vita agiata e serena, amici simpatici, atmosfera di famiglia di un antifascismo per rifiuto di questi che mio padre definiva "cafoni e persone infrequentabili". Poi, l'amicizia con altri giovani antifascisti, la mia adesione al Partito d'Azione e le prime imprese (subito dopo il 25 luglio 1943) di diffusione di giornali clandestini, a metà tra il goliardico e l'eroico. Poi la guerra, dieci bombardamenti aerei subiti a Torino e due a Milano. E la vita clandestina a Milano con Boeri, Parri, Bonfantini, Valiani e altri. Infine, gli inizi della lotta partigiana. Terracini mi spiega che, a causa di molti anni di carcere, gli sono mancati i contatti con i giovani e che è "entusiasmato" – dice così – per avermi conosciuto.

* * *

La vita di albergo a Mürren mi è sempre più odiosa: vivo in una camera a tre letti con due compagni di altre Formazioni: Mimmo Pistocchi(12), romagnolo, di una brigata mazziniana, e Carlo Guidi, toscano garibaldino e comunista. Ogni tanto litighiamo per motivi politici ma ci stimiamo molto. Però nell'Hotel c'è troppa gente odiosa: non sopporto il qualunquismo di questi ufficiali altezzosi e sprezzanti. Un giorno non ne posso più e insulto pubblicamente un Maggiore fiorentino: scandalo! Ma poi i miei compagni fanno capire al "Ghibellin fuggiasco", così lo chiamano, di stare buono e tranquillo se vuole evitare grane. E quello, prontamente, obbedisce.
Non ne posso più: racconto le mie rabbie a Terracini che sorride pacatamente e mi invita alla calma. Spiega che questo disprezzo per i Partigiani è motivo antico: già i Garibaldini venivano trattati dai Regolari piemontesi come ribelli e canaglie. D'altronde, anche Mazzini aveva spiegato come la mentalità popolare italiana non ammettesse un esercito di volontari.
"Tutto giusto, caro Umberto, però io non ne posso più".
Così faccio domanda per essere mandato in uno dei campi della Valtoce. Richiesta subito accettata perché nessuno ha voglia di affrontare la vita del Campo, senz'altro più disagevole.
Un giorno, scortato come un delinquente da due della Police d'Armée, peraltro molto premurosi e gentili, devo allontanarmi. Terracini ride e si diverte a vedermi così "sotto scorta", ma l'addìo è triste. È molto dispiaciuto di lasciarmi perché ormai siamo amici. Mi abbraccia augurandomi buona fortuna. Dice che è stato felice di conoscermi e che non mi dimenticherà. Prometto di scrivergli dal Campo e ci lasciamo commossi.

* * *

È la penultima volta che lo vedo.
L'ultima sarà a Torino nell'aprile del 1960 durante la seconda delle lezioni su *Trent'anni di Storia Italiana*, organizzate da Franco Antonicelli. Terracini fa un lucido intervento su *Lo squadrismo torinese dal 1920 al 1922*(13).
Il Teatro Alfieri è pieno, sono sul fondo. La folla è tale che molti non hanno potuto entrare e gli organizzatori hanno piazzato all'esterno un altoparlante. Guardo Terracini e mi vengono in mente tanti momenti insieme vissuti. Provo desiderio grande di salire sul palco, stringergli la mano e abbracciarlo. Ma è impossibile.
Ecco: è l'ultima volta che ho visto Terracini. Di lui mi restava una lettera affettuosissima che avevo ricevuto quando ero Comandante del Campo di Thöringen, speditami da Mürren. Mi diceva che approvava la mia decisione, perché nella vita è bene seguire i propri desideri, anche a costo di rimetterci. Era una missiva divertente, spiritosa, ma anche molto seria. L'avrò riletta chissà quante volte e ogni volta le sue espressioni mi toccavano profondamente.
Ahimè, non l'ho più! Durante il faticoso ritorno clandestino in Italia attraverso i monti l'ho perduta, insieme ad altri appunti (uno era un saggio sugli antichi ex-voto del Santuario del Boden sopra Ornavasso dove eravamo stati accampati). L'altro, una piccola tranche de vie della mia estate con i Georgiani (che poi ho ricostruito in una memoria)(14).
Ecco: questa busta in plastica, durante uno scivolone nella neve, si è sfilata da una tasca del sacco da montagna ed è volata giù in un burrone. Chissà: magari un giorno, nel Duemila o più tardi, in un dirupo del Monte Limidario, sui duemila metri, qualcuno scoprirà una busta con dentro una lettera di Umberto Terracini.
Ecco: vi ho raccontato quanto so di questo straordinario "compagno".

NOTE AL CAPITOLO
IL COMPAGNO UMBERTO TERRACINI

1. Alfredo Di Dio, il comandante "Marco" della Valtoce, vedi nota 6 al capitolo "Estate con i Georgiani", p. 177.
2. Volantino Valtoce, vedi nota 1 al capitolo "Scrivente, scrivano, scrittore", p. 33.
3. SIP, era il Servizio Informazioni Patrioti, oraganizzazione iniziata nella primavera del 1944 da Aminta Migliario "Giorgio" a Gozzano, come rete informativa per il Gruppo di Alfredo Di Dio, che diventa a luglio Divisione Valtoce. Dal momento che a Domodossola Giorgio Buridan entra nel SIP, per distinguerlo dal "Giorgio" Migliari, è Giorgio II.
4. UmbertoTerracini (Genova 1895 - Roma 1983), da famiglia ebrea piemontese. a Torino, dove si laurea in Giurisprudenza. Arruolato nella prima Guerra mondiale, è condannato a due mesi e mezzo per disfattismo. Nel 1921 è tra i fondatori del Partito comunista nel Congresso socialista di Livorno. Il Tribunale speciale del fascismo lo condanna a ventidue anni e nove mesi, di cui undici passeranno in carcere, gli altri al confino a Ponza, poi a Ventotene da cui è liberato nell'agosto del 1943, ma dopo l'8 settembre, lui – comunista ed ebreo – espatria in Svizzera. Espulso dal partito, per "deviazionismo opportunistico", avendo criticato la svolta stalinista del partito nel 1929 e il Patto russo tedesco Molotov-Ribbentrop del 1939. Dopo periodi di internamento in campi svizzeri, gli viene concesso di abitare a Lugano dove diventa responsabile dei rapporti col Comitato militare del CLN. Ritorna in Italia, dopo il 10 settembre del 1944, nell'Ossola dove nella Giunta di governo è nominato Segretario il 16 settembre, braccio destro del presidente Tibaldi, anima della stessa Giunta e responsabile del *Bollettino quotidiano di informazioni*, che pubblica meticolosamente tutti i verbali delle sedute gli atti della Giunta.
5. Ettore Tibaldi (Bornasco, Pavia 1887 - Certosa, Pavia 1968). Medico, docente universitario. Aderente al Partito socialista. Dopo il delitto Matteotti, è tra i fondatori della sezione locale di Pavia di "Italia libera". Nel 1926, estromesso dalla cattedra di Patologia medica dall'Università di Pavia, si rifugia a Domodossola, dove diventa primario dell'Ospedale San Biagio e costituisce un comitato antifascista, che il 7 novembre '43 organizza l'insurrezione operaia di Villadossola. Fugge in Svizzera, a Lugano, da dove con altri fuoriusciti terrà i contatti tra gli Alleati, il CLN in Svizzera e le formazioni partigiane dell'Ossola. Rientra in Ossola liberata ed è nominato Presidente della Giunta provvisoria di governo.
6. "Alberto" (Eugenio Cefis), già vice del comandante Marco (Alfredo Di Dio), diviene alla sua morte comandante della Valtoce. Vedi nota 3 al capitolo "I camionisti della Rumianca", p. 162.

7. *Marciar Marciar...*: le parole sono di Antonio Di Dio, che si ispirò ad una preesistente canzone dei bersaglieri. Il canto è divenuto comune espressione di tutte le formazioni che operavano nell'Ossola, in Valsesia e nel Biellese, subendo poi diverse variazioni, ma soprattutto è l'inno della Valtoce.
8. Altiero Spinelli (Roma 1907-1986), antifascista nella Federazione giovanile comunista, arrestato a Milano nel 1927, condannato a dieci anni di carcere, poi sei al confino, a Ponza e a Ventotene, dove con Ernesto Rossi ed Eugenio Colorni, nell'agosto del 1941, scrive il *Manifesto per un'Europa libera e unita*. Intanto si distacca dal Partito comunista, per diventare socialista. Liberato nell'agosto del '43, dopo l'8 settembre ripara con Ernesto Rossi in Svizzera, dove organizza le prime riunioni federaliste sovranazionali a Ginevra.
9. Mario Fubini (Torino 1900-1977), docente universitario di letteratura italiana a Torino, Firenze e a Palermo; deve lasciare l'insegnamento a causa delle Leggi razziali. Rifugiato in Svizzera, con altri professori organizza corsi universitari per i rifugiati.
10. I rifugiati politici civili erano internati in campi nel Ticino, i militari nei campi oltre il Gottardo, con la distinzione tra campi per ufficiali e campi per gli altri partigiani delle diverse formazioni. Avendo Giorgio Buridan la qualifica di Ufficiale partigiano, era stato destinato quindi al campo di Mürren.
11. Diego Valeri (Pieve di Sacco, Padova 1887 - Roma 1976), poeta, socialista, Libera docenza per la letteratura francese è poi escluso dall'insegnamento perché non iscritto al Partito Fascista. Dopo il 25 luglio dirige *Il Gazzettino* di Venezia, famoso il suo primo articolo in cui esprime *Fiducia ai giovani...*
Dopo l'8 settembre si rifugia in Svizzera ed è internato al campo per ufficiali di Mürren, con altri esuli vi organizza un'università popolare e collabora alla stesura dell'*Appello federalista* di Ernesto Rossi, da distribuire per la Pasqua 1945 agli *internati militari ed ai rifugiati civili.*
12. Mimmo Pistocchi (1923-1973), è Costante Pistocchi, nome partigiano Giacinto Daverio o semplicemente "Giacinto", fervente mazziniano, nell'agosto del 1944 è a Villa Mimosa a Campione d'Italia, dove si formano agenti segreti alle dipendenze dell'Oss. Nel dicembre 1943 si era rifugiato in Svizzera.
13. Umberto Terracini, *Lo squadrismo torinese, in Trent'anni di storia italiana (1915-1945): Lezioni con testimonianze presentate da Franco Antonicelli*, Einaudi, Torino 1961.
14. Vedi il capitolo "Estate con i Georgiani", pp. 163 e ss.

Natale 1944. Cartolina distribuita nei campi di internamento in Svizzera

Il mio Natale del '44

Campo d'Internamento Militare di Thöringen, dicembre 1944.

Ecco: siamo quasi arrivati a Natale! Dal 23 ottobre, nottata in cui siamo passati in Svizzera, sono un "Internato Militare". Dopo la "quarantena a Lützelau, presso Luzern, e un breve periodo a Mürren, ho chiesto e ottenuto di raggiungere i miei compagni partigiani in un altro campo.
Così mi trovo a Thöringen, quaranta chilometri da Bern, tre chilometri dal Campo Base di Herxogembuchsee.
Come Commissario di Divisione sono Comandante di campo. Thöringen è un piccolo paese sperduto nella campagna bernese, poche case, quasi tutte in legno, e il grande capannone della Cooperativa Frutticola. Gli uomini vivono in due capannoni e dormono sulla paglia, che però viene cambiata spesso, e hanno molte coperte militari a disposizione. I dormitori sono riscaldati da uno stufone a legna e la raccolta e il taglio della legna è di competenza dei militari internati. Io abito in uno chalet in legno, adibito anche a Comando, ho una camera per me e nell'altra c'è l'ufficio dove dorme il furiere Mongodi. I servizi igienici sono primitivi ma funzionali: per lavarsi, un grande abbeveratoio per le mucche in una stalla, purtroppo non riscaldata, il che in dicembre è sgradevole... Poi la "ritirata" o "Lieu d'aisance" o "Der abort": il furiere mi ha raccontato che, appena arrivati, un sergente grasso della Sanità Svizzera ha fatto a tutti una dimostrazione su come usare la ritirata. Questo "Lieu d'aisance" è costituito da una lunga tettoia dentro la quale c'è un fossato di circa trenta centimetri di larghezza, profondo mezzo metro e al fondo c'è uno spessore di calce che viene spesso rinnovata. Ma la "dimostrazione", a quanto mi

dice Mongodi dev'essere stata così divertente che la ricordano ancora oggi a due mesi di distanza. Mongodi rifà il discorso del sergente di Sanità, imitando l'accento tedesco.
"Il militare che ha da fare li bisogni suoi propri, si mette a cavallo del fosso. Sehr gut. E così li fa con grosse attenzione per non lordare li assi laterali, sì. Capito? Alles capito? Gut".
In pratica poi, chi esce la notte assonnato e al gelo, magari non è preciso nella mira idrica e "li assi" si gelano e chi arriva dopo rischia di scivolare sul fondo.

* * *

Tutto questo farebbe anche ridere ma io non ne posso più! Il 1944 per me è stato un anno tremendo: preceduti da dieci bombardamenti a Torino nel '43, con la casa quasi inabitabile, due bombardamenti a Milano, poi la resistenza clandestina in città, poi la guerra partigiana con la liberazione dell'Ossola, tutte le responsabilità come Commissario durante il nostro Governo provvisorio, infine, il più grande rastrellamento mai avvenuto in Italia che ci ha costretti a riparare in Svizzera. Molti compagni morti o feriti, un inferno! Ma per non dire del nostro valore, preferisco citare documenti di parte repubblichina. Come questo articolo, apparso il 21 ottobre 1944 sul *Corriere della Sera* (allora controllato da Salò), a firma di Mario Sanvito, dal retorico titolo *Così rientrò in Domodossola il tricolore della Repubblica Sociale.* Ne riassumo alcuni brani *...il tempo era pessimo, un freddo pungente, acqua torrenziale e, verso le creste dei monti, anche un po' di nevischio. (...) martedì e mercoledì i combattimenti furono particolarmente duri e le condizioni atmosferiche sempre sfavorevolissime. Chi dovesse percorrere, come noi abbiamo fatto, l'itinerario della seconda colonna, potrebbe rendersi conto dei miracoli – è la parola esatta – che le truppe italo-germaniche hanno dovuto fare per strappare a palmo a palmo il terreno al nemico. (...) lungo la vallata i banditi erano alla posta, il tiro incrociato non aveva soste. (...) la resistenza dei banditi è stata tenacissima, il nemico si è difeso roccia per roccia, pianta per pianta.*
Già, c'era da piangere di rabbia a vedere, da una postazione di mitra-

gliera pesante da 20 m/m i nastri che si consumavano e in poco tempo si sarebbero esauriti... c'era da piangere al pensiero di quei disperati che per più di tre ore avevano bloccato una colonna di carri tedeschi gettando nei cingoli bombe a mano, oppure lanciando – da due metri di distanza – delle bottiglie Molotov. C'era da piangere di rabbia nell'aver dovuto lasciare i due anticarro Oerlikon senza munizioni... c'era da piangere per tutti i feriti che non potevano essere soccorsi, per i morti abbandonati nel fango delle strade.
Ma perché ho raccontato queste cose che non interessano più nessuno? Storie vecchie di mezzo secolo, sempre le stesse o forse no perché allora si combatteva non per un ideale astratto, ma per la Libertà. Ma sì, scriviamola infine questa parola che fa sempre paura per la sua retorica: scriviamola in maiuscolo:

COMBATTEVAMO PER LA LIBERTÀ!

* * *

Ecco. Adesso sono qui, Comandante di campo a Thöringen perché così hanno voluto questi compagni che quasi mi hanno imposto al Comando Svizzero.
Abito dunque nella fureria e, come comandante, godo di una branda, senza lenzuola ma con un ottimo piumone. Nell'altra stanza c'è il Comando e la Fureria, luogo di ritrovo un po' per tutti. Fumo... fumo della stufa a legna, fumo di sigarette, di pipe... e, fuori, la grande distesa di neve alta e bianca in questo piccolo villaggio sepolto tra i campi.
Un cartello sulla porta: "Champ d'Internement Partisans Italiens" e, sotto, un altro cartello che ho fatto piazzare, tragicamente ironic: "Divisione Partigiana Valtoce - Distaccamento di Thöringen".
Fuori, il solito viavai di ragazzi che fanno a palle di neve, spalano i sentieri, raccolgono legna per la stufa e cantano. Cantano una delle canzoni della montagna, triste, che ha un che di verdiano:
"Che importa se ci chiaman banditi
"Il popolo riconosce i suoi figli...
Cantano per scacciare il freddo, il freddo che hanno in cuore, cantano per ricordare i compagni che non rivedranno mai più.

Io faccio il Comandante di malavoglia. C'è in me un mélange tra Mister Jekyll e Mister Hyde: da un lato accomodante e simpatico, dall'altro, sergente prussiano. Ma la disciplina è indispensabile!
Tra i partigiani ci sono tipi curiosi: Pasquale il cuoco è uno straordinario lanciatore di coltelli (ne tiene sempre due incrociati alla cintura sotto una fascia rossa). Un giorno ne ha tirato uno contro il maestro del villaggio per una lite, e il coltello è passato a pochi centimetri dalla testa dello svizzero e si è piantato contro il legno dello chalet. Ho dovuto penare per impedire una denuncia ma, per fortuna, il maestro era un buono e ha capito la situazione. Così, per "grazia ricevuta" il siciliano Pasquale ogni mattina mi porta il caffè caldo in fureria.
Poi "Ridolini" e "Cretinetti", due matti allegroni che non pensano che agli scherzi: ma sarebbe troppo lungo parlare di tutti.

* * *

Mongodi, che sta con me nello chalet, è l'unico a capire qualcosa nella babele di moduli che il Comando Svizzero continuamente ci manda. Ma anche perché ha fatto il furiere nel Regio Esercito. Io mi limito a tradurli (sono quasi tutti in tedesco o francese) e a firmare. Va bene così.
Passo le mie giornate alla scrivania perché, grazie all'YMCA (Young Men Christian Association), sono riuscito a farmi mandare un mediocre dizionario francese e *Les fleurs du mal* che cerco, faticosamente di tradurre. Il furiere Mongodi mi vede sgobbare e scuote la testa come a dire: Ma, a che serve tutto questo? Ma io non ci bado e, quando riesco a tradurre decentemente una lirica di Baudelaire, provo una grande gioia e la tristezza svanisce.
Mongodi, poverino, mi ossessiona: è un ragazzo strano, ha una barbetta caprina che gli istrionizza il viso su cui spiccano occhi furbi e maligni. "Il Reverendo Mongodi", l'ho battezzato così perché era entrato in seminario. Poi, scoppiata la guerra, ha buttato la fede e la tonaca alle solite ortiche ed, essendo antifascista, ha disertato l'8 settembre e si è messo a fare la staffetta per un suo amico "democristiano del Comi-

tato". Ma questa attività non gli andava bene perché lui era "incazzato" con i fascisti e voleva accopparli. Lo dice con sguardo allucinato che mi spaventa. Deve avere i nervi un po' a pezzi. "E così – dice – ho combattuto da partigiano ma quando vedo il sangue rosso, allora mi eccito".
"Va bene, Mongodi, non vedrai il sangue rosso. Che c'è di nuovo?".
"È venuta la carogna".
"Chi? Hausen il capoposto?".
"No, quello è il verme, la carogna è Müller. Ha protestato per la latrina e poi ha detto "sporchi partigiani'".
"E tu?".
"Avevo in mano un legno della stufa... Ho pensato... quella nuca rasata da tedesco... ma poi è arrivato Gianni e allora...".
Mio sospiro di sollievo.

* * *

Il povero Mongodi è epilettico (non lo ha mai dichiarato perché vuole stare insieme ai compagni) e talvolta la notte vengo svegliato da un urlo e devo correre a chiamare gli altri per immobilizzarlo perché non si faccia male. Poi gli faccio un'iniezione che mi ha dato di nascosto il nostro medico e mi prendo una certa responsabilità perché, durante quegli attacchi violenti, potrebbe anche morire.
Così, in quel freddissimo inverno del '44 – il termometro ha toccato sovente i meno dieci – il tempo trascorre monotono e assurdo. Due volte alla settimana c'è la corvée al Campo Base di Herzogembuchsee con il carrettino a mano per i viveri (che ho ottenuto in natura anziché sotto forma di rancio già preparato): è la razione del soldato svizzero, buona e abbondante. Così Pasquale, con l'aiuto di due "cucinieri", riesce perfino una volta alla settimana, a fare le tagliatelle per tutti.

* * *

Notizie dalla Radio. Quelle dall'Italia occupata dai nazisti sono scarse: i repubblichini sempre più crudeli, i tedeschi inferociti per il "tradimento", arresti e deportazioni in Germania. Dei campi di concentramento non sappiamo niente, così come dello sterminio degli ebrei: ci è soltanto noto che molti nostri operai sono stati trasferiti per lavorare nella Organizzazione Todt[1].

Mentre la guerra ci viene raccontata dalle due parti "minuto per minuto", la Svizzera – grande centrale di Consolati e di spie – non è prodiga dei fatti interni nazisti: da bravi diplomatici neutrali, preferiscono "glisser", scivolare.

L'offensiva alleata è scattata il 10 settembre, ma la resistenza dei tedeschi blocca l'avanzata sulla linea gotica. Così, con l'inverno, il fronte è fermo e la Wermacht rinforza le posizioni intorno a Montecassino. Scarse le notizie da Radio Londra sulla nostra resistenza: il popolare Colonnello Stevens tende troppo a far propaganda. Si sa che pochi partigiani hanno obbedito all'assurdo proclama del Generale Alexander[2] di tornarsene a casa e aspettare la primavera. Facile a dirsi, ma come? La Gestapo e l'Ovra sono in agguato. E allora, come è possibile?

* * *

Ed eccoci qui a Thöringen e si sta arrivando al Natale, e tutto pare bloccato dal freddo e dal gelo. Arriva uno in fureria e dice di non sentirsi bene, "marca visita". Ha la tosse, credo abbia preso freddo. Rapido esame "clinico" da parte mia: termometro, niente febbre. Così ho la piccola farmacia che mi ha affidato il nostro medico. C'è di tutto: aspirina, chinino, sciroppo per la tosse, gocce di laudano per il mal di pancia e mal di denti, pastiglie purgative (che Mongodi chiama "cagarol"), garze, bende, acqua ossigenata, iodio, oltre alle iniezioni per gli attacchi epilettici di Mongodi.

Se il caso è più grave, telefono al nostro medico che arriva con un Maggiolino e fa ricoverare il malato all'Ospedale Militare di Langenthal. Ma, in complesso, oltre a qualche caso di tosse, raffreddori, inizi di bronchite, tutto va bene. Sono giovani ex-alpini, abituati al freddo e non soffrono perché il vitto è buono e le stufe scaldano bene.

* * *

Guardo fuori dalla finestra: il biancore della neve alta quasi un metro mi abbaglia. Il paesaggio campagnolo non potrebbe essere più natalizio. Un silenzio assoluto perché il Campo è un po' oltre il paesino.
Il 23 dicembre in fureria ricevo una telefonata dal Comando Svizzero Internati Militari di Berna: ci invita a riunirci, la sera del 24, nel capannone della Cooperativa Frutticola per la cerimonia del Natale. Lì un Cappellano celebrerà la Messa cattolica e, per chi è di un'altra fede, verranno un Pastore e un Rabbino. Ci sarà una distribuzione di "pacchi conforto" raccolti dall'YMCA(3) e da altre Associazioni. Infine, il Comando augura a tutti gli Internati Militari felice soggiorno e lieto Natale.

* * *

Siamo nel capannone della Cooperativa riscaldato bene da tre grosse stufe. Con un camion militare hanno portato un centinaio di sedie e adesso stiamo lì seduti a guardarci come imbecilli.
È stata celebrata la Messa ma né il Pastore né il Rabbino si sono visti (d'altronde inutili perché tutti sono cattolici). Una radio con diffusori trasmette in continuazione musiche natalizie e, in un angolo, con aspetto alquanto desolante, c'è un magro pino male addobbato.
Già. Ci guardiamo e aspettiamo. Chi? Cosa? Perché? Forse il Natale? O l'annuncio che la guerra è finita? O l'incognita dell'Arma Segreta nazista? O un altro inverno come questo?
Non si sa. Aspettiamo.
Alle 23 arriva un camioncino Wolkswagen che porta i "pacchi con forto". Dolci, sigarette, qualche capo di vestiario usato. A me tocca una giacca a quadri, non orribile, ma con delle ridicole toppe rosa ai gomiti, fatte con della lana.
Si aspetta mezzanotte. Perché? Chi fuma, chi è triste e guarda fisso a terra, chi racconta barzellette vecchie che non fanno ridere. Poi Cretinetti propone di cantare e attacca "Fischia il vento", ma il coro si spegne con un "piantala stronzo!".

* * *

È quasi mezzanotte. Decido di dire due parole per fare gli auguri. Ma, senza volerlo il mio discorso diventa serio.
Ricordo quanto abbiamo passato, i compagni che sono morti e infine il nostro dovere: anche se siamo internati continuiamo ad essere resistenti e non siamo soli. In Europa ci sono tanti giovani come noi, prigionieri, che magari stanno peggio (ignoriamo ancora l'esistenza dei lager nazisti).
E allora, coraggio! Forse la guerra sta per finire, magari potremo ritornare e vivere le ultime pagine di questo capitolo di Storia: coraggio, compagni, coraggio!
Alcuni si commuovono e mi commuovo anch'io. La riunione si anima, vengono aperte bottiglie di vino e di birra, e, dentro i pacchi, troviamo anche la cartolina che ho conservato e che illustra questa memoria.
Allora viene vicino a me uno e mi mostra una fotografia di un neonato: "Mio figlio! – dice – Il mio bambino!". È la quarta volta che me la fa vedere: è un bambino brutto, con la faccia rugosa che per lui è il più bello del mondo. Poi un secondo mi esibisce la foto della moglie, un terzo quella della fidanzata.
E allora dico: "Va bene, parliamo. Raccontiamoci i nostri Natali!".
Si mangia, tanto per fare qualcosa, si beve, ma l'atmosfera è sempre più cupa. E allora mi arrabbio: dico che non è giusto fare le vittime perché tanti stanno peggio di noi. Che dobbiamo essere grati alla Svizzera che ha accolto tutti quelli che chiedevano asilo. Che ritorneremo a combattere e che – porco mondo! – quei bastardi faranno la fine che si meritano!

* * *

Ancora le musiche natalizie, mielose, e gli auguri radiofonici in francese (che traduco) del Generale Guisan, presidente in armi della Confederazione. E, implacabili, le musiche di Natale.
Non ne possiamo più! La nostalgia ci ha stremato. Prendo l'iniziativa:
"Va bene: Natale è andato, auguri e buona notte!".

Sono rabbioso e triste, desolatamente sconfortato. Se servisse, mi metterei a piangere come un bambino. Ma non serve e poi qui sono il Comandante di Campo. E allora: buona notte!
Mi raggiunge il furiere Mongodi e ci ritiriamo nel Comando-Fureria. Sarò svegliato da un urlo per un suo attacco epilettico? Spero di no. E questo è stato il mio Natale del 1944.

Note al capitolo
Il mio Natale del '44

1. Organizzazione Todt, ideata e diretta da Fritz Todt, da cui prende il nome e che morto nel 1942, viene sostituito da Albert Speer. Nata in Germania negli anni '30 rivolta alla costruzione di installazioni militari, durante la Guerra è utilizzata allo sfruttamento del lavoro coatto nei paesi occupati, inquadrando migliaia di uomini e ragazzi, una gran massa di operai, circa 1.500.000 nel 1944, molti dei quali prigionieri di Guerra, e detenuti nei lager. In Italia ebbe un ruolo importante nella costruzione della linea di difesa lungo l'Appennino per la Wermacht.
2. Proclama Alexander: il 13 novembre 1944 il generale americano Harold Alexander emana un proclama con cui chiede ai partigiani di cessare ogni attività e operazione di guerriglia. Inizia un difficile inverno per i partigiani che si vedono abbandonati dagli Alleati: anche cessando le azioni dove possono andare? Si continua come si può l'attività di Resistenza.
3. YMCA, Young Men's Christian Association (Associazione Cristiana dei Giovani), è un'organizzazione cristiana ecumenica, rivolta ai giovani, fondata a Londra nel 1844 da George Williams e da amici cristiano evangelici.

Giorgio Buridan e gli addetti Stampa della Div."Valtoce"

Edgardo Sogno, la mitica Primula bianca

Mi è difficile scrivere di un personaggio che, per alcuni aspetti ammiro molto e per altri mi suscita disprezzo.

... AUTOCENSURA ...

Ma veniamo ai fatti: il Conte Edgardo Sogno Rata del Vallino, nasce a Torino nel 1915[(1)]. Conseguita la maturità nel 1933, è allievo ufficiale a Pinerolo e poi sottotenente nel "Nizza Cavalleria". Me lo immagino bello, nobile, con la divisa aristocratica del "Nizza", corteggiato dalle ragazze "bene" torinesi, donnaiolo per quel tanto che basta ma poi studioso e attento al futuro.

Laureatosi in legge e, dopo aver vinto un Concorso in Diplomazia, nell'agosto 1938 partecipa alla guerra di Spagna, naturalmente con i franchisti, poi ritorna e consegue rapidamente due altre lauree.

Lascia la sua amata Torino e si trasferisce a Roma dove frequenta i milieux liberali vicini a Croce e poi, nel 1940, entra al Ministero degli Esteri.

È indubbio che la sua adesione al fascismo è di carattere conformista, altrimenti come spiegare le amicizie con Croce, Carandini e altri, perfino con Giaime Pintor?

Ma il suo revirement [voltafaccia] politico avviene intorno al 1942. Dopo aver fatto domanda per partire volontario per il fronte russo, Sogno viene assegnato alle forze di occupazione in Francia. È qui che, probabilmente, a seguito di amicizie o incontri determinanti, matura in lui un aperto antifascismo. Con la Resistenza, il desiderio di azione si precisa: all'inizio è rappresentante del Partito Liberale nel CLN (Comitato di Liberazione Nazionale), poi organizza, partendo dal nulla, una perfetta rete di informazione e di collegamento clandestino.

L'Organizzazione Franchi, più nota come "La Franchi", nasce a Torino nel marzo 1944, dopo l'arresto di quasi tutti i componenti del Comitato Militare piemontese diretto dal Generale Perotti[(2)]. I pochi superstiti, sfuggiti alla condanna e alla fucilazione – e Sogno è tra questi – si uniscono per organizzare su vasta scala un'attività d'informazione e di direzione degli aviolanci per mezzo di radio ricetrasmittenti clandestine. Il progetto viene concretizzato dopo un espatrio di Sogno in Svizzera e la sua amicizia con John McCaffery, rappresentante inglese a Berna della SPECIAL FORCE.

Parallelamente alla Franchi, era sorto a Milano un Gruppo: "Pagni", dal nome di battaglia del Dottor Enzo Boeri[(3)] che, all'arrivo degli Alleati, dopo un breve corso di paracadutismo, viene lanciato nella zona del Mottarone, sopra il Lago Maggiore[(4)]. Boeri/Pagni si trasferisce a Milano e dirige il Gruppo (di cui facevo parte come Capo Radio della stazione Salem in contatto con gli americani).

Il "Pagni" raggruppa e dirige tutte le Radio Clandestine dell'OSS (il Servizio Segreto Americano *Observation Strategic Service).*

Un grande aiuto alla Franchi è dato dalle trasmissioni di Radio Londra con i "messaggi speciali", Servizio che – peraltro – viene esteso da Sogno anche al nostro Gruppo dell'OSS di Boeri.

Il problema più difficile, agendo in modo clandestino e illegale, era di mantenere costanti rapporti con molti agenti che dovevano fornire informazioni al Centro, messaggi che poi venivano cifrati e radiotrasmessi in morse ai rispettivi Comandi: a Monopoli per la Franchi e a Brindisi per "Pagni".

Tra il Gruppo di Sogno e quello di Boeri non esistevano contrasti, anche se i due divergevano profondamente per tendenze politiche: Sogno rappresentava la vecchia Torino aristocratica e monarchica, mentre Boeri era uomo di sinistra del Partito d'Azione.

Una sola interferenza vi fu – per quanto mi risulta – per un'accusa a Sogno di privilegiare, presso Radio Londra, la trasmissione dei "Messaggi Speciali" diretti alla Franchi, ma per la verità gli Inglesi della Special Force si dimostrarono sempre corretti.

La concezione di entrambi i Gruppi era quella di un collegamento con gli Alleati e di organizzazione degli aviolanci.

... AUTOCENSURA ...

Non conoscevo Edgardo Sogno che, invece, era amico di mio padre, appartenendo tutti e due allo stesso Circolo torinese.
Nel Gruppo "Pagni" avevamo frequenti collegamenti e scambi con la Franchi.

... AUTOCENSURA ...

Questa rete, che partiva da Londra, da Brindisi, da Berna passava, in pratica, al di sopra delle nostre teste. Per esempio: Sogno era a conoscenza della situazione dei Comandi Alleati durante la nostra occupazione partigiana della Val d'Ossola? Lo ignoro. Ma poi, nel suo libro *Guerra senza bandiera*, Sogno scrive:
La battaglia dell'Ossola ebbe luogo nella prima metà di settembre 1944 e fu originata dalla decisione del Comando neo fascista di eliminare il territorio libero creato dai partigiani nella Valle. Impegnate in una dura resistenza, le Formazioni attendevano di essere rifornite e appoggiate dall'Aviazione Alleata. Invece, nessuna operazione di rifornimento e di appoggio venne effettuata. Si gridò al tradimento.
In realtà la battaglia dell'Ossola aveva disgraziatamente coinciso con la battaglia di Varsavia. Quando le avanguardie russe giunsero nei pressi di Varsavia, il Comando delle Forze Clandestine polacche diede il segnale dell'insurrezione contro i tedeschi che ancora occupavano la città. Ma, invece di avanzare, i russi si fermarono mentre si attuò a Varsavia un massacro senza precedenti.
Gli Alleati giudicarono assai severamente il comportamento dei russi e Churchill diede personalmente l'ordine che tutte le forze disponibili del Corpo per le Operazioni Speciali (SPECIAL FORCE) fossero impiegate per rifornire i polacchi che resistevano eroicamente nella città. Dai campi d'involo dell'Italia Meridionale e da quelli dell'Inghilterra, partirono numerosi apparecchi per effettuare lanci in Polonia. Ventidue di questi, tutti con equipaggio specializzato e difficilmente sostituibile, andarono perduti. Questa fu la ragione per cui i partigiani italiani dell'Ossola non poterono avere gli aiuti che attendevano[5].

* * *

Che tra i due Gruppi “Franchi” e “Pagni” ci fosse un certo antagonismo è normale anche se, da parte di Enzo Boeri si cercava di agire al di là dei presupposti politici (monarchico e repubblicano).

... AUTOCENSURA ...

Il comportamento personale di Sogno era di una temerarietà che sfiorava l’incoscienza: le sue avventure fornirebbero materiale per almeno una decina di film di spionaggio: espatri in Svizzera in condizioni quasi assurde; passaggi delle linee per contatti nel Sud Italia; tentativi quasi al limite del suicidio come quello, fallito, per tentare di liberare Ferruccio Parri detenuto a San Vittore.

Il tentativo era pazzesco: si trattava di penetrare, in divisa di Guardia Repubblicana e della Wehrmacht, dal tetto entrando in una delle soffitte abitate dalle addette alla pulizia del carcere. Poi di scendere sino al corridoio dove si trovava la cella di Parri sparando all’impazzata per eliminare le guardie. Quindi, con il prigioniero, risalire sui tetti e fuggire. Venuto per i soliti misteriosi canali carcerari a conoscenza del progetto di Sogno, Parri lo scongiurò di non tentare anche perché, durante gli interrogatori, si era precisata la sua posizione di Capo della Resistenza e quindi, da parte delle S/S, non vi era intenzione di ucciderlo considerandolo prezioso ostaggio. Tuttavia, la folle operazione venne attuata e, ovviamente, fallì. I tre temerari, Sogno, Poita e Turrina, vennero catturati dopo una sparatoria in cui una S/S venne uccisa furono picchiati duramente e carcerati.

* * *

Il valore di Edgardo Sogno è fuori discussione, ma quanto in lui stupisce è la concezione del mondo che è quella di un aristocratico piemontese, fedele suddito della monarchia, legato ai privilegi di casta, d’indiscutibile onestà, contrario a qualsiasi idea di Progresso. Di qui, il suo pervicace anticomunismo che non è neppure quello antonimico di un Don Camillo, e nemmeno un anticomunismo "scientifico", cioè convinto dell'inapplicabilità del totalitarismo statalista. Quello di Sogno è invece – tout simplement – rifiuto a una forma sociale diversa da una concezione liberal-conservatrice. In fondo, mutatis mutandis, il brillante tenentino del "Nizza Cavalleria" è rimasto qual era: coraggioso sino alla incoscienza, ma incapace di concepire un mondo diverso dalle idee di Massimo d'Azeglio. Un tipico torinese, chiuso a riccio nella sua dignità nobiliare, socio del Circolo del Whist[(6)], forse il più "esclusivo" d'Italia, che frequenta pochi amici titolati e snob, e che non può concepire un mondo traslato da quelle regole eterne. In fondo, non molto diverso da mio padre, vecchio nobiluomo torinese, anche lui frequentatore del Whist ma più duttile e – relativamente parlando – "sociale".

* * *

Ma ritorniamo alla mia "memoria".

I mesi passavano in Svizzera come internato militare e Comandante del Campo di Internati partigiani di Thöringen, nel Cantone di Berna. E questo soggiorno mi stava diventando pesante: volevo rientrare in Italia per partecipare a quella che supponevo essere l'ultima fase della guerra. Tuttavia il rientro in montagna era impossibile per la neve. Così, verso fine febbraio, decisi di scappare e portarmi in Canton Ticino dove aspettare il momento adatto per il rientro[(7)].

La mia avventura di transfugo clandestino era cominciata in treno, da Berna a Locarno, con il rischio di essere fermato dalla Polizei. Rischio – somme toute – relativo, a fronte dei pericoli che avevo vissuti: al peggio, sei mesi di Carcere Militare a Burgdorf. Certo, la prigione, ma – dalla testimonianza di uno dei nostri che vi aveva scontato tre mesi, non poi così terribile. Il trattamento era rigoroso ma "svizzero": possibilità di scrivere, leggere, discreta biblioteca, celle comode, frequenti riunioni con concerti di musica da camera, vitto buono e sano, trattamento dei secondini severo ma molto civile.

Invece il mio transito dalla Svizzera Interna al Canton Ticino era andato benissimo grazie alla mia astuzia di leggere un giornale francese

(*La Gazette de Lausanne*) e di leggerlo al momento del passaggio della Polizei che mi aveva scambiato per un vallese o un vaudese. A Locarno, precisamente a Muralto, un compagno mi aveva dato l'indirizzo di un piccolo ristorante gestito in proprio da una signora, di sentimenti filo-italiani, che già aveva ospitato un "clandestino" in cambio di lavoro gratuito.

Così avevo ottenuto vitto e alloggio, a patto di svolgere il lavoro di sguattero. Trattandosi di un ristorante, il mio compito era di lavare, con liscivia e acqua calda, pentoloni e padelle, mentre ai piatti e bicchieri ci pensava la padrona. Ovviamente, le macchine lavastoviglie erano ancora nel mondo dei sogni. Il lavoro era stato all'inizio nauseante e per due giorni avevo vomitato, poi mi ero abituato e non era male. Per niente faticoso, con due ore al mattino e poco più alla sera (il menù serale era più elaborato) mi sbrigavo e mi restavano molte ore libere per leggere e scrivere, a parte qualche aiuto – che poi si risolveva in chiacchierate con la padrona simpatica, aiutandola a pelare patate e pulire verdura. Quanto al vitto, essendo un ristorante, non vi era che la scelta il che, in tempi duri e di tesseramento, non era male. Anche le distrazioni non mi mancavano perché vicino, a Brissago, vi era la Manifattura Tabacchi con molte graziose ragazze ticinesi che vi lavoravano come operaie, desiderose di amoreggiare con un partigiano italiano.

Ma, purtroppo, non era possibile pensare alla fuga: notizie da contrabbandieri segnalavano che, sulla cima del Monte Limidario, a duemila metri, c'era ancora più di un metro di neve, ed era quella la via più sicura per rimpatriare.

Così, la mia professione di sguattero continuava, coccolato da tante ragazzine che, lavorando all'Azienda Tabacchi, non mi facevano certo mancare le sigarette.

Siccome avevo tempo libero, nelle ore intermedie mi ero messo a scrivere degli articoli sulla "Repubblica dell'Ossola" che speravo di vendere a qualche giornale, firmandoli con altro nome. Così infatti era stato e uno dei maggiori quotidiani svizzeri, il *Der Bund* di Berna, aveva pubblicato il mio pezzo pagandolo generosamente. L'articolo era stato notato dalla Signora Boeri (madre di Enzo e Renato) che era

rifugiata a Lausanne con il marito, ex deputato e noto antifascista, uno dei dirigenti del Partito d'Azione.
Così la signora Boeri si era informata al *Der Bund* e mi aveva rintracciato invitandomi a raggiungerla a Tesserete, non molto lontano da Locarno, a casa di un altro rifugiato, il bravissimo Filippo Sacchi[(8)] del *Corriere della Sera* che ci aveva invitato a colazione.

* * *

Il viaggio era stato tranquillo: in Canton Ticino la sorveglianza della Polizia era scarsa. Sacchi abitava in un piccolissimo appartamento riscaldato da una stufa a legna che gli serviva anche da cucina. Si preparava lui stesso i cibi perché erano tempi duri con pochissimi soldi. Quel giorno, per farci festa, aveva preparato un risotto e delle polpette di carne tritata e aromi.
Sacchi era un uomo simpatico, spiritoso, buon conversatore e pieno di aneddoti divertenti.
Mentre stavamo finendo di mangiare le famose polpette "alla Sacchi", era arrivato un nuovo ospite, Edgardo Sogno, espatriato ancora una volta a Lugano per contatti con gli Inglesi.
"Tu... tu sei figlio di Paolo!". Diavolo di un uomo, mi aveva subito riconosciuto.
Così si parlò di Torino e di molti amici e conoscenti dei miei, quasi tutti della nobiltà o del Circolo del Whist. Era una parentesi di pace. S'informò perché mi trovassi a Locarno. Spiegai che stavo per rimpatriare attraverso il Monte Limidario, una via che Sogno aveva percorso una volta: "Certo, è sicuro ma molto faticoso. Preferisco il rischio di passare *la rete*".
Sogno mi confermò l'opinione che mi ero fatta di lui. Uomo colto, molto diplomatico, esperto organizzatore, ma poi con le caratteristiche tipiche dell'aristocratico torinese snob e reazionario. Tentava di resistere all'irruenza della Signora Boeri che, da una posizione di Partito d'Azione, l'accusava di liberalismo superato e retrogrado. Poi il discorso, grazie alla diplomazia di Filippo Sacchi, si spostò sulla guerra e sulla sfortunata repubblica dell'Ossola.

"Ma possibile – mi disse – che Enzo (Boeri) non immaginasse che gli Alleati non sarebbero intervenuti per aiutarvi?".
Poi si parlò delle Radio clandestine (sapeva che ero stato Capo Radio della Salem): "Bravo, hai fatto un ottimo lavoro, ma con molta fortuna, però".
Risposi che, oltre la fortuna, eravamo stati molto accorti alle rilevazioni in avvicinamento del radiogoniometro mobile tedesco, anche se nel controllo eravamo stati aiutati da parecchi informatori.
Poi Sacchi ci raccontò della sua vita al *Corriere*, l'amicizia con Guido Piovene e Dino Buzzati, i viaggi per il mondo come inviato speciale e il desiderio di riprendere presto la sua attività di giornalista. Bevemmo del kirsch prima di lasciarci e Sacchi raccomandò a Sogno la prudenza. Sogno sorrise un po' triste: "Non farti illusioni, Filippo, e prepara un bel necrologio per il *Corriere*: un giorno o l'altro mi beccano e magari non ci saranno più gli Inglesi a togliermi dai guai".
Non era una frase di maniera ma un convincimento. Ne aveva passate troppe e sapeva che, sulla distanza, è impossibile scamparla. Ma lo disse in modo molto sincero e simpatico, col più perfetto fair-play e con senso pragmatico tipicamente torinese.

* * *

Ritrovai Sogno dopo il mio faticoso rientro: era di passaggio nella zona del Lago Maggiore e ci incontrammo per caso a Dagnente, un paesino sopra Arona, scherzando perché a Dagnente c'è la tomba di quel matto duellatore che era stato Felice Cavallotti. Commentò, ironico: "Sì, Cavallotti era un mediocre politico di opposizione ma, in compenso, un bravo sciabolatore. Politicamente, un gran figlio di buona donna e poi non aveva stile!
Gli dissi che eravamo quasi sul punto di marciare su Milano e lui fece molti elogi alla "Valtoce" per aver salvato le grandi Centrali Elettriche della Val Formazza. Così ci lasciammo.

* * *

Appresi qualche anno dopo il conferimento della medaglia d'oro al valor militare che aveva davvero meritata. Lo immaginai nuovamente "Conte Sogno", sempre più reazionario e snob.
Nel 1945/46 fondò e diresse il milanese *Corriere lombardo* che si distinse per l'anticomunismo. Nel referendum istituzionale, appoggiò la monarchia e finì per presentare ricorsi alla Cassazione contro l'esito del voto e per le troppe schede contestate e annullate (il che era vero). Poi, ancora la carriera diplomatica: Buenos Aires, Parigi, Londra. Ma nel 1956 il vecchio spirito combattivo di Sogno riemerge ed eccolo in Ungheria a combattere contro l'invasione sovietica.
Nel 1971 fonda i Comitati di Resistenza Democratica anticomunista e, nel 1976 viene arrestato insieme a Randolfo Pacciardi[9] per cospirazione politica. Assolto nel 1978 continua la sua opera anticomunista con varie riviste e con il Centro di Studi Strategici Manlio Brosio.
Ormai l'eroica figura di Sogno, eroe della Resistenza, si va offuscando. Sempre più si trova vicino ai movimenti neofascisti anche se si distingue per il suo aristocratico distacco. Infine, nelle ultime elezioni del 1996, si schiera apertamente con il Polo per le Libertà.

* * *

Squallido tramonto dai tempi gloriosi della sua "Franchi"! Di qui il mio disagio a parlare di Edgardo Sogno, questa mitica "Primula bianca" che vorrei soltanto ricordare come uomo della Resistenza: "Sic transit...".

NOTA: Abbiamo lasciato dei puntini di "Autocensura", così come in una prima stesura dell'Autore, che scriveva: *In un solo caso mi sono autocensurato, non per prudenza ma per correttezza: sapevo cose molto gravi su un personaggio ma non ne avevo prove.*

NOTE AL CAPITOLO *EDGARDO SOGNO, LA MITICA PRIMULA BIANCA*

1. Edgardo Sogno (Torino 1915-2000). L'Autore ha già scritto molto sul personaggio Sogno, da lui conosciuto. Tre lauree. Volontario nella guerra d'Etiopia e nelle truppe fasciste in Spagna nel 1939. Tenente del Nizza Cavalleria, dopo l'8 settembre, si reca a Brindisi, ed è nello Stato maggiore del Governo Badoglio. Entra nel SOE inglese (Special Operation Executive) . Paracadutato nel Biellese si collega con le organizzazioni clandestine del Piemonte, in Liguria e a Milano. Costituisce la "Organizzazione Franchi", con il proprio nome di battaglia. Sogno è nella delegazione del CLN Alta Italia che, nell'inverno del '44, si reca al Sud per incontri con il governo italiano e i comandi alleati. Nel gennaio 1945, mentre tenta la liberazione di Ferruccio Parri catturato a Milano, viene arrestato, portato nel lager di transito Bolzano, da cui è liberato a fine guerra. Firma un ricorso in Cassazione contro i risultati del referendum che abolisce la monarchia. Diplomatico. Nel 1953 fonda e dirige il movimento anticomunista "Pace e Libertà". Ambasciatore. Politico nel Partito liberale. Egli stesso poco prima di morire, lui eroe della Resistenza, dichiarò che nell'agosto del 1974 l'Italia rischiò il colpo di Stato, in quello che si chiamò il "Golpe bianco", dalle cui accuse era stato prosciolto.
2. Giuseppe Perotti (Torino 1895-1944). Come sottotenente del genio, partecipò in zona di guerra nella prima guerra mondiale. Decorato con medaglia di bronzo e promosso capitano. Dopo la guerra fu istruttore all'Accademia di Torino e conseguì la laurea in ingegneria civile al Politecnico. Maggiore poi tenente colonnello, partecipò nel 1935 alla campagna d'Africa; dal 1938 fu al comando del Reggimento ferrovieri e nel 1942, promosso generale di brigata. Dopo l'armistizio dell'8 settembre 1943 entrò nella Resistenza. Ebbe nel Comitato militare di liberazione regionale piemontese, il compito di coordinamento della lotta partigiana. Il 31 marzo 1944 fu arrestato nel Duomo di Torino insieme ad altri componenti del Comitato; processato, venne fucilato la mattina del 5 aprile al Poligono del Martinetto. Medaglia d'oro al valor militare.
3. Vedi anche le note 2 e 3 al capitolo "Via Marcia su Roma n. 6", p. 143.
4. Enzo Boeri, dopo essere stato paracadutato sul Mottarone il 17 marzo 1944, dopo un primo periodo di sistemazione della Radio ricetrasmittente della Missione Salem in una casa di famiglia a Stresa, si spostò a Milano. La radio verrà portata al Mottarone, e ogni giorno staffette portavano messaggi tra la Radio e il comando CLN a Milano, e costante era il rapporto con il Comando americano del Mediterraneo. A proteggere la radio, vi erano due brigate della Valtoce, la Stefanoni e la Abrami. Vedi la nota 3 al capitolo "Via Marcia su Roma n. 6", p. 143.

5. Il territorio dell'Ossola liberato il 10 settembre1944 aveva instaurato un Governo provvisorio, quello che si usa chiamare la Repubblica dell'Ossola, con ogni partito rappresentato. Le promesse dell'aiuto alleato si rivelarono deluse, in gran parte per gli eventi che videro gli alleati occupati altrove, il 7 ottobre iniziava l'attacco nazifascista, il 14 ottobre i fascisti rioccuparono Domodossola, mentre continuavano i combattimenti nelle vallate, ma il rapporto di forze a vantaggio del nemico, costrinse i partigiani a lottare fino ad essere costretti ad espatriare, con la stessa Giunta di Governo, in Svizzera la notte del 23 ottobre.
6. Circolo o Società del Whist, circolo privato, ritrovo esclusivo di liberali-moderati, fondato da Camillo Benso di Cavour, che si ispirò a certi circoli londinesi di gentiluomini. Nato per l'alta aristocrazia torinese, accolse poi professionisti, magistrati, rappresentanti di una alta borghesia. Vi si giocava a scacchi e a carte. Nel 1947 si fuse con l'Accademia filarmonica di Torino.
7. Stanco dello stato di internato, desideroso di riprendere la lotta, il 19 febbraio 1945 Giorgio Buridan fugge dal campo di Thöringen, Canton Berna, per raggiungere il Ticino, dove ha contatti con il Consolato Americano a Lugano, e attende che in montagna cali la neve. Il 29 marzo si incammina verso il confine. La faticosa camminata fino al passo del Limidario, e la ridiscesa, sono narrati nel diario *In cielo c'è sempre una stella per me*. Il 4 aprile giunge in vista dell'Italia. Oltrepassa diversi paesi fino a partecipare alle ultime lotte per la liberazione.
8. Filippo Sacchi (Vicenza 1887 - Pietrasanta 1971), studiò Lettere a Padova. Giornalista, scrittore e critico cinematografico, dal 1914 corrispondente dalla Svizzera e da numerosi altri Paesi. Antifascista, dopo la caduta del fascismo il 25 luglio 1943, diresse per breve tempo il *Corriere della Sera,* per poi rifugiarsi il 17 settembre 1943 a Locarno, dove rimase fino al rimpatrio al 27 aprile 1945. Durante l'esilio tenne un diario, divenuto preziosa testimonianza dell'ambiente dei fuorusciti nel Ticino, *Diario 1943-1944. Un fuoruscito a Locarno.*
9. Randolfo Pacciardi (Giuncarico di Gavorrano (Grosseto) 1899 - Roma 1991), politico repubblicano, giornalista e avvocato. Tra i fondatori nella Capitale del movimento antifascista "Italia Libera". Condannato a cinque anni di confino, fu esule in Austria, in Svizzera e in Francia e nominato segretario del PRI. Nel 1936, in Spagna organizzò il Battaglione Garibaldi, che divenne Brigata Internazionale. Con la caduta della Repubblica democratica riparò in Francia, e in altri paesi, rientrando in Italia, nel 1944, dove nel 1945 divenne segretario del PRI. Nel 1946 fu eletto alla Costituente. Dal 1948 al 1953, ministro della Difesa. Per le sue posizioni sempre più di destra, fu espulso dal PRI nel 1963. Accusato di aver partecipato al tentativo di colpo di stato ideato da Edgardo Sogno nel 1974. Anni dopo chiederà e otterrà di essere riammesso nel Partito repubblicano.

Il Maggiore Charles Plowman Murchie

Una Rolls Royce dal deserto

Una delle persone più affascinanti che ho conosciuto è stato il Maggiore inglese X.Y.Z.
Non so se quest'uomo straordinario sia ancora in vita, oggi dovrebbe avere sui novantanove anni, ma – fedele alla parola d'onore data – non citerò il suo nome, riservandomi di farlo, se sarò ancora vivo nel Duemila [ricordiamo che Buridan, trascrive questa sua memoria nel 1998, e noi sveliamo il vero nome del Maggiore in nota][1].
La mia conoscenza risale ai giorni caldi dell'aprile 1945, quando ero il Commissario Politico della Divisione Partigiana "Valtoce" che operava in Val d'Ossola e nella zona del Lago Maggiore.

Questo non vuol essere un racconto, ma soltanto un tentativo di rievocare, attraverso pochi appunti, la figura di X.Y.Z. ufficiale straordinario e intellettuale di molta cultura.

* * *

22 aprile 1945
La colonna tedesca, al comando del colonnello Stamm, stava ripiegando dalle valli dell'Ossola verso Milano[2].
Dalle alture della collina di Solcio, sul Lago Maggiore, la vedevamo sfilare sulla strada a circa duecento metri di distanza. In testa, un carro armato Tigre, seguito da una trentina di autocarri. A metà colonna e in coda altri due Tigre di copertura.
Il nostro compito di partigiani era finito con successo. Avevamo salvato dalla distruzione le grandi centrali elettriche della Val Formazza che alimentavano, oltre alla zona industriale della bassa Ossola, tutti i paesi del Cusio e del Verbano fino a Novara.

Se i tedeschi in rotta le avessero fatte saltare, come avevano previsto, data la mancanza di macchinari (alternatori, trasformatori, etc.) per almeno sei mesi l'intera provincia sarebbe rimasta paralizzata.
Insieme ad altre formazioni noi della "Valtoce" avevamo fatto un buon lavoro: oltre al difficile salvataggio delle Centrali, avevamo difeso i ponti sul fiume Toce, la statale del Sempione e la ferrovia, importanti collegamenti con la Svizzera e sicuri obbiettivi dei tedeschi, e finalmente ci eravamo attestati sul Lago Maggiore.
Provvido sganciamento perché ormai erano esaurite le munizioni delle due mitragliere da 20 m/m e i proiettili dei due anticarro. Ci restavano, per una difesa passiva, pochi nastri delle mitragliatrici 12/7 e qualche nastro dei fucili mitragliatori Hotckiss. Per il resto, armi individuali.
L'ordine del nostro Comandante Alberto (Eugenio Cefis) era dunque di stare nascosti e di controllare la ritirata della colonna Stamm lungo la statale del Sempione. Così quel pomeriggio del 22 aprile, una giornata di sole, mi trovavo al riparo di un muretto in pietra sulla strada della collina e seguivo con un binocolo la rotta della famigerata "Colonna infame"[3].
Da chi fosse partita l'idea balorda di molestare i tedeschi non si saprà mai. Sta di fatto che una nostra 12/7 aveva sgranato una lunga raffica contro il Tigre di testa (del tutto inutile data la blindatura del mezzo corazzato) e subito la colonna si era fermata e i tre carri avevano spostato la mira verso la collina.
I tedeschi dovevano avere una discreta riserva di munizioni perché, dalle tre torrette dei Tigre, erano partiti molti colpi, sparati un po' di fretta ma diretti verso la strada dove ci eravamo appostati.
Brutto affare. Un momento prima stavo polemizzando con un amico socialista circa le divergenze del Partito d'Azione di cui ero Commissario, e tutto pareva placido e tranquillo.
Poi, in basso, il primo colpo: l'amico schizza via come un diavolo e io resto lì, indeciso, finché arriva un altro colpo vicino che sgretola il muretto in pietra.
Così non mi fidavo ad attraversare la strada e provavo una strana angoscia che mi paralizzava. Strana perché, da tempo, avevo superato il senso di paura, ma era stato sempre in battaglia, difendendomi con

un'arma, ma adesso che potevo fare con un mitra che aveva una portata di tiro di cinquanta o sessanta metri?
Stavo dunque acquattato ad aspettare, facendo voti che il tiratore germanico alzasse o abbassasse il tiro.
Improvvisamente, oltre a una mezza curva, vidi spuntare la testa di uno sconosciuto che gridò:
"It's dangerous! Come here!".
Eseguii strisciando e, quando raggiunsi il riparo e mi alzai, mi trovai davanti un ufficiale inglese in divisa. Come fosse capitato lì e per quale motivo, era un mistero.
La sua espressione mi stupì: sorrideva gentile come mi avesse incontrato in un Club londinese e pareva incuriosito del grado che portavo sulla divisa. Si presentò molto correttamente: "Major X.Y.Z.". Allora, a mia volta, mi presentai: "Commissario di Divisione Giorgio".
Accennò di aver capito e premuroso esordì:
"Do you speak english?".
Risposi di no con un *sorry* – e aggiunsi – "But I speak french".
"Thats right" – disse, e poi mi chiese in francese chi fosse quel matto che aveva cominciato a sparare contro la colonna.
"J'en ai aucune idée" – dissi.
"Bah, ça arrive: il y a toujours des fous".
"Hélas!".
Sorrise ancora, come ci trovassimo ora al Derby di Epsom. Aveva uno strano modo di sorridere, staccato, ironico, elegante: pareva che tutta la vicenda fosse stata architettata per divertirlo e divertirci.
"Cigarette?".
"Volontiers".
Era da troppo tempo che fumavo tutti vegetali possibili e la Navy-Cut mi parve una delizia indicibile.
"Il fait bon aujourd'hui" – commentò – e me lo vidi camminare a lunghi passi per la campagna inglese.
"Dommage que la guerre ne soit pas encore à sa fin".
"Nous y sommes presque" – dissi – voici les derniers coups de queue de la Wermacht".
"Vous y croyez vraiment?".

"En tout cas, je l'éspère".
Dal basso della strada qualcuno gridò:
"Commissario! Un ferito!".
"Pas de chance" – commentò il Maggiore.
"I'm sorry, mais je dois vous quitter".
Un cenno reciproco senza nemmeno il tempo di chiedergli come era arrivato lì.
Dopo aver fatto saltare alcuni tratti del muretto in sassi, i tedeschi si convinsero che non ci sarebbe stata altra resistenza e la colonna si mosse lentamente e sparì oltre a una curva alla nostra vista.
Ma l'incontro mi era rimasto in mente per la singolare personalità del Maggiore.

* * *

23 aprile 1945
Proveniente da Novara, che i tedeschi avevano lasciato, una parte di una brigata inglese era arrivata al Lago Maggiore. Le solite scene poco dignitose con sventolamenti, evviva ai liberatori e cose del genere.
A un tavolo sulla terrazza al lago dell'Hotel Milano di Belgirate, requisito dalla Brigata come Headquarters, avevo ritrovato il mio Maggiore, sorridente e gentile, che mi aveva invitato a pranzo, fatto davvero graditissimo perché, in quei giorni, il salto parziale dei pasti era cosa abituale.
Così eravamo a tavola tete-à-tete davanti a un tramonto lacustre di buon effetto. Sì era cominciato con un drink, abilmente shakerato da un'ordinanza, con gin, ghiaccio e un subcon di Martini. Perfetto. Mi pareva di vivere in un altro mondo, un assurdo sogno di pace, lontano da pericoli, fame e disagi.
E adesso si stava parlando, in modo mondano, della probabile fine della guerra:
"It's a long way to Tipperary!" – dissi.
Sorrise. Rispose che, tuttavia, Tipperary si trovava in Irlanda e lui non amava affatto gli irlandesi, eccetto che per l'Irish Whiskey, ma che certo, la strada per arrivare a Piccadilly o a Trafalgar Square era davvero estenuante.

Gli dissi che anch'io non ne potevo più, dato che non avevo il temperamento del combattente e, insomma, se mi trovavo nella Resistenza era perché ritenevo il nazismo una barbarie e la Repubblica Sociale una macabra farsa.
Sorrise pacato: "Well – disse – Ne vous en faites pas: nous sommes en train d'ècrire un chapitre d'histoire contemporaine".
Dissi che ne avevo abbastanza dei capitoli di storia, dato che noi, vecchi europei, dal tempo di Atene a oggi ne avevamo scritti anche troppi.
Accese pensosamente una sigaretta: "Je m'en doutais – disse – vous êtes trop jeune pour gouter les appats de l'histoire et trop italien pour y croire".
"Curioso", pensai: il Maggiore si esprimeva in un francese quasi letterario, aulico, seppure con forte accento inglese. Lo osservai: era sui quaranta/quarantacinque anni, carriera brillante, modo di fare decisamente aristocratico. Quello lì, mi dissi, dev'essere "qualcuno". Mi colpiva la sua raffinatezza nel modulare la voce, come un attore, ma in maniera per niente ostentata: tutta una gamma di tonalità dall'ironico al descrittivo, al perentorio, al favolistico.
Piccolo di statura chissà perché? – pareva più alto. Non portava affatto i classici baffetti all'inglese e vestiva in maniera discreta e educata. Insomma: chi diavolo poteva essere quel misterioso Maggiore?
Il pranzo andava avanti con le razioni dell'Esercito britannico. Non che il cibo fosse particolarmente buono, ma la fame arretrata me lo faceva apprezzare.
"Ah, la guerre! – disse il Maggiore versandosi una lattina di birra gelata – quel grand chahut inutile!".
Mi pareva impossibile che un ufficiale, un Maggiore, parlasse così. Allora gli chiesi se era di carriera.
"Mais non, voyons!" – rise, ironico e non disse altro.
Lo osservavo con interesse: indossava un'uniforme nemmeno troppo nuova (i polsi della giacca parevano consumati), ma anche così aveva l'aspetto del Grand Seigneur capitato sul Lago Maggiore per una gradevole vacanza.
Trascorse qualche attimo di silenzio imbarazzante. Allora, sempre sor-

ridendo, disse che nella vita civile si dilettava di arte e che, tra l'altro, era un collezionista "en amateur" di tele italiane dell'Ottocento.
Passammo in rassegna i macchiaioli, i paesaggi di Segantini [Giovanni], le luci di Cremona [Tranquillo], i possibili rapporti tra Lega [Silvestro] e gli altri con gli impressionisti ed i pointillistes.
La conversazione andava avanti con reciproca simpatia e, in quei momenti la guerra era lontana e il lago, sfiorato da brezze montive, contrappuntava i discorsi con lieve rumore della risacca.
Calò una notte di stelle, arrivò una bottiglia di scotch e, per la stanchezza accumulata in quei giorni, mi saltò addosso un gradevole torpore.
Erano forse le dieci quando entrò concitato un partigiano: "Commissario! C'è il cadavere di un borghese a pochi metri di qui sulla riva del Lago!".
Il Maggiore capì anche se non parlava italiano. Prese un'aria sorniona e disse che ci teneva a sapere com'erano andate le cose. Un tono quasi perentorio:
"Tachez de vous renseigner et dites-moi quelque chose".
Cos'era? Un ordine? Un invito? Forse per il fatto che la brigata inglese era di stanza nella zona?
"À tout à l'heure, Commissaire".
"A plus tard. Et merci pour le diner".

* * *

Il cadavere, steso tra i sassi della riva, pareva un mucchio di stracci.
Intorno, con lampade a pile, due della Formazione:
"Un repubblichino di Meina – disse uno – una spia. Ha denunciato ai tedeschi due renitenti che sono stati mandati in Germania".
"Chi l'ha ucciso?" – chiesi.
Il partigiano alzò le spalle: "I nostri no" – disse laconico.
"Allora?".
"Una donna dice che ha sentito un colpo e poi ha visto tre partigiani con il fazzoletto rosso che scappavano".
Altra grana in vista.

"Portatelo via, – ordinai – in canonica. E avvertite il parroco. Che, se ci sono parenti, vengano subito avvisati".
La scena notturna aveva qualcosa di irreale, con le luci balenanti e *portate* come in certi quadri fiamminghi.
"Colpo alla nuca" – disse uno.
"Già. Esecuzione sommaria".
"Bah – disse l'altro – in fondo era una spia".
"Senti bene tu, – dissi – la Valtoce è una formazione militare. Certe cose da noi non si tollerano!".
In due presero il cadavere per le braccia e le gambe e lo trasportarono sulla Statale.
"Adesso ci facciamo dare un carretto".
"Sì, ma sbrigatevi. E niente storie in giro".

* * *

Quando arrivai sulla terrazza dell'Hotel Milano, la scena era cambiata.
C'erano parecchi ufficiali inglesi e un trio di militari – violino, saxophono e batteria – suonava a tutto spiano la canzone in voga "Rosamunda".
Atmosfera da euforia etilica e coro.
Mi avvicinai al tavolo del Maggiore che parlava con due ufficiali.
"Eh, bien?" – chiese.
Cercai di essere conciso perché temevo che qualcuno capisse il francese.
Mi avvicinai al Maggiore e sussurrai all'orecchio: "The reds".
Ancora l'aspetto duro e sornione (aveva una straordinaria facoltà di variare l'espressione):
"Un autre whisky?".
"Assez, merci. Je crains que cette nuit j'aurai encore de choses à faire".
"Dommage pour nôtre entretien artistique...".
"J'espère vous revoir demain, mon Major".
Sorrise. Nuovamente l'aspetto gioioso e fatuo da vacanza.
"Well. Permettez: demain matin, à huit heures exactes, je dois me rendre à Novara pour contacter mon Headquarters et votre Comité

de Liberation. Pouis-je vous prier d'avoir la complaissance de me servir d'interprète?".
Cos'era? Un invito? Un ordine? Chi comandava in zona? Che poteri aveva la Brigata inglese?
"Volontiers, mon Major. Pourvu que mon Commandant soit d'accord".
"Alors, J'y compte. À huit heures exactes".
"C'est fort possible – dissi – je vous souhaite une bonne nuit".

* * *

Incontrai il nostro Comandante[4] nel salone della villa di un industriale lombardo. Aveva l'aria esausta:
"Giornata balorda – disse – oggi quel coglione che, a momenti, ci tira addosso la Wermacht, stasera la storia di quel morto...".
"I garibaldini" – dissi.
"So tutto. Ma in questa zona ci siamo noi!".
"Ci eravamo, – dissi – adesso ci sono gli i inglesi".
"Già. Guarda un po' qui..." e mi tese un foglio. Era un messaggio "riservato" del Comitato militare lombardo. Si diceva che la nostra Formazione sarebbe rimasta in zona "in appoggio" alla Brigata inglese.
"Cioè?"– chiesi.
"Cioè un corno. Noi qui non ci restiamo e che gli inglesi si arrangino. Noi continuiamo la marcia verso Milano".
"Quando?".
"Appena possibile. Il tempo che le Brigate dell'Ossola e del Mottarone ci raggiungano".
"Il Maggiore X.Y.Z. mi ha chiesto se domani mattina posso accompagnarlo a Novara per fargli da interprete. Tu, che ne dici?".
"In che tono te l'ha chiesto?".
"Ambiguo. Come un favore ma anche perentorio".
"E tu vacci. La benzina, capisci? Se siamo formazione di appoggio, quelli lì dovranno pur mollarci benzina per i camion. Siamo a secco".
"D'accordo".
"Per quel morto, ci penso io. Sono stati i garibaldini di Moscatelli[5].

Ma se credono di venire qui a fare i giustizieri, si sbagliano. Domani blocco la zona e chi entra dovrà avere un mio lasciapassare".
Era proprio estenuato. Mi guardò con simpatia:
"Su con la vita, Commissario!".
"Ah, sono stanco".
"Anch'io. Beh, un giorno o l'altro ci riposeremo".
Alzai il pugno chiuso in saluto:
"Salùd, compañero! No pasaràn!" – dissi per farlo arrabbiare, dato che era un acceso anticomunista.

* * *

Alle otto meno cinque, sempre morto di sonno e di stanchezza, ero sul piazzale dell'Hotel Milano.
Il Maggiore aveva la faccia tirata, come se quella notte avesse dormito poco. Eppure, riuscì a sorridere come per la partenza per un picnic e a modulare una frase con quel suo francese scolastico:
"Trafalgar Square devra m'ettendre encore" – disse, riprendendo il discorso della sera prima.
"Londres vaut bien une guerre" – risposi.
Guardò l'orologio, un piattissimo Rolex in oro che contrastava con il polso della divisa consumato.
"Pas possible! Deux minutes de rétard!".
Con mia sorpresa, vidi arrivare una Rolls Royce, tutta lucida di vernice e nichelature.
"Enfin!" – disse il Maggiore.
Ero sbalordito. Mi aspettavo una jeep o, al massimo, una macchina militare. Ma da dove era sbucata la Rolls?
"Ah, oui, – disse – c'est mon car personel. J'y ai fait toute la campagne d'Afrique. Admirable voiture! Mais, je vous en prie...".
Salimmo. Non ero mai stato su una Rolls. L'autista si avviò veloce senza quasi si avvertisse il rumore del motore.
"Cigarettes?".
"Merci, mon Major".
Aprì un ripostiglio in radica e ne trasse due pacchetti di Navy-Cut:

"Permettez-moi: j'en ai une bonne provision".
La macchina scivolava silenziosa e veloce lungo la costiera del lago. Attraversando i paesi, la gente guardava sbalordita la Rolls con targa inglese: forse pensava che a bordo ci fosse addirittura Churchill.
Il Maggiore sorrise:
"C'est fou le temps que l'on gaspille en guerre! – disse – les chapitres de l'histoire sont plus essentiels".
"Que la vie est lente et l'espérance est violente" – citai.
"Aoh! Le pont Mirabeau: formidable!" – poi, cambiando di colpo espressione, duro, quasi violento:
"Mais qu'avez-vous le propos de faire?".
Finsi di non aver capito e risposi in un francese settecentesco:
"Plait-il?".
Allora sorrise per il gusto con cui lo avevo bloccato. Ma riprese, tenace:
"Peut-être, marcher vers Milan?".
Era teso e durissimo. Ma quel tono da "occupante" proprio non mi andava:
"Mon Major, vous me prenez pour mon Commandant. Mon role est celui du Commissaire".
Sorrise: "Ah, vous avez un véritable penchant pour la diplomatie".
Spense la sigaretta in un portacenere dorato. Iniziò un altro discorso come si fosse casualmente interrotto. Mi raccontò che aveva fatto arrivare la macchina da Londra per particolare concessione del Generale Wavel, e che l'autista era, tra l'altro, un bravo meccanico della Rolls.
"Voiture excellente, – aggiunse – non si è arresa nemmeno per la sabbia del deserto".
Dissi che mi pareva insolito di fare la guerra in Rolls e allora ammise che, se anche portava una divisa consumata, si sentiva poco militare.
La Rolls attraversava, silenziosa e molleggiata, una zona boscosa.
Mi chiese di che parte d'Italia fossi. Dissi che ero torinese e lui – subito – citò il Gruppo dei Sei. Lo resi felice dicendogli che ero amico di Paulucci ("le Marquis des Roncole" si affrettò a precisare) e che conoscevo Francesco Menzio.
"Et Casorati?".

"Je ne le connais pas, mais mon frère, qui est peintre, est un de ses elèves".
"Tiens! J'aimerais tant d'avoir une toile de Casorati".
"Ce n'est pas impossible! – dissi. – Si vous verrez à Turin, mon frère vous le faira connaitre".
La Rolls saliva adesso, rapida e silente, per dolci colline. Il Maggiore spense la sigaretta, meglio, la "stroncò" con un gesto quasi rabbioso. Faccia dura, determinata: pareva lottare con sé stesso per trattenersi, poi, con mimica brusca che non gli avevo mai vista, cominciò:
"Je ne me suis pas trompé: vous etes un jeune homme charmant".
"Merci".
"Je sais que ce que je vais vous dire est très risqué, mais je dois, vous comprenez? je dois absolument le faire!".
Lo guardai interrogativo.
"Donnez-moi votre parole d'honneur de ne révéler jamais à personne mon nom!".
"Vous l'avez, mon Major".
Sorrise gattesco poi, di colpo, riprese l'espressione dura. Improvvisamente cominciò a parlare in italiano: dapprima stentatamente, poi più veloce, come se ritrovasse nella memoria le parole:
"Caro amico, io non sono il Maggiore X.Y.Z. ma invece lord Z, ventesimo baronetto di °°°°°. Sono, e codesto è vero, inquadrato nell'Armata inglese ma non come ufficiale. Sono un agente dell'Intelligence Service. Prima della guerra ero in diplomazia a Parigi. Non sono nemmeno collezionista *en amateur*, ma ho una Galleria a Londra".
Lo guardai con stupore: ero orgoglioso per la confidenza ma anche turbato.
"Perché diavolo lei mi ha detto queste cose?".
Sorrise, dolcissimo, affascinante poi riprese con calma:
"Spiace a voi, caro amico, se ritorniamo al francese? La vostra bella lingua mi procura molta fatica".
"Je vous en prie" – dissi.
"Eh, bien, on ne badine pas avec l'amitié" – disse, pacatamente. E proseguì assicurandomi che nella vita è raro incontrare casualmente

persone di un certo livello. E che, con esse ci si doveva comportare con la reciprocità di un gentlemann anche affrontando rischi.
Ci stringemmo la mano. La Rolls rallentò: eravamo alle porte di un paese.
"Neuwèr, Major" – disse l'autista attraverso la cornetta portavoce.
Non compresi.
"Déplorable accent! Il a dit que nous sommes a Novara".

* * *

La sera mi pregò ancora a cena all'Hotel Milano. Era stato di una squisita gentilezza e mi aveva fatto ottenere una buona scorta di benzina.
La cena era finita con il lusso di un dolce (una scatoletta di macedonia di frutta), ed ora la notte si inoltrava sul lago con chiaroscuri vellutati e cangianti.
Il Maggiore continuava a parlare con quella voce modulata che accentuava il tono un poco letterario di un francese da intellettuale di buone letture.
Una stanchezza pesante pareva rallentare il soliloquio, o forse le ripetute dosi di whisky?
Raccontava di sé, dell'infanzia, della spensierata vita di famiglia trascorsa nel castello di °°°°, poi, l'adolescenza, il college in una delle due grandi Università... gli éxploits sportivi, un grande amore dissolto nel nulla, la diplomazia, il primo incarico in sottordine a Parigi.
Pareva quasi scusarsi con me per la confidenza: "C'est une tranche de vie", diceva ironicamente, il ritratto di un giovane fortunato, ricco e intelligente.
Poi, la passione per l'Arte, i primi acquisti di alcuni quadri d'autore, la decisione di aprire con un amico la Galleria.
La raffinatezza di un intellettuale, di un esteta affiorava nella pacata ricerca di espressioni, di parole, in una lingua che possedeva soltanto attraverso letture.
"Et alors vous comprenez – disse – que ma Rolls m'était indispensable".

La macchina di lusso era per lui l'ultimo appiglio con un mondo spensierato che, probabilmente, non sarebbe esistito mai più; la fine di una età di "insouciante jeunesse", il transito perentorio ad una maturità imposta dalla guerra.
Era tardi, una notte un po' umida e tranquilla. Eravamo rimasti isolati al tavolo della terrazza, una zattera di "mémoires", come diceva, che flottava sul Verbano.
Vicino, sul lungolago, la banda della Brigata stava suonando un'altra canzone in voga: la desolante "Lilì Marleene"(6).
"With you, Lilì Marleene..." – cantava un soldato.
"Voici une chanson qui passera a l'histoire" – dissi.
"Forcement: c'est la plainte de la Vieille Europe".
"With you, Lilì Marleene...".
Allora fu la mia volta di sorridere:
"Demain la Voltoce va reprendre sa marche vers Milan" – dissi.
Annuì da gattaccio di razza.
"Mon ami: si l'Intelligence Service l'ignorait, ne serait pas un Service Intelligent".
Era tardi. Eravamo esausti. Mi alzai dopo aver finito il whisky.
"Au plaisir de vous revoir, mon Major".
"De même, mon Commissaire".
Ci stringemmo la mano. Per sempre. Non l'ho mai più incontrato ma ho mantenuto la promessa.

NOTE AL CAPITOLO
UNA ROLLS ROYCE DAL DESERTO

1. Charles Plowman Murchie (Londra 1894 - Elba 1958). Maggiore del Royal Army Service Corps. Ex combattente della grande guerra, l'11 maggio 1944, nominato Ufficiale anziano per gli affari civili, nel governo militare all'isola d'Elba. Evidente stima e affezione cresciuta nei riguardi del Maggiore Murchie, da parte della popolazione dell'Elba, è manifestata da una testimonianza *Per una storia del Governo militare alleato all'isola d'Elba, Nel trentennale della morte di Charles Plowman Murchie*, a firma Gianfranco Vanagolli, che, riferendosi a una sua ricerca e pubblicazione, tra altro scrive: *Credetti in tal modo di rendere giustizia ad un protagonista della nostra storia recente, ingiustamente dimenticato fino a quel momento dalla pubblicistica locale. Riscontrai del resto, e con non poca sorpresa, che era generalmente ignorato il fatto che il Murchie, ritornato a guerra conclusa all'Elba dopo aver ricoperto per conto dell'Allied Control Commission un importante incarico in una grossa città del nord [Milano?], aveva chiuso la sua esistenza, il 28 dicembre 1958, a Rio Marina. Qui dove ora riposa nel piccolo cimitero evangelico e dove aveva sposato Rina Muti...*

2. Il 25 aprile le truppe tedesche abbandonavano i presidi del Verbano Cusio Ossola e confluivano nella colonna condotta dal capitano Ludwig Stamm, ufficiale delle Ss che partiva da Baveno in fuga, per raggiungere il grosso dell'esercito a Novara o Milano. Di circa 2500 uomini, più di 100 automezzi, una decina di carri armati, mitragliere, cannoncini e mortai. I partigiani disturbavano l'avanzata durante tutto il tragitto, ma Stamm decise di portare un centinaio di prigionieri, distribuiti avanti, al centro e in coda. Il 26 la colonna raggiungeva Arona. La colonna poi si arrese per intervento e accordi, 2000 uomini si portarono a Busto Arsizio e disarmati, circa 800 a Novara, tutti liberati i prigionieri. La storia del capitano Stamm è controversa: falso suicidio, sostituendosi nell'identità del colonnello Buch suicida, mentre era prigioniero a Novara, e internato a Coltano, per riapparire nel 1954 nell'albergo di Baveno, dove aveva tenuto il suo temuto comando. Morirà in Argentina.

3. L'A. firma, come commissario di guerra "Giorgio", il suo articolo intitolato "La colonna infame" in Valtoce: Volantino della 1ª Divisione Raggruppamento Divisioni Patrioti Cisalpine "Alfredo Di Dio", Anno 2, n. 2, Milano 30 aprile 1945.

4. Rino Pachetti (Livorno 1913 - Rosignano Marittimo 2000), figura leggendaria nella Resistenza, medaglia d'oro al valor militare. Operaio meccanico delle Ferrovie dello Stato, entra nel 1939 nel Partito d'Azione. L'8 settembre si trova nella stazione di Milano, come vi si trova Giorgio Buridan (vedi nota 5 al capitolo

"I camionisti della Rumianca", p. 162), viene ferito nell'azione contro i Tedeschi. Entra nella Resistenza dopo l'8 settembre, ferito ancora, condannato a morte, evade ben due volte dall'ospedale. Nella zona di Galliate organizza la Divisione "Remo Rabellotti" e passa in Ossola. Diviene dopo il passaggio di Cefis, "Alberto", al comando del Raggruppamento "Alfredo Di Dio", comandante della Divisione Valtoce. Nel dopoguerra presta servizio nella questura di Milano e nella Polizia Ferroviaria, nell'ENI divenne uno stretto collaboratore di Enrico Mattei.

5. Vincenzo Moscatelli (Novara 1908 - Varallo Sesia 1981), "Cino", altra figura leggendaria. La sua educazione "comunista" avviene nelle scuole del Partito in Svizzera, Berlino, Mosca. Negli anni '30 è funzionario della Federazione Giovanile Comunista per l'Emilia e Romagna, arrestato, torturato e condannato dal Tribunale Speciale, amnistiato nel '35. Dopo l'8 settembre è al comando delle Brigate Garibaldine nel biellese, poi in Valsesia e Ossola, dove frequenti sono gli attriti con la Divisione Valtoce di Alfredo Di Dio, di ispirazione cattolica, riguardanti le modalità della conduzione della lotta contro i nazifascisti.

6. Lilì Marleen, celebre canzone tedesca, con radici nella prima guerra mondiale, divenuta famosa in tutto il mondo rappresentando nostalgie antibelliche di tutti i combattenti nella seconda guerra mondiale.

Dopoguerra

NRB 1,4 1945

-ANNO NUOVO-

Una guerra è trascorsa !
Ghiacciate rovine stanno intorno a noi.
E' pallido il volto degli uomini:sono stanchi,diffiden=
=ti.Tristi sguardi s'allungano al ricordo d'un passa=
to crudele e finiscono sul selciato e sul marciapiede
qua e là sberciato dagli spezzoni.
Freddo è nelle case,più freddo nei cuori.
Troppo la guerra ha pesato e gli uomini,oscure larve
d'un passato,ancor non ardiscono guardarsi negli occhi
...temono...
Passa un'operajo infreddolito,le mani in tasca,rossa
una sciarpa al collo,vestigia superstite d'un eroico
periodo garibaldino.
Zufola adagio un motivo qualsiasi;lento cammina e
pensa.
L'inverno...gelida è la casa...i prezzi aumentano e
scarso è il pane....pensa e l'angoscia improvviso lo
serra alla gola,e si tace il fischio congelato dal
freddo....
Sulla piazza c'è un pino:un'alto pino inghirlandato
e ricoperto di variopinte luci..."Buon Natale!"-c'è
scritto - "Natale di pace".
E gli uommmi passano nel gelo della sera e guardano.
Estatici sognando una vita migliore,sognando il tempo
antico...solo i bimbi san sorridere:stermina la guer=
ra e uccide e distrugge...ma intatto è il sorriso,e
gli occhi lor son sempre puri.
Da una via centrale un fiotto di melodia m'investe...
lassù si balla,luci scintillano:l'aroma di tabacco
straniero si fonde alla fragranza alcoolica....Penso
ch'è ingiusto,inumano...benchè....dietro a me l'ope=
rajo scrolla le spalle,non sai se per un brivido o per
rassegnazione....e trae una cartina e qualche vecchia
cicca....
Un mendicante barbuto augura buon anno con voce caver=
nosa,roca dal gelo...Nudi tronchi s'affollano alla
volta stellata.
Da un'autocarro in marcia si sperde un canto appassio=
nato,una vecchietta stende le mani violacee sulla
padella delle caldarroste.
"Ciareja monsù e tanti auguri"-Voci s'intreccian nella
notte fredda,e canti e auguri.
Camminano due giovani tenendosi per mano ;un'armonica
stride discontinua e angosciosa.
E' il nuovo anno.
"Restiamo uniti"-dicono gli uomini tristi,mentre i
bimbi corrono a loro,le guancie rosse e le labbra
felici.
In cielo brilla la solita stella polare.

Giorgio Buridàn

Giugno 1945 (?)

Giugno 1945. Originale su carta velina. Archivio GB

La radunata del dopoguerra

Torino, Piazza San Carlo, anno 1946

Striscioni e bandiere al cielo d'inverno.
Alcuni tesi tra le facciate: il cielo trasparente, i tetti di brina, le finestre dai vetri rotti per i bombardamenti, scure nel mistero dei compensati anneriti e, sotto, la folla.
Distinguere la marea non era possibile: voler penetrare il segreto di una forza vitale, era tutto. Gli uomini stavano vicini, senza gridare.
Uno accanto all'altro, magari per tenersi un po' di caldo.
Soprattutto alimentavano in quel contatto fisico il rancore rosso distillato dalle bandiere, dalle scritte ingenue e minacciose.
Erano tutti presenti i compagni della città: quelli che non avevano potuto venire, i vecchi, gli infermi, avevano trasmesso l'incarico agli altri: "Andate, andate anche per noi!"... e tra uomo e uomo si era stabilita una intesa silenziosa, bastava guardare l'espressione di uno solo per ritrovarla specchiata in tutti.
Dal balcone del vecchio palazzo qualcuno si era affacciato a parlare.
Di lassù, ritagliato al frontale massiccio, ai capitelli barocchi sbrecciati dagli spezzoni, l'Autorità si esauriva all'immanenza delle mille teste alzate, degli striscioni, in una selva intricata.
Gli uomini non avevano riconosciuto la formica al balcone, ma avevano fischiato lo stesso a lungo perché per loro – chiunque fosse – quello strano insetto appollaiato in alto per umiliarli, era *L'Autorità*, rappresentava la forza, sostenuta dal frontone gigantesco, un baluardo al rifrangersi dei loro occhi che guardavano lontano.
Poi, calmati i fischi e le urla, la voce dal balcone si era estesa, dimensionata grottescamente da un amplificatore che la meccanizzava al punto da renderla robotica e inumana. Una macchina anch'essa, ma-

gari un altro degli strumenti della *Autorità,* e le grandi parole sbattevano di facciata in facciata, prigioniere del cielo d'inverno dalle nuvole basse.

Sotto le arcate centrali dei portici, un gruppo di partigiani, fazzoletto rosso al collo, alzava il pugno chiuso all'uomo del balcone: era silenzio nel gruppo dai volti estatici, il bagliore di quegli occhi pareva il luccichio delle armi di ieri.

Agitavano il fazzoletto, puntavano un dito verso il balcone: erano ancora, come in un sogno, i ribelli della montagna, proscritti per umana ingiustizia con quel chiuso disprezzo di tutto, anche dell'aulico palazzo, residuato feudale, inutile nei suoi fregi patriottardi di picche e alabarde.

La voce si dilatava in quel silenzio minaccioso: le parole gridate al microfono esplodevano sulla folla come petardi in un tambureggiamento quarantottesco: *legalità, democrazia, ordine pubblico, autorità...* parole piene di vento, quasi srotolate per burla, che avrebbero potuto anche far ridere, ma...

... ma gli uomini della piazza avevano imparato a vedere oltre le vetuste parole, avevano perfino svelato l'anatomia segreta del palazzo imponente: era troppo freddo l'inverno nella città per permettersi d'ironizzare da intellettuali su quel polpettone demagogico.

Avrebbero anche potuto interromperlo quel vecchio disco. Annullare di colpo la voce elettronica: sarebbe bastato alzare un cartello qualsiasi agitando la scritta nel cielo: *abbiamo fame!* e allora quel pappagallo sul trespolo l'avrebbe fatta finita.

Ma quei volti di fame e d'inverno non potevano perdonare l'irrisione solenne: l'oratore doveva spiegarsi, sino in fondo, non una sola parola sarebbe sfuggita alla grande piazza, anche le nuvole basse erano con loro, soffitto impenetrabile a rinserrare la voce.

Sino alla fine il burattino avrebbe dovuto smaniare, prigioniero della sua retorica, loro non avrebbero fatto un solo cenno, né di minaccia, né di disprezzo.

Gli uomini nella piazza aspettavano la fine, senza impazienza, perché qualcuno li aveva ammoniti un tempo che una rivoluzione non si fa in due giorni o in una settimana.

Due mondi opposti: dalla casa, in una trasparenza di esperienza, immaginavano la concitata paura degli assediati: il centralino ad impazzire di telefonate, la *Prefettura*, la *Questura*, la *Celere*... era come quei giocattoli a sorpresa: una scatola grossa, il Palazzo. *Apri il Palazzo e trovi i tiranni. Apri i tiranni e scopri i gendarmi. Apri i gendarmi ed ecco l'industria. Poi dall'industria vien fuori anche il clero. Poi un ministro vestito di nero. Apri lo scrigno che tutto rinserra. E salta fuori la fame e la guerra.*
Gli uomini in silenzio scoprivano le case penetrandole del loro rancore: nessuna sfuggiva all'autopsia della giustizia, tutte le porte segrete e le casseforti a cifra si aprivano al volto eterno della miseria. Perché poi erano sempre gli stessi: quelli della Bastiglia, di Leningrado, di Guadalajara, partigiani straccioni e disperati...
Gli uomini della piazza avevano visto le case crollare sotto le bombe, avevano visto i cosiddetti *puri*, quelli del *Partito dell'Ordine*, della *Patria* col "P" maiuscolo che li aveva sempre disprezzati; avevano visto i cupi uomini neri aspergere di acqua santa i gagliardetti della infamia, benedire gli assassini di Salò, avevano visto i compagni penzolare dalle forche...
La folla persisteva nel silenzio di accusa. Soltanto, nell'ondeggiare della ressa, qualche bandiera si spostava, qualche gomito si urtava, ed erano quei contatti, quei movimenti come scintille.
La voce dal balcone vibrava arrogante, il diffusore vomitava minacce della flotta nel Mediterraneo: pareva aggrapparsi al miraggio di quegli scafi. Per pochi dollari avrebbe venduto tutto: il Palazzo, gli sgherri, la dignità, perfino il culo!
Sempre in silenzio la folla continuava a fissare la pulce sul balcone: una selva di armi puntate sarebbe stata meno minacciosa, ma l'uomo del balcone tremava perché quegli sguardi non lasciavano dubbi.
La voce si affievoliva: un silenzio di qualche istante trascorse, consumato dal ronzio del diffusore... "Essere qualcuno di voi..." – diceva quel ronzio alla improvvisa immobilità del burattino – "capire io pure quanto voi capite, far saltare in aria per sempre tutto questo mondo senza ragione che mi circonda, che mi sommerge...".
Forse questo l'uomo avrebbe voluto gridare, in tutta la sua dignità di persona e tutti lo avrebbero compreso, perdonato.

Ma era soltanto un sogno: il trampolino-balcone sul quale poggiava la sua enfasi non avrebbe sopportato il peso di un rimorso.
Ed era giusto che fosse così.
L'uomo aveva ripreso a parlare, più forte, più minaccioso: ora pareva addossarsi alla colonna come ad un baluardo di difesa. Gridava nella sua impotenza, urlava tutto il cinismo di chi sa che dietro il Palazzo c'è la Polizia; che le camionette della *Celere* sono già appostate all'angolo, pronte a scattare con i loro manganellatori professionali.
Le urla dell'uomo, smisurate e meschine, rimbombavano di facciata in facciata riportando l'eco al balcone come un atto di accusa... vibravano le gole elettroniche degli altoparlanti, schiacciate dal cielo basso d'inverno, fondendosi con le prime camionette della *Celere* che venivano a bloccare la piazza.
Ormai gli ululati delle sirene avevano coperto la voce stentorea, eppure l'uomo continuava a gridare come impazzito di paura e di odio.
E quelli della folla, sempre gli stessi, in ogni tempo e in ogni luogo, sapevano di dover ancora difendere la loro dignità dai reati di innocenza e di ragione.
Sotto il cielo cupo e chiuso, la folla non si muoveva: ora le camionette erano schizzate nella piazza disperdendo la gente. Le sirene impazzavano con rabbiolamentoso ululato di Potere... tra poco i primi lacrimogeni avrebbero attossicato la piazza in un fumo acre e maligno.
Così la macchina del Potere pareva sovrastare le case e, più lontano, si udiva un complice dondolare di campane a martello.

Nota: L'originale dattiloscritto su carta velina, porta la data 1946.

Torino 1946: Franco Antonicelli

A Torino le palazzine di Via Assietta, zona residenziale tranquilla, vicina a Corso Vittorio Emanuele, formavano tra loro una grande raggiera, e ciascuna aveva un piccolo giardino con aiuole.
Abitavo con i miei genitori in un alloggio al primo piano di Via Assietta 25 e, nella casa seguente, prima di sposarsi, abitava il Professor Franco Antonicelli. Il suo terrazzino confinava quasi con il nostro balcone e, dentro grosse cassette, Antonicelli curava, con amore da coltivatore diretto, delle splendide rose.
Sovente, vedevamo il Professore che, diligentemente, innaffiava le sue rose. Un mattino mia madre si era affacciata e Antonicelli l'aveva, come sempre, salutata. Lei si era complimentata per certe rose di particolare colore e il Professore le aveva promesso che gliele avrebbe portate in omaggio. Così avvenne, con tutto un cerimoniale da buon vicinato, e fu in quella occasione che Antonicelli – che aveva letto dei miei pezzi su *Nuova Democrazia*, un giornale diretto da Carlo Casalegno, mi aveva invitato a iscrivermi alla neonata Unione Culturale che si era insediata in due sale di Palazzo Carignano.

* * *

Il 6 novembre 1974 moriva a Torino Franco Antonicelli, nato nel 1902[1].
Nel 1933 Antonicelli era al prestigioso Liceo Classico D'Azeglio come supplente, mentre Norberto Bobbio, di sette anni più giovane, era ancora studente nello stesso Istituto.
Si formò presto un gruppetto di amici, tutti antifascisti, che settimanalmente, il Mercoledì pomeriggio, si riunivano al Caffè Rattazzi.
Erano esponenti della cultura torinese: Leone Ginzburg, Massimo Mila e Cesare Pavese.

Altro luogo di ritrovo – ma questo serale – era la casa del Notaio Germano la cui figlia Renata sarebbe poi diventata la moglie di Antonicelli. Altro ospite fisso di queste riunioni era Luigi Salvatorelli.
Associatosi al Gruppo Giustizia e Libertà del Partito d'Azione, benché fosse liberale, intorno al 1939 Antonicelli iniziò un'attività antifascista, redigendo e distribuendo giornali clandestini e costituendo i quadri di quello che, più tardi, sarebbe diventato il CLN (Comitato di Liberazione Nazionale) di cui assunse il non agevole incarico di Presidente.
Iniziò subito, con coraggio, un'attività editoriale con l'Editore Frassinelli che convinse a pubblicare – si era nel '38/'39, nella Collana *La Biblioteca Europea*, *Moby Dyck* di Melville e, addirittura, *L'armata a cavallo* di Isaac Babel (e questo in tempi di leggi razziali).

* * *

Nel 1945, appena finita la guerra, in una Torino poverissima, ancora ferita dai bombardamenti, quasi senza riscaldamento e con scarsa luce elettrica, Antonicelli, insieme a Bobbio(2), aveva fondato l'*Unione Culturale*(3).
Tutto su un suo prestigio personale perché mancavano i soldi e il Comune, tanto per favorirli, aveva loro concesso due sale in Palazzo Carignano.
Quasi subito dopo – nel febbraio/marzo 1946 – iniziava la pubblicazione del *Bollettino mensile dell'Unione Culturale*. Brillantissima la partecipazione a questo periodico (che ora è diventato una sorta di emblema della Cultura torinese di quel tempo), che ospitava, oltre a disegni inediti di Spazzapan, Menzio e Casorati, scritti di Quasimodo, Gatto, Saba, Fubini, Mila, Geymonat, oltre a traduzioni di Eluard, Aragon e altri poeti contemporanei russi.
Direttore responsabile era l'Avvocato Piero Zanetti, amico di mio padre, uno degli scampati della spedizione Nobile al Polo Nord. Subito altri collaboratori si aggiunsero: Carlo Mollino, Sergio Solmi, Alberto Mantelli e altri. Era quanto di più alto offriva in quel povero dopoguerra la cultura torinese e italiana.

Al Bollettino si affiancarono lezioni di illustri universitari su argomenti diversi: venne Enzo Paci, Ungaretti che ruggì i suoi concetti di poesia, Salvatorelli che illustrò il momento storico dal 1940 al '45, e molti altri.
L'Unione Culturale svolse in quegli anni un'attività importante. Personalmente, ho l'onore (ma anche molta timidezza nel dichiararlo) di aver fatto parte di questa illustre schiera di Autori del *Bollettino*, pubblicando saggi sulla poesia: *Saba, o dell'istinto* (n. 4/5), e *Cardarelli o dei fuochi artificiali* (n. 6 e 9), oltre a diverse mie traduzioni di poeti francesi surrealisti. Ho citato tale mia partecipazione per giustificarmi: ero infatti un giovane alle prime esperienze e, a parte il giornale della Formazione "Valtoce"(4) che avevo portato avanti sino alla Liberazione, e le pagine letterarie su *Nuova Democrazia*(5), non avevo nessun retroterra culturale che mi autorizzasse ad esprimere giudizi critici accanto a firme tanto prestigiose. Tuttavia i miei saggi venivano elogiati da Antonicelli e altri.
Situazione curiosa: pur essendo torinese, ma frequentando il *giro* Einaudi e non quello politico, non ho mai avuto l'occasione di conoscere o frequentare Bobbio. Lo sentivo spesso nominare da Carlo Fruttero che però dissentiva dalla sua visione politica, non lo considerava affatto una specie di profeta, ma un caro amico.
Ritorniamo ad Antonicelli che, nel dopoguerra, era diventato consulente editoriale della piccola e valente De Silva e aveva lanciato il libro di Primo Levi *Se questo è un uomo* con un grande successo internazionale.

* * *

L'attività dell'Unione Culturale si ampliò con la fondazione del Teatro Sperimentale che agiva nel vetusto Teatro Gobetti.
L'iniziativa, partita da un'idea di Antonicelli, era finalmente arrivata al primo spettacolo, il *Woyzeck* di Georg Büchner, con la regia del professor Ciaffi, ordinario di latino alla Facoltà di Lettere Moderne; le scenografie di Menzio e Martina e del sottoscritto, che, insieme a due amici, i giovani professori Battisti e Mario Tazzoli, si erano votati

a dipingere le scene (dipingere, nel senso più vero, con pennellesse e bidoni dei colori preparati da Menzio e Martina).
Durante le prove nella sala del "Gobetti" faceva sempre un freddo polare e si provava soltanto nelle ore di distribuzione della luce elettrica. Non esisteva un vero e proprio impianto di luci di scena e le variazioni erano ottenute con metodo di elettrolisi, ovvero bidoni di acqua salata con un triangolo di rame che veniva alzato o abbassato per variare i colori. L'addetto alle luci, abituato da decenni al sistema elettrolitico, riusciva a suscitare colori tenuissimi "a pastello" difficilmente ottenibili con un impianto normale.
I due protagonisti del *Woyzeck*, bravi e ben diretti dal professor Ciaffi, erano la intensa e bella Dori Manzani ed il giovane Raf Vallone che allora faceva il cronista de *l'Unità*.
Sempre nell'ambito della Sezione Teatro, si era svolto, nel marzo 1946, un dibattito con la partecipazione di Vittorio Gassman e di Paolo Grassi sul tema "Metodologia e specializzazione dell'attore". Altro spettacolo, messo in scena con gli stessi attori alla fine di marzo, *Nozze di sangue* di Garcia Lorca, con le scenografie di Felice Casorati.

* * *

Tutte le iniziative dell'Unione Culturale erano coordinate con notevole impegno (i soldi erano pochi e Antonicelli contava molto sul volontariato di personaggi illustri, giocando sul suo prestigio personale).
Aveva così organizzato una serie di conferenze sulla vita e la cultura nei vari Paesi con Lionello Venturi per gli Stati Uniti; Diego Valeri per la Svizzera; Ruggero Grieco per l'Unione Sovietica; Umberto Calosso per l'Inghilterra e Luigi Salvatorelli per La Nuova Europa.
Poi, sulla critica del pensiero contemporaneo con interventi di Mario Fubini e sull'Arte moderna con un corso inaugurato da Felice Casorati.
Per la parte musicale, alcuni concerti presso la RAI e conversazioni di Luigi Dallapiccola, Alberto Mantelli e Ruggero Maghini.
La Sezione Cinema aveva aperto un cineclub in una sala rimediata presso una Scuola pubblica di Corso Galileo Ferraris con una serie dedicata a René Clair con la proiezione de *Il milione* in edizione originale.

* * *

L'attività di Antonicelli in quegli anni fu intensissima. Oltre a collaborare a riviste letterarie, partecipava alle vicende politiche del dopoguerra. Abbandonato per una crisi di sfiducia il Partito Liberale, aveva aderito alla Concentrazione Democratica con Parri e La Malfa. Di qui era nata la grande stima e amicizia per Parri che doveva portarlo ad una visione più radicale di sinistra indipendente anche se prima, attraverso l'Unione Culturale, aveva condiviso lavoro e responsabilità con socialisti, comunisti e Partito d'Azione.

Nel 1968, in un approfondimento della sua posizione politica, si domandava se fosse veramente sulla posizione di Gobetti una linea d'intransigenza e d'illuminata democrazia.

C'erano in Antonicelli due nature: quella dei suoi studi con un'adesione a Benedetto Croce, e quella nata dalla conoscenza con Piero Gobetti. Di qui una crisi che si risolse più tardi con una nuova valutazione dell'opposizione. Ma, si intenda: Antonicelli poteva essere – come infatti lo è stato – indipendente di sinistra, ma mai superando il suo invincibile individualismo liberale. Per questo riteneva di condividere certe istanze sociali, ma altrettanto indispensabile "prendere le distanze" soprattutto da un Partito Comunista allora fortemente egemonizzato da Togliatti.

* * *

L'ultima sua grossa impresa fu di organizzare a Torino una lunga serie di lezioni sul tema *Dall'antifascismo alla Resistenza* che si svolsero tra l'aprile e il giugno 1960 al Teatro Alfieri con una incredibile adesione di folla.

Organizzate dall'Unione Culturale, dal Circolo della Resistenza e dalla Consulta, impegnarono molto Antonicelli per convocare a Torino illustri storici, docenti, sindacalisti, partigiani e quanti, durante quel ventennio, avevano lottato.

Il ciclo partiva dalla prima guerra mondiale con una ricostruzione storica di Paolo Alatri; all'avvento del fascismo, con le testimonianze

di Villabruna e Terracini; al delitto Matteotti con la partecipazione di Sandro Pertini; alle leggi repressive del 1926 con Lelio Basso, Barbara Allason, Camilla Ravera e altri. Seguiva la lezione di Norberto Bobbio sul *Regime Fascista* con Emilio Lussu, Alberto Tarchiani, Franco Venturi, Massimo Mila e Giancarlo Pajetta. La settima lezione, *L'intervento in Spagna*, era tenuta da Leo Valiani con la partecipazione di Luigi Longo e Aldo Garosci. Poi, *La Seconda Guerra mondiale* di Roberto Battaglia, con Enrico Martini Mauri, Carlo Zini Lamberti e Nuto Revelli. La nona lezione: *Dal 25 Luglio all'8 Settembre* era di Raimondo Luraghi con Norberto Bobbio, Gustavo Colonnetti, Leopoldo Piccardi e Antonello Trombadori. L'ultima, *La Resistenza armata*, tenuta dallo storico Giorgio Vaccarino, con le presenze di Palmiro Togliatti, Valdo Fusi e Riccardo Lombardi.
L'intera serie venne fortunatamente raccolta e pubblicata, con un saggio prefattivo di Antonicelli, dalla Einaudi con il titolo *Trent'anni di Storia Italiana* e andò presto esaurita. Il volume venne ristampato nel 1975 essendo un validissimo testo di documentazione e di studio[(6)].

* * *

In quel periodo incontravo spesso Antonicelli alla RAI dove lavoravo curando le regie di quelli che erano chiamati "I culturali del Terzo Programma". Antonicelli veniva a registrare documenti, testimonianze, pezzi di giornali che poi avrebbe inserito nel corso delle lezioni. Sovente aveva l'aspetto affaticato e più volte disse che quella impresa lo stava esaurendo.
Ci incontravamo in due regie che erano, per così dire "comunicanti", avendo in mezzo e in comune un piccolo studio per gli speakers e i lettori. Mi salutava con grande gentilezza attraverso i vetri o facendo inserire dal tecnico l'interphonico. In qualche intervallo, per montaggio di pezzi, cambio di nastri o cose del genere, ci si trovava nel corridoio. Era un uomo di grande educazione e civiltà: molto anglosassone nel modo di fare, ribatteva talora ad alcune mie impuntature polemiche con "Se lei mi consente..." oppure "Apparentemente la sua posizione parrebbe esatta, però...", e sempre ci si lasciava con sorrisi di amicizia.

* * *

L'ultimo incontro risale verso il Settanta, quattro anni prima della sua morte. Alla RAI Antonicelli stava registrando una serie di Culturali su D'Annunzio, trasmissioni di molto impegno che lui stesso leggeva al microfono con quella sua bella voce piana e una perfetta dizione: era un bravissimo lettore delle poesie e metteva in D'Annunzio tutta la sua passione.

Lo ricordo in quei giorni, quando veniva a registrare al pomeriggio. Diceva: "Al mattino non riesco, la mia voce è troppo rauca" e arrivava puntualissimo con la valigetta e tutti i fogli in ordine meticoloso, come avesse dovuto tenere una lezione ai tempi del Liceo D'Azeglio. Diffidente dei motori, non aveva mai preso la patente così, al pomeriggio, la RAI gli mandava una macchina con autista che poi lo riaccompagnava a casa al termine della registrazione. Ma una volta, per

un imprevisto utilizzo del parco-macchine, all'ultimo momento non avevano trovato un mezzo per andare a prendere Antonicelli, era disponibile soltanto un pullman di venti posti. Non si sarebbe offeso il Professore? D'altronde, erano già in ritardo sull'orario della sala di registrazione e non c'erano altre macchine. Così, a me che stavo entrando alla RAI, era apparsa una scena incredibile: il pullman vuoto e, nelle prime file, soltanto Antonicelli, serissimo, impassibile, come avesse viaggiato su una Rolls Royce.

* * *

Dalle trasmissioni su D'Annunzio – che avevano giustamente avuto grande rilievo (e ancora mi mordo i pugni per non averle registrate!), non avevo più visto Antonicelli ora quasi sempre a Roma e impegnatissimo nella politica attiva come deputato della sinistra indipendente. La notizia della sua morte mi aveva rattristato: era un combattente della Resistenza, un amico antifascista e intransigente che se ne andava con tutto il prezioso bagaglio di fatti, ricordi e memorie.
In una recente intervista Norberto Bobbio, ricordando l'amico scomparso lo ha definito "Un intellettuale con il dovere della politica".
Ma se è vero – e sempre più spesso nella relatività di oggi ci avviene di dubitare – che i valori della Cultura, comunque, non vengono travolti e quanto di buono si è fatto non è fatto invano, ecco che la figura di Antonicelli emerge quale grande personaggio della Torino del dopoguerra, quella Torino della Editrice Einaudi, di Augusto Monti, di Ginzburg, Pavese, Mila, Calvino, Fruttero e Lucentini e tanti altri.
E consentitemi di dirvi quanto sia orgoglioso per aver conosciuto e apprezzato Franco Antonicelli.

NOTE AL CAPITOLO *TORINO 1946: FRANCO ANTONICELLI*

1. Franco Antonicelli (Voghera 1902 - Torino 1974). Molto ha già scritto l'A. su Antonicelli, a noi piccole aggiunte: laureato in Lettere e Giurisprudenza. Insegna al liceo D'Azeglio di Torino, dove incontra i più importanti maestri del pensiero filosofico e politico. Il 31 maggio 1929 viene arrestato, e carcerato per un mese, per aver sottoscritto una lettera di sostegno e solidarietà a Benedetto Croce, in occasione del dibattito al Senato sui Patti Lateranensi. Nel 1933-1934 è istitutore privato di Giovanni Agnelli. Antonicelli viene nuovamente arrestato il 15 maggio 1935, nell'ambito dell'operazione di polizia che smantella la rete clandestina del movimento antifascista "Giustizia e Libertà" e condannato a tre anni, poi ridotti, di confino ad Agropoli. Pur vicino a GL, assume il pensiero liberale di Croce come punto di riferimento politico. Dopo l'8 settembre si trasferisce a Roma, lavora al giornale *Risorgimento liberale*, il 6 novembre 1943 viene arrestato. Scarcerato nell'aprile 1944 torna a Torino e rappresenta il Partito liberale nel Cln piemontese. Nel dopoguerra Antonicelli svolge un'intensa attività culturale, con la casa editrice Francesco De Silva da lui fondata nel 1942, pubblica nel 1947 *Se questo è un uomo,* di Primo Levi, rifiutato dall'Einaudi. Nel 1945 fonda l'Unione Culturale, ora Unione Culturale Franco Antonicelli, tra i fondatori dell'Istituto piemontese per la Resistenza, e nel Consiglio direttivo del Museo del Risorgimento. Nel 1960 fonda il Circolo della Resistenza, e promuove a Torino un fortunato ciclo di incontri (Trent'anni di storia italiana, 1915-1945) con interventi di molti protagonisti dell'antifascismo e della lotta di liberazione. Nel 1961 è tra i fondatori del Centro studi Piero Gobetti, riferimento essenziale per il liberalismo di Antonicelli. Scrive per molti giornale e collaboratore della RAI, per numerosi programmi radiofonici (1949-1967).
2. Norberto Bobbio (Torino 1909-2004). Filosofo del diritto e storico della cultura italiano, il suo pensiero spesso affrontò il rapporto tra politica e cultura, e su come conciliare, seguendo un pensiero liberal-socialista, le istanze delle libertà individuali con quelle dell'eguaglianza sociale. Nel 1984 fu nominato senatore a vita.
3. *Unione Culturale*: Bollettino mensile, Torino, esce dal 31 marzo 1946 al 17 agosto 1949.
4. Vedi nota 1 al capitolo "Scrivente scrivano scrittore", p. 33.
5. Nuova Democrazia: politica-arte-vita giovanile: Periodico del Partito d'Azione, Giustizia e Libertà, Torino 1946.
6. Trent'anni di storia italiana (1915-1945), Dall'antifascismo alla Resistenza: Lezioni con testimonianze presentate da Franco Antonicelli, Einaudi, Torino 1961; Franco Antonicelli scrive una ricca introduzione, *Un ricordo di queste lezioni.* Giorgio Buridan scrive, in occasione dei cinquant'anni dalla Liberazione, un inserto con la presentazione e i riassunti di ogni intervento, per *Il Caragliese*, Caraglio aprile 1995.

Giorgio e la moglie Alda Nicolini

Ballo al Castello

A Torino la nottata del 31 dicembre 1947 era fredda e nevosa. Era nevicato nei giorni precedenti ma il Comune, per mancanza di soldi, non aveva spalato le strade e la neve sporca e grigiastra formava piste che le macchine avevano scavato.
Erano tempi difficili. A Torino, per economia, la luce elettrica mancava molte ore al giorno e l'inverno si rimediava con lampade a petrolio e, ultima novità, a gas di benzina. La pasta e lo zucchero erano ancora tesserati e continuava un vasto commercio di borsa nera.
Negli uffici e nelle case private ci si riscaldava con stufe. Il carbone era carissimo e difficile da trovare e si usava la legna che, sovente, era umida e faceva fumo.
Il Capo del Governo, Alcide De Gasperi, era andato in America con il cappello in mano a chiedere aiuti. Il suo era un compito arduo: una nazione vinta e affamata, implorava dai vincitori immeritati sussidi. *l'Unità*, giornale del Partito Comunista Italiano, aveva commentato la missione degasperiana con il titolo più bello che mai il giornalismo avesse inventato: "Alcide nel paese delle meraviglie". Sì, ma intanto in Italia le cose andavano male.
Il 27 dicembre 1947 a Palazzo Giustiniani era stata firmata la nuova Costituzione. Ministri e dignitari erano intorno al Capo Provvisorio dello Stato, Enrico De Nicola, arrivato alzando una vecchia cartella in cuoio con dentro il testo della Costituzione. I vivi applausi l'avevano commosso: "Per carità (quasi vergognoso) lascino stare!". Poi erano entrati i giornalisti e, dopo la firma, De Nicola aveva detto: "Auguri a tutti e buon anno!". La pendola batteva il rintocco: erano le 17,30. Tutti erano usciti tranne De Nicola, Terracini e De Gasperi, rimasti per consultarsi sulle ultime formalità.
La condizione economica e alimentare era grave. Proprio quel giorno,

28 dicembre 1947, sulla prima pagina de *La Stampa*, era apparso un articolo: assicurava che "sino a fine marzo il grano non mancherà" e che i combustibili sarebbero forse stati sufficienti sino a quella data. Veniva poi tracciato un quadro degli aiuti americani "a tampone" dopo la missione De Gasperi: tra poco sarebbe entrato in vigore il Piano Marshall. Intanto a Genova, sui "treni dell'amicizia" erano stati caricati i primi aiuti alimentari: tre navi Liberty al giorno avrebbero attraccato con carbone, grano, latte evaporato, sementi, grassi alimentari e medicinali.
Un primo pronunciamento contro l'adesione al Piano Marshall era stato fatto da Togliatti mentre la posizione di Nenni era critica ma non contraria. Ma, sia Togliatti sia Nenni, si guardavano bene dal respingere gli aiuti concessi, dato che l'Unione Sovietica immiserita dalla guerra non ci aveva mandato neppure un bastimento di grano. Da Londra le notizie prevedevano per l'Italia un nuovo anno difficile con un panorama politico molto cupo. In Grecia il gabinetto Venizelos aveva messo fuori legge il Partito Comunista dopo il fallimento della rivoluzione e la sconfitta dei partigiani rossi.
Il 28 dicembre ad Alessandria d'Egitto era morto il Re d'Italia Vittorio Emanuele III, colpevole di aver dato il potere al fascismo. E a Parigi era morente l'industriale Ettore Bugatti, il primo ad applicare il compressore ai motori di automobili.
A Mosca era stato fondato il Cominform, organizzazione dei partiti comunisti, al quale avevano aderito Romania, Bulgaria, Ungheria, Jugoslavia, Cecoslovacchia, Polonia, Albania, e i partiti comunisti di Francia e Italia.
L'Inghilterra aveva concesso l'indipendenza all'India. Per evitare conflitti tra mussulmani e indù erano stati creati due stati indipendenti: l'Unione Indiana e il Pakistan. Tuttavia scontri religiosi tra i due stati avevano provocato oltre trecentomila morti.
A Roma, al Congresso Socialista, gli autonomisti di Saragat avevano abbandonato il PSIUP (Partito socialista italiano di unità proletaria) e fondato il Partito Socialista dei Lavoratori Italiani (PSLI) i cui iscritti venivano dileggiati dalla sinistra con l'appellativo di "piselli" mentre il PSIUP riprendeva l'antico nome di PSI (Partito Socialista Italiano).

Frattanto veniva ratificata un'Unione Doganale tra Belgio, Olanda e Lussemburgo e si prospettava di estendere il trattato ad altri stati europei con l'esclusione dell'Italia, legata alla politica di Mosca.

* * *

Eppure, in quella serata torinese del 31 dicembre 1947, povera, fredda e nevosa, alcuni di noi parevano allegri per un invito a passare il capodanno dagli amici, Conti Radicati di Marmorito, al Castello di Passerano[1].
Questo Castello, situato sulle colline dell'astigiano, risaliva al 1300, poi incendiato a fine '700 dai moti giacobini e ricostruito dopo il saccheggio.
Dei Radicati erano rimasti i tre fratelli, Paolo, Vittorio e Roberto, che, tra noi, venivano chiamati rispettivamente il Conte Biancamano (Paolo) per le attitudini aristocratiche; il Conte Verde (Vittorio) perché era sempre al verde; e il Conte Rosso (Roberto) perché, con sdegno della famiglia, era iscritto al Partito Comunista.

* * *

Così quella notte del 31 dicembre 1947 ci preparavamo, in ordine sparso, a raggiungere il Castello che dista da Torino una ventina di chilometri. Nessuno di noi possedeva una macchina: era un lusso che soltanto l'amico Roberto Mosso che aveva ereditato dal padre una fiorente industria di ventilatori per officina, poteva permettersi. L'altro problema era di portare qualcosa perché tutti gli invitati dovevano collaborare al buffet di Capodanno.
Ero proprio senza soldi. Che fare? Per fortuna mio padre aveva ancora in casa due bottiglie di Veuve Clicquot, così potevamo fare una buona figura. Altri, come Carlo Fruttero e Marisa Addario (consigliera comunale per il Movimento di Olivetti, Comunità) avrebbero portato rispettivamente panini casalinghi e una grossa torta di mele. Ma il prodigio era stato Roberto Mosso, arrivato con dodici bottiglie di ottimo dolcetto, un grossissimo salame e tre micconi di pane.

Il problema, non avendo la macchina, era come raggiungere il Castello. C'era una corriera che partiva da Torino alle venti da Piazza Vittorio Veneto e arrivava sino alla fermata di Passerano che però era a valle e per il Castello c'erano tre chilometri di salita, il che col gelo e la neve alta non era agevole. Ma ci eravamo accordati con Roberto Mosso che, con la sua Millecento, avrebbe fatto da navetta raccogliendo i naufraghi della corriera e trasportandoli a destinazione. Altri, come Franco e Gigliola Venturi avevano ottenuto un passaggio da un loro ricco amico industriale. Non ricordo come fosse arrivato Carlo Fruttero, che era in miseria come me, mentre Italo Calvino, insieme ad un'amica (di passaggio) era stato accompagnato – ah superna liberalità! – dalla macchina della Editrice Einaudi.

* * *

C'erano state alcune defezioni: il Sindaco di Torino, il comunista Negarville, forse il migliore che la città abbia avuto, si era scusato di non partecipare per impegni. Poi Daniele Ponchiroli, una delle colonne portanti della Einaudi che aveva la madre malata e il romanziere Bruno Fonzi, a letto con l'influenza.

L'esordio della serata non era stato gaio. Il grande salone era freddo perché la stufa e il camino stentavano a scaldare. Poi c'era stata una lite tra Italo Calvino e la sua occasionale amica (non ricordo più per quale motivo) con insulti e intermediazione del padrone di casa, Paolo Radicati, che diplomaticamente era riuscito a calmarli. Una particolarità di Calvino era di sbagliare sempre la donna con cui si univa: forse perché si lasciava trasportare dalle avvenenze e poi si trovava con donnette sceme o isteriche. Quella di Capodanno era sul genere "professoressa" (ho dimenticato il nome e ricordo soltanto l'aspetto gradevole ma molto serioso e scolastico). Parlava soltanto per citazioni di autori e filosofi, il che diventava fastidioso dato che non eravamo in un'aula ma riuniti per festeggiare l'anno nuovo.

Per me era stata l'occasione per incontrare Italo che non avevo più visto dopo la nostra famosa lite con insulti per motivi politici, lui comunista militante, io del Partito d'Azione, avvenuta nel 1945. Così,

in quell'incontro, ci siamo rappacificati e i rapporti hanno ripreso, lui lavorava per la Einaudi e aveva da poco pubblicato il suo primo romanzo sulla Resistenza *Il sentiero dei nidi di ragno*.
Quella sera mia moglie[2] era bellissima: aveva un vestito in seta rosso fuoco che a lei bionda donava moltissimo. Si sentiva giustamente bella e ammirata ed era contenta perché il maggiore dei Radicati, Paolo, le faceva un poco la corte. Quella sera Paolo pareva un attore: in abito scuro, con una favolosa cravatta, aveva quarant'anni ed era bellissimo.
Per tirare la mezzanotte, Vittorio Radicati aveva proposto un gioco, un indovinello letterario raccontando una storia, un poco diversa di un romanzo mentre avremmo dovuto indovinarne il titolo. Il gioco risultava molto difficile perché Vittorio aveva un'enorme cultura e possedeva una memoria incredibile, capace di ricordare i fatti più trascurabili.
Italo era molto seccato: avrebbe voluto far bella figura con la sua professoressa, invece ogni volta si lanciava sbagliando sempre. Era andata bene a Franco Venturi con *Guerra e pace* perché, ricordando il Generale Kutuzov, aveva ricostruito uno dei momenti guerreschi del libro. Gigliola Venturi taceva e così mia moglie. Carlo Fruttero era andato vicino alla soluzione con la *Follia di Almayer* di Conrad, ma poi l'aveva confuso con un altro romanzo anche perché il maligno Paolo aveva stralunato i personaggi. Finalmente, dopo aver taciuto per molto tempo, mi pareva di aver individuato il titolo per un finale che mi aveva colpito: due cani si ritrovano dopo tante avventure e corrono insieme su una spiaggia verso il sole. Ed era *Jerry delle Isole* di Jack London. Pochi l'avevano letto e io mi ero fatto una fama immeritata.
Il gioco era continuato fino alle ventitre. Ormai nel grande salone si stava bene: stufe e camino avevano riscaldato l'ambiente. Ho un ricordo accorato di mia moglie seduta vicino al camino accanto a Franco Venturi. La rivedo con precisione: il suo abito rosso fiamme pareva incendiarsi al riflesso del camino e lei irradiava grazia con la biondezza nordica: pareva felice e sorrideva alle intelligenti osservazioni di Venturi.
La parte centrale del salone era occupata dal grande pianoforte da

concerto appartenuto a Clara Wieck[3], la cui figlia aveva sposato un Radicati. Lo stesso Schumann aveva suonato più volte su quel pianoforte e, in occasione di una visita a Passerano, aveva eseguito un concerto.
Qualcuno alzò il nero coperchio e chiese se tra noi vi fosse un pianista. Tutti tacquero, compresa mia moglie che era pianista diplomata al Conservatorio, ma troppo timida per proporsi. Ma venne smascherata da Carlo Fruttero che, avendola sentita una volta suonare, ne decantò le doti di interpretazione. Così vi fu un coro per invitarla a suonare. Ma Alda era arrossita, aveva detto che si vergognava e che soprattutto era molto intimidita di posare le mani su quei tasti d'avorio che Clara Wieck e Schumann avevano suonato, ma non ci fu remissione. Paolo Radicati si rivolse a lei con un inchino e un grande sorriso e Alda sedette al pianoforte: "Tutto quello che posso tentare di fare, ma vi prego di essere indulgenti con me, è di suonarvi tre preludi di Debussy".
Così, mentre il 1947 stava quasi per finire, le note de *La cathédrale engloutie*, de *La fille aux cheveux de lin*, e di *Le vent dans la plaine* empirono di suoni il salone. Brava, con tocco dolce e perfetto per Debussy. Grande applauso e invito a continuare. Ma Alda, tutta rossa, si alzò, chiuse il coperchio del pianoforte: "Vi prego... siete troppo buoni".
Mezzanotte meno venti. Si parla delle novità librarie: Calvino cita i due nuovi romanzi di Pavese: *Il compagno* e *Dialoghi con Leucò*, che sono piaciuti molto a Giulio Einaudi e segnala, con molte riserve, *La romana* di Moravia. Poi Fruttero parla de *La peste* di Albert Camus, appena uscito da Flammarion. Roberto Mosso, che sino ad allora aveva taciuto, si indigna per lo scarsissimo rilievo dato dalla critica al romanzo-documento di Primo Levi *Se questo è un uomo*. Calvino ci parla di Giuseppe Berto e del suo primo romanzo *Il cielo è rosso*, dice che è bravo ma che si aspetta da lui qualcosa di più raffinato. Allora io parlo de *I sentieri dei nidi di ragno* di Italo che ho trovato di grande portata storica. Calvino sorride, mi ringrazia, ma dice che se l'Editore gli avesse concesso altri sei mesi avrebbe potuto correggere ancora il testo. Invece è raggiante la professoressa che sta ammirando il suo scrittore.

È quasi mezzanotte. Le signore si danno da fare per portare piatti di panini, torta e dolci. Insieme ai Radicati vado a prendere le bottiglie. Accendiamo la Radio e la sintonizziamo sul programma nazionale. Trasmette musichette allegre, poi comincia il conto alla rovescia, i minuti e poi i secondi: meno trenta, venti, dieci, cinque, quattro, tre, due, uno... un colpo di timpani, un grido "auguri!" e poi un can-can di Offenbach, festoso.
Siamo nel 1948. Un anno che si prospetta altrettanto difficile e incerto del precedente ma, in questa nottata nevosa, ci sentiamo un poco fuori dal tempo. La stessa musica allegra e ritmica che la Radio ora trasmette è curiosamente estranea all'atmosfera del grande salone.
Il ceppo di legno fiammeggia nel camino.
Poi... ma nessuno ha voglia di anticipare l'avvenire. Si beve, si mangia, l'atmosfera si riscalda e perfino la "professoressa" assume un'aria meno austera e passabilmente femminile.

* * *

È ripreso a nevicare. Dalle finestre del Castello vediamo la neve posarsi nel notturno biancore sulla dolce collina astigiana.
Franco Venturi svolge una coltissima lezione sui moti giacobini in Piemonte e relative distruzioni (questo castello incendiato e saccheggiato). Ma forse, dato il luogo, a suo parere non si trattava nemmeno di giacobini "regolari', quanto di briganti come la banda di Branda Lucioni. Motivi di questa rivoluzione? Il disagio della borghesia, la rivolta contadina, il crollo della monarchia e la successiva vendetta dei reazionari appoggiati dalle truppe austro-russe. Anche queste vecchie storie raccontate da Venturi con dovizia di particolari sembrano quasi vicende di ieri e con Italo ricordiamo i nostri rispettivi trascorsi partigiani: lui nella sua Liguria e io in Val d'Ossola.
Così scorrono dolcemente le ore del nuovo anno. Verso le tre il sonno ci ha intontiti e i primi a ritirarsi nella camera loro assegnata sono Marisa Addario e Roberto Mosso. Arriva la macchina dell'amico industriale così Gigliola e Franco Venturi decidono di affrontare la notte nevosa.

La più inquieta di dormire al Castello è Marisa Addario alla quale Carlo Fruttero ha raccontato storie allucinanti di fantasmi.
Effetto dei nervi? Poco dopo nella notte un grande urlo. Ed ecco Marisa, avvolta in una vestaglia, a gridare che la luce si è riaccesa da sola. Si cerca di calmarla e le offriamo ancora dello champagne per pacificarla.
Tutti si ritirano ma, appena un'ora dopo, un altro urlo agghiacciante. Nella camera di Marisa la luce si è riaccesa un'altra volta, segno che il fantasma c'è davvero, almeno per lei.
Poi tutto si quieta, tranne verso mattino, quando due urla, ma questa volta maschili, svegliano tutti. Si tratta di uno scherzo, organizzato senza consultarsi, da Roberto Radicati e da Roberto Mosso che, paludati in lenzuola si sono affacciati al grande salone da due porte diverse.
Finalmente, anche i fantasmi reali e presunti dissolvono e tutti riescono a prendere sonno in quel chiarore mattutino del 1948.

* * *

Sì, è stata una parentesi lieta in un tempo oscuro, triste e difficile.
Ma allora eravamo giovani e ben disposti ad affrontare le incertezze del futuro.
Il Castello, con i suoi spalti e il torrione, assisteva impassibile al nuovo anno. Dopo tutto era un Castello giovanile, di appena due secoli.
L'albero della libertà sarebbe stato ripiantato qualche anno dopo, in occasione della grande festa popolare a cura del Partito Comunista Italiano. Ma questa volta, bonariamente, paciosamente: una parentesi proletaria in una delle ultime vestigia dell'aristocrazia.

NOTE AL CAPITOLO
BALLO AL CASTELLO

1. Il Castello di Passerano di Marmorito, nel basso Monferrato, si trova a circa ventotto chilometri da Asti. Prime notizie sull'abitato risalgono al 1164, quando fu confermato da Federica I Hohenstaufen con decreto imperiale al marchese di Monferrato. I Radicati ne presero possesso nel 1277. Di particolare interesse è la Torre di origine medioevale, adattata nel 1704 a campanile. Nella stanza della torre sono raccolti cimeli del grande musicista Schumann, avo dell'attuale conte Radicati. Soltanto nella seconda metà del Seicento Alessandro Radicati iniziò i lavori di restauro. Altri interventi si registrarono nell'Ottocento, conservati fino ad oggi senza sostanziali alterazioni. Gli ultimi eredi diretti dei Radicati, rappresentano una delle maggiori famiglie dell'aristocrazia sabauda.
2. Alda Nicolini (Veytaux, Svizzera 1928 - Milano 1986), sposata nel 1950.
3. Terza figlia di Robert Schumann e Clara Wieck, famosi consorti, lui compositore e lei pianista, era Julie Schumann nata a Dresda nel 1845, bella affascinante, conquista il cuore del Conte Vittorio Amedeo Radicati di Passerano, frequentatore della casa Schumann dove si ritrovavano i più grandi musicisti del tempo. Di lei si innamora anche Brahmas. Julie Schumann sposa nel 1968 il Conte Vittorio Amedeo Radicati, diventando contessa Radicati-Schumann. Vanno a vivere nello splendido Castello di Passerano e Julie porta con sé il pianoforte regalato dalla madre per il matrimonio e numerosi cimeli appartenuti al padre. Nella stanza della torre Julie raccoglie i cimeli del padre Robert, che rimarranno preziose testimonianze della loro vita al castello: lettere, spartiti, oggetti di famiglia, quadri, libri, fotografie ma soprattutto il pianoforte, dono di nozze di Clara alla figlia, acquistato insieme a Brahms. Il matrimonio è felice ma durerà solamente tre anni. Julie morirà a ventisette anni il 10 novembre del 1871 nel tentativo di mettere al mondo il terzo figlio. I tre anni trascorsi da Julie Schumann al Castello di Passerano sono più importanti di ciò che si possa pensare. Infatti fu nel 1875 che il violinista, compositore e direttore di coro Stefano Tempia fondò l'Accademia musicale Stefano Tempia. Vedi nota 2 al capitolo "Massimo Mila: musica e libertà", p. 310.

"Plaisir d'amour". La mamma Maria Teresa Cappa Legora

Apologia del suono

A Walter Borghi, gran Maestro della registrazione sonora, con la stima e la deferenza di un allievo indegno.

Se è vero, come sostengono gli studiosi di psicologia, che i primi anni dell'infanzia sono determinanti per la formazione di un carattere e di un gusto, devo riconoscere che l'elemento più emotivo della mia vita è stato il suono.

Un fatto, forse, di destino: c'è chi nasce sotto il segno della parola, chi sotto quello dell'immagine, chi della forma o del colore. Per me è stato il suono.

Avevo circa tre anni quando a Stresa, per la prima volta, assimilai coscientemente il concetto di suono. Era estate, la lunga e grande estate dell'infanzia, e con i miei, "villeggiavo" (come allora usava dire), sul Lago Maggiore. La villa di mio nonno materno, con un grande parco, era una costruzione bislacca, fin de siècle, un finto medioevo con bifore e merli che sarebbe piaciuto a Sem Benelli e che avrebbe fatto impazzire l'amico di famiglia Carlo Emilio Gadda. Questa costruzione è tuttora in piedi e ben visibile dal lago[(1)].

La villa era dotata a piano terra di una vastissima entrata, chiamata per snobismo anglofilo "hall", in cui sfociava, opulento e presuntuoso, lo scalone in marmo rosa che portava al piano nobile.

E, proprio ai piedi dello scalone, fui attratto un giorno da uno strano ordigno che pareva essere lì da tempo ma, solitamente, era nascosto da una vasta coperta di velluto. L'apparecchio era piazzato su un trespolo come quelli che, nell'Ottocento, servivano per presentare un grande troneggiante mazzo di fiori.

Visto dal basso, l'ordegno consisteva in una cassetta di legno pregiato

(forse mogano?), munita lateralmente da una manovella nichelata. Sormontava la cassetta una tromba mastodontica che s'apriva a petali smaltati in colore rosso fuoco. Questa proboscide si assottigliava sino a costringersi in un pezzo nichelato che, a sua volta, faceva capo a uno scatolino tondo che, da un lato, pareva trasparente. L'ultima propaggine dello scatolino presentava una spina d'acciaio tenuta stretta da una vite.
Su mia perentoria richiesta, mio padre mi prese in braccio e mi illustrò l'apparecchio. Lesse una targhetta che, soltanto più tardi, mi riuscì familiare: "Gramophone & Typewriter Ltd".
Poi sopraggiunse mio nonno che teneva tra le mani qualcosa di tondo, nero e lucente. Con delicatezza posò il coso su una ruota che stava sopra alla cassetta. Passò su di esso, con gravità, un aggeggio che, nella parte inferiore era coperto di velluto, poi si spostò per manovrare la manovella. Diede compuntamente una diecina di giri alla molla, spostò un altro arnese nichelato e la ruota cominciò a girare. A questo punto, mio nonno inforcò un paio di occhiali pince-nez, posò con riguardo la puntina sulla ruota e, improvvisamente, un grido uscì dalle viscere della tromba e invase la hall:
L'aurora di bianco vestita...
Urlai per terrore infantile e corsi fuori dalla portata del terrifico strumento:
Metti anche tu
la veste bianca...
Rinfrancato, osai far capolino nel salone. Ora la famiglia al completo sedeva a circolo a qualche metro dall'apparecchio. Una voce nasale si lanciò in un acuto:
Quando tu sei
nasce l'amor! (2)
Gli echi rimbalzarono come scimmie isteriche sulle pareti, poi seguì un gracchiamento e mio zio – prontissimo – scattò in piedi a fermare la ruota per non rovinare "il disco e la membrana".
Recuperata una certa baldanza, osai chiedere a mio nonno:
"Perché quello lì sta così in alto?".
Mi guardò severo togliendosi il pince-nez:

"Non puoi capire: è per l'acustica".
Tutti si prodigavano in esclamazioni compiaciute: "Perfetto! La voce è così naturale! Pare proprio che il cantante sia davanti a noi!".
Io, invece, avevo l'impressione che il fantasma fosse raffreddato.
Seguì un altro canto in cui il Signor Caruso si sgolò ad incitare un pagliaccio a ridere per far contento il pubblico. Concluse con un singhiozzo e mia madre mi spiegò che quel signore piangeva perché gli avevano fatto un torto, ma che doveva ugualmente cantare e fare il pagliaccio.
Ma il misterioso "Gramophone & Typewriter" non aveva finito di terrorizzarmi. Qualche sera dopo, stanco per una corsa in giardino, entrai nella hall buia, cercando mia madre. Era quasi notte e, appena, distinguevo la sagoma dello scalone.
Qualcosa sul fondo luccicava: la tromba del grammofono! Ma, con orrore, vidi che galleggiava ondeggiando a mezz'aria. Entrai cautamente e, a un tratto, la tromba emise un ruggito!
Urlai di paura. Seguì un secondo ruggito più minaccioso. Urlai ancora e cominciai a singhiozzare. La luce si accese e scoprii che il leone era mio zio che, nel buio, aveva utilizzato la tromba per emettere ruggiti belluini.

* * *

Il Gramophone fu il passatempo di quella lunga estate. Alla sera, amici villeggianti convenivano nella hall per godersi un variato concerto. I dischi erano raccolti in due album dalla copertina telata, pure rossa, che illustravano a rilievo un grammofono a tromba.
Presi così conoscenza di strani personaggi sonori: una signorina dalla voce acuta, detta misteriosamente "traviata"; un altero Signor Figaro che diceva di essere "factotum" (mah?); un terzo che gracchiava *cortigiani vil razza dannata!* e spolmonava maledizioni.
Personalmente, preferivo il "Danubio" e una "Marcia Reale" (tarazum, tarazum, tarazum!) che, di solito, chiudeva il trattenimento mentre tutti i presenti scattavano (Chissà mai perché?) in piedi, e stavano lì come allocchi sino alla fine del disco.

Seguiva un rinfresco con granatina, lampone e orzata, mentre mio nonno, e altri austeri Signori, degustavano "un dito di rosolio" e lo centellinavano parlando, con indignazione, di un certo Cavalier Benito Mussolini che definivano "sovversivo, arruffapopolo" e, come massimo insulto, "socialista". Poi venne l'autunno e, con le piogge, si cominciò a fare i bagagli per il rientro a Torino. Il Gramophone fu smontato e spedito per ferrovia "a piccola velocità".

* * *

Il mio secondo incontro con il mondo del suono avvenne qualche anno dopo, all'età – mi pare – di sette o otto anni, a Torino.
Un mattino, di ritorno da scuola, intravidi mio padre – indaffaratissimo – in compagnia di un signore sconosciuto. Si appartarono nel salone e mio padre mi ordinò di lasciarlo in pace perché doveva fare "una cosa importante". Disobbedendo alla consegna, entrai nel Salone: sorpresa! Su un tavolo, questa volta abbastanza basso, scorsi un arnese misterioso.
Consisteva in una cassetta in legno sulla quale erano come infilate sette strane lampadine. Accanto stava un altro aggeggio a tromba, questa volta nero, collegato alla cassetta con un filo elettrico. Vi era poi – troneggiante – una sorta di arcolaio, tutto zeppo di fili verdi, tesi con cura sull'intelaiatura a forma di rombo. Infine, vicina, una scatoletta di metallo nero che conteneva una ventina di pile piatte come quelle delle lampadine tascabili.
Incuriosito, chiesi a mio padre: "È un grammofono?". Il signore sconosciuto rise e mio padre, con gravità, mi annunciò: "Questa è la radio!".
Radio? Che voleva dire? Mio padre m'illustrò il prodigio della Tecnica e spiegò che era stata inventata dal Signor Marconi.
Pensai allora che, per rispetto, avrebbero dovuto battezzarla "Marcona" e invece, su un lato della cassetta, tra manopole di bachelite nera, era scritto "Crosley". "È la marca" – disse mio padre.
Il signore sconosciuto tolse gli occhiali, li ripulì con il fazzoletto, li rinforcò e si accostò con decisione alla cassetta. Fece scattare un pul-

sante: "Ci siamo! – annunciò con la gravità di un napoleonide – Il tempo di scaldare le valvole".
Vi fu una pausa d'attesa. Sfiorai con le dita l'aggeggio di fili verdi, ma il signore mi scostò perentorio: "Bambino, non toccare l'aereo!".
Che fosse un aeroplano non l'avrei immaginato ma, d'un tratto, la tromba nera emise una serie di scatarramenti che culminarono con un sibilo. "È collegato! – disse il signore – Ora dobbiamo sistemare la terra".
Che mai c'entrava la coltivazione della terra?
Lo sconosciuto raccolse vicino al tavolo un sacco di juta e ne trasse una piccola zappa.
"Andiamo" – disse mio padre, e io lo seguii incuriosito. Lo sconosciuto zappettò una aiuola e scavò per una trentina di centimetri. M'aspettavo che piantasse una viola del pensiero ma trasse invece dal sacco magico un triangolo di lamiera di rame saldato ad una lunghissima treccia, pure di rame.
"Il rame è il miglior conduttore!" – sentenziò. Conduttore di che? Automobile, locomotiva? Mistero.
Interrò il triangolo, mise a posto la zolla poi estrasse dal sacco una bottiglia piena di acqua. Sta a vedere che adesso bagna il rame che ha interrato, pensai e presi a fissarlo dubitando che avrebbe pronunciato qualche formula magica. La pronunciò!
"Erde, aiutaci nelle nostre ricezioni!".
Erde, spiegò mio padre, è una parola tedesca che vuol dire "terra". Ma allora mi fece molta impressione.
Collegato l'apparecchio, orientato l'aereo, regolato l'altoparlante, si procedette al collaudo e, improvvisamente, dopo qualche scatarramento residuo, una voce femminile annunciò: "Il trio Chesi-Zanardelli-Cassone eseguirà ora per voi, un brano di Mozart".

* * *

La radio ci occupò moltissimo durante quel freddo inverno. Gli appuntamenti serali erano frequenti. Dopo un breve apprentissage pratico, mio padre fu in grado di ricevere correttamente alcune stazioni

straniere fisse: "Esta es la staçion de la Radio Barçelona" – "Allò, allò: ici Radio Toulouse!" – "Hier Hilversum Holland Radio!".
Parenti e amici partecipavano spesso alle "audizioni" che non sempre però risultavano soddisfacenti. Durante cambiamenti di tempo si verificavano fischi, ronzii e perfino "svenimenti di suono" che mio padre, per scienza acquisita, chiamava in inglese "fading".
Vi fu un increscioso episodio durante un ascolto al quale partecipava un ospite di riguardo: dopo un buon esordio spagnolesco, la voce sprofondò nel nulla: "Un insulto apoplettico", commentò qualcuno. Mio padre scosse la testa, indispettito: "Le pile!" – diagnosticò – e, rivolgendosi all'ospite con compunzione: "Eccellenza – disse – sono desolato".

* * *

Venne l'estate e, con la stagione delle vacanze, la radio fu trasferita, con i dovuti riguardi, nella villa di Stresa.
La ricezione migliorò. Fosse l'umidità lacustre propizia alle onde hertziane, o l'assenza di rumori "parassiti", dalla nostra specola captammo stazioni lontanissime, mitteleuropee e perfino – ma con beneficio di dubbio – oltreatlantiche.
Finché una sera funesta, durante l'ascolto dell'operetta *La rosa di Stambùl*, la radio emise un grugnito porcino, suscitò dalle viscere alcune scintille e tacque, definitivamente.
Fu subito un avvicendarsi intorno all'apparecchio: svenimento, collasso o, magari, infarto? La diagnosi riuscì oscura. Si provò ad incoraggiare la sventurata verificando tutti i collegamenti, si sollecitò la sua ripresa manovrando i pulsanti, ma tutto fu vano!
Un senso di costernazione colpì l'intera famiglia, orbata dal giocattolo meraviglioso. Che fare? Come trovare in quell'ameno paese lacustre un "esperto" capace di ridar vita alla misera folgorata? Mio nonno, con gravità ottocentesca, azzardò: "Potremmo chiamare il Rubinelli".
Si valutarono collegialmente le capacità riparatorie del candidato.
Icaro Rubinelli(3) – questo era il suo autentico nome anagrafico – era un uomo dedito al Progresso (con la maiuscola, naturalmente). Oro-

logiaio a tempo perso (e perduti erano anche gli orologi che gli venivano affidati), e meccanico a tempo pieno, aveva – agli inizi del secolo – progettato e costruito, con altri desperados pionieri, una vettura automobile di piccola cilindrata chiamata "Temperino"(4).
Il nome misterioso forse si riferiva a frequenti guasti riparabili appunto con un temperino. Chissà. Fondata una Società a responsabilità più che limitata, l'intraprendente Icaro si smarrì nel dedalo degli affari e, costruiti pochi esemplari della Temperino, precipitò con i soci in un baratro di debiti salvandosi a stento dalla prigione.
Da allora, abbandonate le fatali quattro ruote, era passato alle due, costruendo, con discreta fortuna, la motobicicletta Icaro Rubinelli che, a detta di mio padre, era un disastro.
Era esperto l'Icaro in Scienze Elettriche? Amici ci avevano riferito di un suo intervento notturno per un guasto al contatore, risoltosi brillantemente con la vittoria della Luce sullo Oscurantismo. Ma, quanto alla radiotecnica, non si conoscevano precedenti riparatori rubinelliani.
Si soprassedette, in quella serata muta e mesta da ogni decisione, riservandosi mio nonno il mattino seguente di parlarne con il Sindaco certo al corrente di possibili "esperti" della zona.
La risposta non si fece attendere: un nome, altrettanto prestigioso, rimbalzò tra le pareti domestiche: Luigi Menapace!
Comparve il giorno stesso qualificandosi modestamente, "Inventore, riparatore di barometri, fonografi e strumenti ottici, nonché esperto in Elettricità e Radiotecnica".
Oltre il bagaglio mentale in Scienze Elettriche, il Menapace portò con sé tre strumenti: una valvola detta "fusibile" e un contatore detto "Voltmetro" che, spiegò, "serve a misurare la forza della corrente continua".
Luigi Menapace era un personaggio: piccolo, smilzo, scattante, dotato di due poderosi baffi alla Kaiser Wilhelm. Si fece intorno all'apparecchio saltellando e rivolgendosi ad esso con tono perentorio "da paro a paro": "Dunque, si fanno i capriccetti?... Dunque, non si vuole funzionare? Ahi, ahi! Ora la vedremo, Signora Radio! Perché Luigi Menapace non si tira indietro!".

Il balletto mimico comportava tastaggi e palpazioni alle viscere della cassetta: controlli con la lingua penzolante alle pile "per sentire se danno corrente continua, uh, come pizzica, la danno, la danno!". Infine, introduzione del braccio sino al gomito nella tromba dell'altoparlante: "Sa, in campagna i topini si infilano dappertutto!". Constatata l'assenza di roditori, si passò all'esame delle valvole, il cuore, anzi, i cuori dell'apparecchio! Con picchiettamenti che a me parevano pregiudizievoli col manico del cacciavite.
Infine, un grido di trionfo: "Eureka! Ecco la colpevole! Fulminata!". Simile a un cavadenti estirpò la valvola dalla radice e ne mostrò la base a mio padre: "Vede, vede, signor Avvocato: bruciatura, corto circuito!". Poi, carezzando la radio inferma: "Niente paura, mia eterodina, ti restituiremo a nuova vita! Dove arriva il Menapace, ogni guasto a lui soggiace!".
L'impressione della famiglia fu positiva: un estroso, certo, un empirico ma dotato di acume e volontà. Mio padre l'investì dell'incarico di andare a Milano a fare acquisto di una valvola.
"Una sola valvola! – esclamò sdegnato il leonardesco. – Ma, signor Avvocato, le valvole sono come le lampadine: bruciano! Meglio averne sempre qualcuna a portata di mano... e poi io, come elettrotecnico, ho lo sconto presso la Ditta Fratelli Preti di Via Cavallotti 13. Lasci fare a me: ci pensa Luigi Menapace!".
Comparve il mattino seguente trafelato a bordo di una spetazzante motobicicletta. Portava a tracolla una scatola di cartone legata con lo spago: "Le valvole!" – annunciò trionfante.
Si accostò all'apparecchio, aprì con cautela la scatola di cartone e ne trasse alcune valvole che posò sul tavolo: "E ora a noi, cara eterodina! Non sfuggirai alla Legge di Ohm!".
Con mossa sicura da principe del bisturi, infilò una valvola nello zoccoletto: una scintilla, uno schianto:
"Non era questa! Ha visto? Si è subito ribellata: buon segno!".
Afferrò un'altra valvola e ripeté l'esperimento. Questa volta l'Altoparlante emise un grido roco, da gallina sgozzata. La solita fiammata e un fil di fumo luciferino e sulfureo:
"Niente paura, Avvocato: invertendo l'ordine dei fattori il prodotto

non cambia!". Raccolse altre valvole e le fulminò una dopo l'altra con soddisfazione: "Càtodo del cavolo! La griglia! L'induttanza! È un'invertita!" – esclamò con sdegno.
Folgorò ancora due valvole, ne infilò a caso una superstite e... la radio prese a funzionare!
"Dove arriva il Menapace, ogni guasto a lui soggiace! Ecco fatto, signor avvocato. No, queste valvole non gliele faccio pagare. Era un esperimento scientifico. E mi faccia réclame!".
Ah, le indimenticabili serate estive con la luce che si attenuava e il lago che assumeva toni sfumati di madreperla. E noi, tutti intorno alla Radio, e i gorgheggi, ansiosi o disperati, non ricordo se della Pagliughi o della Toti Dal Monte nei suggestivi versi di Francesco Maria Piave:

Morrò! La mia memoria
non fia ch'ei maledica...

O ancora quel prodigioso "gioir" che è sempre stato un Capo Horn per tutte le cantanti:

Follie, follie
delirio vano è questo...

Tutta un'epoca per me, un'adolescenza! Ma per mio nonno, ad esempio una grande vittoria del Progresso:
"Se penso che più della metà della mia vita è trascorsa al lume di candele, sono sconvolto! Questa radio del signor Marconi che capta le onde del cielo, ti ridà anche a centinaia di chilometri la voce, la vita! Ah, prodigio della Scienza! Ah, Luce!".

* * *

L'anno seguente mio zio (quello del leone ruggente), con fare cospiratorio, mi convocò nel suo studio da pittore. Era stato un bravo allievo della Accademia Albertina e si era distinto nel paesaggio. Appena entrato nello studio, drappeggiò per pudicizia una coperta su un grande nudo femminile che avrebbe potuto turbare i miei giovanili sensi. Poi, con amichevole partecipazione: "Ho una sorpresa per te – disse – guarda questo".

E mi esibì uno strano disegno a linee intrecciate: "È lo schema per costruire una radio a cristallo di galéna".
"Balena?".
"Galéna. Dunque: sono già d'accordo con tuo padre. Ti procurerai: una scatoletta di cartone in carta di Varese, a fiori. Un detector a galéna (non chiedermi cos'è, lo vedrai). Sei morsetti serrafili e due metri di filo di rame di questa sezione. Una cuffia. Una bobina a nido d'api e alcune banane. È chiaro?".
"No".
"Non importa, ti aiuterò io".
Nacque così in famiglia il primo ricevitore a galéna. Un miracolo! In breve divenni abilissimo a pescare con il "baffo di gatto" le posizioni più sensibili del cristallo.
Alla sera andavo a letto e mi portavo il mio ricevitore. Infilavo la cuffia e sentivo le trasmissioni dell'EIAR (Ente Italiano Audizioni Radiofoniche). Ricordo in particolare alcune operette, dirette dal Maestro Gallino e interpretate da un bravo attore, Riccardo Massucci. Poi, una degna orchestrina di "musica varia" diretta da un Maestro dal nome incredibile: Illuminato Culotta.
Mi appisolavo con la cuffia e, spesso, mi risvegliavo per un acuto o un colpo di grancassa. Mi capitava così di addormentarmi *Al Cavallino Bianco* e svegliarmi in piena tempesta nella Sesta di Beethoven.
Ero orgoglioso di seguire i programmi con l'apparecchio che io stesso avevo messo insieme e non pensavo certo che nella vita avrei fatto tante trasmissioni e che le mie parole sarebbero state ricevute con mezzi molto più perfezionati della piccola galéna.
La radio è stata, nella mia infanzia e adolescenza, un elemento molto importante di istruzione e di informazione: "Bello o brutto, si ascolta tutto!". E, giorno dopo giorno, solleticando col "baffo di gatto" il cristallo di galéna, partecipavo alla vita e ricreavo con la fantasia gli scenari che le voci eteree mi suggerivano.

* * *

Da tempo a Torino avevamo nel salone un pianoforte verticale che non avevo mai degnato della mia attenzione. Era nero, massiccio, ingombrante, un mobile da pompe funebri (forse per le due torciere dorate che stavano ai lati del pianista).
Questo catafalco era scostante. Il nome stesso della marca, inciso in oro sul dorso del coperchio, mi suonava ostrogoto: "Schiedmayer", qualcosa tra uno sputo e il verso per cacciare i gatti.
Una sera vidi mio padre che suonava una romanza e mia madre che cantava. Era una vecchia aria francese, con parole romantiche:
Plaisirs d'amour
ne durent qu'un istant,
chagrins d'amour
durent toute la vie...
Mi avvicinai, attratto soprattutto dalla bella voce di mia madre, molto espressiva. E fu una sorpresa: mio padre non suonava affatto!
Le sue dita non stavano sui tasti ma manovravano alcuni comandi in ottone. Azionando energicamente una pedaliera, faceva scorrere, all'interno del leggìo, un rullo di carta perforato che comandava i tasti dello strumento. Un piano meccanico, dunque.
Fui introdotto ai misteri pneumosonori dell'"autopiano" (così si chiamava) e imparai a pedalare e a piazzare i rulli di carta. Per interposta persona mi scoprii pianista, con un repertorio che spaziava da Wagner al *Tango dell'emigrante*, dal *Minuetto* di Boccherini alla *Romanza* di Tosti.
Meraviglia! Prodigio della tecnica!
Studiai attentamente la perforazione del rullo. Come diavolo facevano a trasporre un motivo con quei forellini? Provai a sforacchiare la parte iniziale di un rullo con le forbici da unghie. Un disastro! Da quel momento il nome del "trascrittore", che compariva accanto a quello del compositore, fu per me sinonimo di Genio.
Si trattava di certo Professor Willy Pistacchi (o Pistacchio, non ricordo) che veniva associato a quello dei Grandi della musica. Così si leggeva: Minuetto (Boccherini - Pistacchi). Ma allora mi pareva giusto data la difficoltà della perforazione.
Le molte pedalate mi irrobustirono i polpacci e mi affinarono l'orec-

chio. Questo esercizio – a metà tra Coppi e Paderewsky – mi procurava grande soddisfazione: decollavo in un empireo sonoro, unito allo strumento in simbiosi psicofisica.
Il mio cavallo di battaglia ciclistico-interpretativo era la *Marcia del Tannhauser*: una spedalata a tutta pressione con arpeggi scatenati, effettacci col pedale del "forte", sbuffi e pernacchie di un mantice che perdeva e delirium-tremens delle corde nel gran finale.
In pieno allenamento, passai tutti i rulli, segnando sulla etichetta dei preferiti "B" (che significava bello). Così, con sorpresa, scoprii che per un errore di perforazione, un rullo iniziava con l'*Ave Maria* di Schubert e poi virava in *Donne, donne, eterni dèi!*

* * *

Questi apparecchi furono come una colonna sonora della mia vita associandosi, nella memoria, ai miei genitori e parenti.
Il Grammofono (o "fonografo" come mio nonno – classe 1859 – preferiva chiamarlo) è la reviviscenza della hall di Stresa, con tanti personaggi, importanti o meno, che venivano e passavano svanendo alle prime brune d'autunno.
La radio è Torino, via Magenta 41, il grande alloggio dove abitavamo insieme con mia sorella e mio fratello: la camera di mia madre dove andavo al pomeriggio a farle tutte le mie confidenze; quella di mio padre – austera come lui, in massiccio rinascimento nero e funereo – poi la stanza di Giulia, mia sorella, tutta allegra, decorata con fiori e disegni che lei stessa faceva. E quella di mio fratello maggiore, una stanza da play-boy con "audaci" fotografie di attrici del cinema (alcune perfino con dedica). E poi la mia stanza, grande con tanto spazio per i miei giochi, una scrivania con il ripiano in tela cerata rossa, il letto in ottone e – cosa che ho sempre odiato e maledetto! – una grande libreria che occupava quasi tutta una parete. Una di quelle librerie falso rinascimento, schifosa! Con le zampe leonine e le porte con la grata dorata e dietro il velluto verde. Mi era stata imposta dai miei che non sapevano dove piazzarla e a me era stato destinato un settore per i miei libri. Gli altri erano libri brutti, di consultazione, che non

mi riguardavano affatto e che lasciavo impolverare con gusto sadico. Anche l'autopiano, così come la radio a galéna sono Torino. E pensare che quel grande alloggio che mi aveva visto bambino piccolo, poi ragazzo, adolescente, con i miei sogni, le mie illusioni e delusioni, non c'è più. Distrutto per sempre da una bomba da aereo, di una tonnellata.

Che cosa ci lasciamo allora dietro di noi? Un ricordo, forse, un motivo come quello che mia madre cantava quella sera, così dolcemente, con tanto amore che ancora, se ci penso, mi vengono le lacrime agli occhi.

"*Plaisirs d'amour*
ne durent qu'un istant
...." (5).

Nota: La dedica a Walter Borghi, tecnico per i suoi della Rai, su cui però non abbiamo trovato notizie, mostra quanta stima e amicizia Giorgio Buridan gli riservasse e il perché avesse collocato questa memoria nella sezione "Dopoguerra", mentre il racconto è da considerarsi parte del tempo e della sezione "Anteguerra". Ritroviamo ricordi dell'infanzia a Stresa e a Torino, nella casa di Via Magenta 41, distrutta durante un bombardamento; la scoperta del grammofono e della radio.

NOTE AL CAPITOLO *APOLOGIA DEL SUONO*

1. Villa Cappa Legora, vedi nota 1 al capitolo "Carlo Emilio Gadda: visite in settembre", p. 98.
2. Celebre romanza *Mattinata*, scritta da Ruggero Leoncavallo nel 1904, primo interprete Enrico Caruso, da allora cavallo di battaglia di molti tenori.
3. Icaro Rubinelli di Stresa, inventore negli anni venti del '900, dei motori ausiliari applicati alle biciclette, poi impiegati nelle prime motoleggere. Il Rubinelli riparava anche gli orologi.
4. L'auto "Temperino" è da considerarsi la prima utilitaria, ideata nei prini anni del '900, dai Fratelli Temperino, di una famiglia di emigrati ritornati dagli USA.
5. *Plaisir d'amour (Piacere d'amore)* romanza composta intorno al 1785 da Jean-Paul-Ègide Martini, su parole di Jean-Pierre Claris de Florian, amata e cantata da Maria Antonietta, presente in repertori di cantanti fino ai nostri tempi.

Stresa. Entrata a Villa Cappa Legora. Al centro la mamma Maria Teresa Cappa Legora, ai lati il fratello Carlo Alberto e la sorella Giulia Buridan. Anni '20

Anton Giulio Bragaglia: un Maestro di teatro

La mia conoscenza con questo grande uomo di teatro esige una premessa: l'incontro, nell'anno 1957, con Enrico Romero, regista teatrale e, in un secondo tempo, amico carissimo e generoso che tanto rimpiango.

Romero, molto attento a quanto di nuovo si faceva in teatro, aveva sentito parlare di me in seguito a una lettura teatrale di un atto unico, avvenuta a Milano al Teatrino "Alle Maschere" per il Gruppo dei Rabdomanti. Il testo era singolarmente piaciuto al pubblico ed aveva avuto rilievo sui giornali, non per merito mio (che ero uno sconosciuto), ma perché una degli interpreti era la giovane (e bella) Monica Vitti, appena premiata con la "Noce d'oro" per la migliore attrice dell'anno.

Comparso nell'anno 1957 a "Alle Maschere", questo Buridan era stato ripreso da Romero che, insieme al regista Aldo Trionfo, aveva in cogestione a Genova una sala sotterranea di una pasticceria "La borsa di Arlecchino", allestita alla meglio, con una sessantina di posti. È lì che è avvenuto il mio primo debutto con l'atto unico *L'anniversario* (titolo cambiato in *Una famiglia dabbene*), rappresentato con altri quattro lavori: *Monsieur Badin* e *Un mese di prigione* di Courteline; *La defunta signora madre* di Feydeau e *Una parola per l'altra* di Tardieu. Il decano dei critici genovesi, il commediografo Enrico Bassano, mi aveva dedicato un pezzo entusiastico di tre colonne su *Il Corriere Mercantile.*

Successivamente Romero aveva lasciato "La borsa di Arlecchino" ad Aldo Trionfo e, con coraggio aveva preso in affitto il Teatro Pirandello di Roma.

Questo teatrino, alquanto squallido e povero, aveva però un passato più che illustre, essendo stato negli anni Trenta il "Teatro degli Indipendenti" diretto da Anton Giulio Bragaglia(1).

Era uno scantinato del Palazzo Tittoni, in via degli Avignonesi, tra alcuni resti delle terme di Settimio Severo, dove Bragaglia aveva messo in scena, con pochissimi mezzi, scene di juta e lampade colorate a mano, alcuni spettacoli d'eccezione. D'altronde, come ci ha lasciato scritto, il grande Bragaglia non si è mai preoccupato della grandezza del palco o delle scenografie. Ha detto:

Il Teatro si può fare benissimo in una stanza da bagno. Se una cantina avesse, come la mia, due metri di palco aperto, otto metri di luce scenica e tre metri di soffitto, allora si possono fare scenografie. Io tento di fare scene in grande ma ridotte a piccole dimensioni e parto da un modellino di un metro cubo. Se in un metro cubo si può fare tutto, in sei metri cubi si può ingrandire quanto si fa in un metro: l'attore ci sta dentro cinque volte, cioè le antiche regole della scenografia sono rispettate.

Questo principio di mini-sala o, come dicono i francesi, di "Théatre de poche", anche a mio modesto parere può funzionare benissimo, a patto che vengano curati due impianti: quello delle luci e quello della diffusione sonora. Ne ho avuto la prova in un teatrino allestito con alcuni appassionati amici[2].

Ritornando a Bragaglia e agli "Indipendenti", si erano svolti spettacoli d'eccezione: una pantomima musicale con la danzatrice Jia Ruskaja e, tra molti altri, forse in memoria dei trascorsi futuristi parigini, un *Cabaret epilettico* di Marinetti/Bragaglia. Il Teatro degli Indipendenti era diventato un ritrovo romano di snob e di bohemiens e aveva proposto nomi, sino ad allora ignoti in Italia, come Maeterlinck, Turgenev, Schnitzler, Apollinaire, Jarry; una *Morte del Dottor Faust*, tragedia per music-hall di De Ghelderode nell'adattamento di A.G. Bragaglia e poi ancora Strindberg, Laforgue, Vedekind; *Fantocci elettrici* di Marinetti, Soffici e tanti altri, soprattutto stranieri, "sopportati" dall'allora famigerato MINCULPOP, ovvero Ministero della Cultura Popolare, grazie all'intelligenza del Ministro della Cultura fascista Giuseppe Bottai, noto tra gli intellettuali del tempo per il proverbio: "Un colpo alla botte e uno a Bottai".

Ma il colpo di grazia per gli "Indipendenti" avvenne nel 1933 con la messa in scena de *La veglia dei lestofanti* del proibitissimo Bertolt Brecht. Chiuso il Teatro degli Indipendenti, Bragaglia continuò la

sua opera di divulgazione drammatica al Teatro delle Arti, grazie ad una certa protezione di Bottai. Nomi come Pavolini, Savinio, Brancati, Wilder, Salacrou ed altri vennero, a denti stretti, sopportati dal Regime grazie alla straordinaria personalità e "scanzonatezza" di Bragaglia che, quando vedeva che le cose si mettevano male, inscenava qualche cabaret futurista con l'aiuto gratuito di personaggi come Pompei, Depero, Pacuvio, Prampolini, D'Errico e tanti altri.
Così i gerarchi del Regime si divertivano, un colpo alla botte e uno a Bottai, e Bragaglia riusciva a presentare autori che il MINCULPOP non avrebbe mai tollerati.
Singolare è l'accostamento, agli inizi del Regime sovietico, con un altro Commissario alla Cultura, Lunaciarsky. Anche lui aveva consentito spettacoli che, con l'austera politica rivoluzionaria, non avevano niente a che vedere: si pensi, per esempio, alla importazione di due movimenti fusi in un filone culturale di certa rilevanza, come il movimento cubofuturista. Ma Lunaciarsky era un raro esemplare di marxista leninista, con il sorriso. Un uomo gaudente che, per le sue molte sfrenatezze con le prostitute, veniva chiamato Lupanarsky.

* * *

Chiuso definitivamente, il vecchio Teatro degli Indipendenti, venne rilevato (senza peraltro aver goduto del benché minimo restauro), da un appassionato, l'avvocato Bernardino Pasanisi che si propose di rinnovare i fasti del Teatrino con programmi di avanguardia.
Fu il suo incontro con il mio amico Enrico Romero, reduce da Genova, a resuscitare gli "Indipendenti", sotto il nuovo nome di "Pirandello", con una programmazione alquanto variata, principalmente di giovani autori.
Il mio atto unico, ribattezzato *Una famiglia dabbene* (perché il titolo *L'anniversario* era stato di altri, tra cui anche Cechov), venne accoppiato ad Anna Bonacci *Ancien régime* e a *Morte dell'Onorevole* di Roberto Mazzucco. La critica – bontà loro – favorì il mio testo, anche se quella volta Bragaglia non presenziò. Buone recensioni mi vennero da Achille Mango e da Raoul Radice che, su *L'Espresso*, mi dedicò

molti elogi. Anche Sandro De Feo, sempre sullo stesso giornale, scrisse un pezzo, con le riserve d'uso trattandosi di un nuovo autore, ma con frasi come *Linguaggio dei più precisi ed atmosfera delle più rarefatte.*
Il mio secondo atto unico al "Pirandello" fu *La madre nobile* ma, nel frattempo, l'altro mio testo era stato dato dal torinese "Teatro delle Dieci" e a "Alle Maschere" a Milano.
Anton Giulio Bragaglia scriveva allora per un settimanale alquanto fatuo e pettegolo, *Lo Specchio*, che però si vendeva bene soprattutto per la stima che godevano le sue critiche teatrali. Nel 1957 aveva sessantasette anni ed era temuto dagli autori perché implacabile: una sua stroncatura poteva determinare la fine di un teatrante!
Il mio atto unico – finalista al Premio Ruggeri – era stato messo insieme ad un lavoro di Belisario Randone e ad un altro di Ezio D'Errico. D'Errico era un autore già anziano (aveva allora sessantacinque anni ed aveva esordito come autore di teatro nel 1948 avendo prima fatto parte a Parigi del Gruppo Futurista, poi essendosi dedicato ai romanzi gialli con parecchi libri editi da Mondadori).
Bragaglia mi fu presentato alla sede della SIAD (Società Italiana Autori Drammatici) dal vecchio commediografo Alessandro De Stefani e D'Errico, al quale avevo dato in lettura il mio testo, promise di farmi conoscere tutti i critici più importanti di Roma (De Feo, Radice, Chiaromonte e Frateili). Alla Prima era in teatro Bragaglia e d'Errico mi aveva elogiato. Il "Maestro" – come lo chiamavano a Roma – mi colpì: era esattamente identico ad una caricatura di Mario Pompei: alto, allampanato, baffetti, volto tra un arlecchino assorto e un Pierrot lunaire.
Fu molto brusco, mi disse perentoriamente: "Ah, lei è Buridan? E allora venga con me perché dobbiamo parlare".
Entrammo in un camerino dove una giovane attrice si stava truccando: "Fila via, brutta scema! – le disse Bragaglia – Tanto tu, truccata o no, non sai recitare".
Cominciò una sorta di interrogatorio: "Ah, lei è torinese... lavora alla RAI... ambiente schifoso, tutti puttanieri e figli di prete... allora, mi parli di questo atto unico: che cosa ha voluto dire?".
Ascoltò le mie spiegazioni con molto interesse. Sorrise. Disse: "Ah,

lei è una persona colta... fatto raro tra i teatranti: sono quasi tutti degli asini!".
Seguii la prima del mio lavoro seduto vicino a Bragaglia: non finiva di mugugnare contro gli attori che, a suo giudizio, non erano abbastanza bravi. Ometto le espressioni oscene rivolte ad una attrice, ma Bragaglia non aveva proprio peli sulla lingua. Non per niente era noto per i cosiddetti "sfottetti" che raccoglieva in quaderni che uscivano, di tanto in tanto, sotto il titolo di "Index rerum virorumque prohibitorum". Alla fine, dalla soddisfazione, gli cadde il monocolo ma lo riacchiappò al volo: "Mi è piaciuto! Lei, Buridan, ha qualcosa da dire! Continui e, se va avanti così, io la sosterrò!".
Il suo articolo su *Lo Specchio* occupava due colonne ma una parte era dedicata a me. Scriveva:
(... all'atto unico di Randone) è seguito "La madre nobile" di Giorgio Buridan, giovane umorista-letterario torinese. Segue l'Autore moderate giudiziose tendenze avanguardistiche attuali discese, come tutte, dalle svariate scuole avveniristiche europee del mezzo-secolo che abbiamo vissuto. Qui vediamo queste tendenze riflesse come in un vasto specchio che le fonde e le confonde. Il Buridan rimescola tre generi, evocando tre stili che sono tre stati d'animo e proiettandone lo spirito in avvenimenti con occhio letterario non indugiato nelle parole e, di conseguenza, non di impedimento all'azione. Il suo è un piccolo numero di "eccezione", per quanto anche questo "dramma" sia recitato approssimativamente. Pareva di vedere vetri d'arte delicatissimi nelle mani forzute di Alcidi abituati a torcere barre di ferro [n. 26, 14 settembre 1958].
Ritrovai Bragaglia altre volte, sempre generoso nei suoi apprezzamenti, e passai un'intera serata con lui insieme a D'Errico. Una serata che avrebbe meritato di essere registrata perché Bragaglia ci raccontò in modo indimenticabile e spiritoso tutta la storia della sua vita e della sua carriera.
Ricordo fantasiose memorie di suoi viaggi tra il 1927 e il 1933 (dunque, più o meno durante tutto il periodo degli "Indipendenti") in Svizzera, Francia, Germania e poi Ungheria, Cecoslovacchia, Russia, Turchia, Spagna, Brasile, Argentina, ecc., per relazionarsi sulle principali avanguardie del mondo. E la sua adesione "a vita" al famoso

"Manifesto del Teatro Futurista" del 1915 firmato all'inizio da Bruno Corra, F.T. Marinetti, Settimelli e, subito dopo, da Buzzi, Boccioni, Chiti, Pratella, Prampolini ed altri.
E poi le regole della poetica di Aristotele che vede il futuro dell'arte drammatica; dalla varietà e la salute, nel varietà. Di qui un rinnovamento che trasformi il teatro in un "auditàcolo" di pensieri in opposizione al "parolésimo" di Gaston Baty e al roboante dannunzianesimo.
Insomma, una serata di grande storia teatrale vista da un iconoclasta che però aveva vissuto tutti i principali movimenti del suo tempo.
Purtroppo il "Maestro" non poté essere presente al mio lavoro in due tempi *Nereo, o del pessimismo* (che però gli avevo inviato in lettura) e che suscitò importanti recensioni da Ghigo De Chiara (mezza pagina di *Rotosei*); un'altra mezza pagina di De Feo su *L'Espresso* e quasi una intera pagina di Nicola Chiaromonte su *Il Mondo*.
Finalista al Premio "Pirandello", l'atto unico *I più cari affetti* non ebbe invece la benedizione di Bragaglia. Messo in scena non più al "Pirandello" ma al "Teatro dei Satiri", con una regia – per me molto discutibile – di Gian Roberto Cavalli, venne favorevolmente accolto da De Chiara su "Rotosei" e da Saviane (in sostituzione di De Feo in ferie) su *L'Espresso* e da Chiaromonte su *Il Mondo*.
Lo stesso testo ebbe invece buon esito a Milano, al Teatro Manzoni, nei "pomeriggi" della Compagnia dei Quattro, dedicati ai nuovi autori. Accoppiato a *L'ultimo nastro* di Beckett, il mio lavoro era recitato splendidamente da Isabella Del Bianco e Camillo Milli con la regia di Franco Enriquez e la scenografia di Emanuele Luzzati.
Su *Lo Specchio* Bragaglia mi dedicò un lungo articolo e ancora, qualche giorno dopo, un altro pezzo intitolato "La rivincita dei Teatrini" in cui elogiava il regista Romero e l'avvocato Pasanisi, gestore del "Pirandello":

> *che ci hanno fatto conoscere lo spiritoso torinese Buridan, erroneamente chiamato lo Jonesco italiano.*

E aggiungeva, perentorio come sempre:

> *come scrittori teatrali d'avanguardia in Italia non abbiamo che Buridan* [n. 22, 31 maggio 1959 e n. 24, 13 giugno 1959].

Nella vita Bragaglia era come su un palcoscenico, cioè citava sé stesso con spirito caustico e demistificatorio: le sue numerose pubblicazioni, che spaziano da *La Commedia dell'Arte* al *Novecento*, e le decine di importanti regie, ne hanno fatto uno degli uomini più rappresentativi nella Storia del nostro Teatro.
Perfino i suoi irriducibili avversari, come Silvio D'Amico, che era per una tradizione storica, lo ha riconosciuto. *L'unico Teatro d'Arte che ebbe una lunga durata (una decina di anni) fu il Teatro degli Indipendenti, diretto a Roma da Bragaglia (....) rimasto sino all'ultimo ligio ai caratteri di un cabaret internazionale.*
E Vito Pandolfi nella sua vasta *Storia del Teatro*: *Con Anton Giulio Bragaglia, regista e animatore del Teatro degli Indipendenti, nacque un'attività polemica per il rinnovamento della nostra scena (...) in un'opera, seppur discontinua, a suscitare energie creative fra i nostri giovani scrittori.*
Era un Maestro, un innovatore ma quanto diverso dai critici di oggi, o anche soltanto di trent'anni fa! Per Bragaglia non c'erano vie di mezzo: un testo gli piaceva oppure no. Nel primo caso era capace di andare contro corrente e contro tutti, entusiasmandosi. Se non gli piaceva, il processo era inverso. Tipico il caso del mio atto unico *I più cari affetti. Caro Buridan, ho letto subito la tua nuova commedia, o meglio i tuoi nuovi dialoghi. Il genere non fa Teatro perché non aggancia. Questi tuoi sono astratti parecchio, si staccano sospesi, fanno scene rarefatte. Non nego che caratteristi - comici involontari, ridicoli cioè non come comici teatranti, buffi per sé, non umoristi, potrebbero dare rilievo e clima alle battute. Eccellente sarebbe Gianrico Tedeschi. La tua commedia sarebbe adatta alla "Cometa", ma ora il repertorio lo sceglie Remigio Paone. Tu mandala a Paone dicendo che io ho detto che è adatta alla Cometa. Non dico che farà successo, infine come si può fare teatro senza teatro? Se il teatro non esiste, bisogna sovrapporglielo, almeno con la bufferia dei tipi e il loro modo di parlare. Questa è l'unica tavola di salvezza. Se la troverai. Saluti cordiali, A.G.Br.*(3)
Invece gli era piaciuto il mio testo *Nereo, o del pessimismo*, forse anche per la scenografia di Carla Guidetti Serra che aleggiava a certe sue composizioni post-futuriste. Mi aveva risposto con una cartolina che lo ritraeva insieme a delle maschere. Così mi scriveva:

Caro Buridan, non chiamarmi dottore perché non sono una testa di cazzo! (Aveva un profondo disprezzo per i laureati, voleva essere chiamato "Il Maestro"). *Ho letto "Nereo", spiritoso e assai felice nel colpire. L'ho mandato al sedicente "Piccolo Teatro di Venezia": sono filodrammatici ma* BRAVI *(...) chiedi loro la restituzione del testo e mandalo al bravo Bobbio, via Lodovico Colla 3 - F/23, Genova, Sestri Ponente.*
(Mia nota: ma chi era questo Bobbio? Non ne ho mai trovato notizia nemmeno sulla Enciclopedia dello Spettacolo. Mah...)
Un'altra cartolina, che ritrae il vecchio Teatro degli Indipendenti mi ammoniva: *Cari saluti, Buridan, al grido "rinnovarsi o morire!".*

* * *

Due parole ancora sulla scenografia, così come le aveva esposte Bragaglia la sera del nostro incontro con D'Errico. Diceva, in sostanza, come il "Teatro degli Indipendenti" fosse molto povero, ricco di idee, ma povero di mezzi. Sicché, molte volte, gli elementi scenici erano forniti dagli stessi Autori o collaboratori. Esempio: una sedia portata da Ezio D'Errico, una panca da Prampolini, un fondale da Depero, una lampada da Pompei... e così via. Mi spiegava Bragaglia come fosse importante nella scena la luce riflessa su schermi che riflettevano in modo diverso. Giocare sulle sensazioni cromatiche: il blu e il verde sono luci da tragedia perché deprimono: il rosso eccita la mente perché agisce sulla retina. In molti testi fatti agli "Indipendenti", al posto di una funzione "realistica" è meglio utilizzare un falso o un curioso per dare un aspetto più artificioso o onirico. Infine, pur disponendo di pochi mezzi, la scena deve essere sempre adattata al (o ai) personaggi e all'atmosfera dell'azione. Fatto questo che, prima ancora di conoscere Bragaglia, avevo già intuito quando, sulle notazioni al testo de *I più cari affetti*, avevo indicato: CUCINA DI CASA DI CAMPAGNA, DUE POLTRONE, UN TAVOLO GROSSO, DIPINTE SUL FONDALE: UNA CREDENZA, UNA CUCINA ECONOMICA, UN PENDOLO FERMO, UN VERO CALENDARIO CON GROSSI FOGLI CHE SI STRAPPANO.
SQUALLORE - DISORDINE - POLVERE.
LA SCENA IN BIANCO E GRIGIO. LE LUCI, SE POSSIBILE, GRIGIE. I DUE PERSONAGGI VESTITI IN NERO.

* * *

Il "Maestro" Bragaglia, insieme al critico e studioso Nicola Chiaromonte sono stati i soli ad avermi insegnato qualcosa. Anche perché a me non interessavano le critiche laudative (ne ho avute tante ma anche superficiali), quanto mi si esponessero razionalmente i difetti e i punti più deboli del mio modo di teatrare.
Bragaglia era un uomo generoso e, se poteva aiutare qualcuno che stimava, non si tirava indietro. Peccato non aver registrato la sua lunga chiacchierata su Marinetti e gli altri di Parigi. Era una spassosa avventura linguistica che, ancora oggi, avrebbe potuto insegnarci varie cose mai comprese sul Futurismo.

* * *

Sovente la vita porta lontano: così ho perduto di vista Bragaglia. Sono stato assorbito dalla Radio e dopo due testi (anomali per me) uno: un brutto teatro di poesia influenzato da Yeats – l'altro, un testo post-simbolista *Il Bodoniano* [1963], pubblicato a Bologna da Tamari editore e presentato in quella sede con grande battage sui giornali (addirittura una mia lunga intervista in due puntate), non avevo più scritto niente.
La "teatrite" (malattia difficilmente curabile) mi è ripresa con la Radio della Svizzera Italiana che aveva uno spazio/tempo settimanale di trenta minuti dedicato agli atti unici.
Così mi sono divertito in altre esperienze che, pur derivando da una certa avanguardia, sviluppavano un divertissement di situazione e, soprattutto, di battuta.
Credo di averne scritti una quindicina, trasmessi e, molti, replicati più volte.

* * *

Ma il mio "Maestro" Bragaglia non c'era più. Era morto nel 1960 lasciando piuttosto freddi e indifferenti i suoi colleghi della critica che, peraltro, per decenni aveva vituperato con quel suo modo brusco e assolutista.

Questa mia memoria forse non dice tutto quanto avrei voluto: ma non è facile, a distanza di tanti anni, ripetere le meraviglie estemporanee di una indimenticabile serata trascorsa con il grande Anton Giulio.

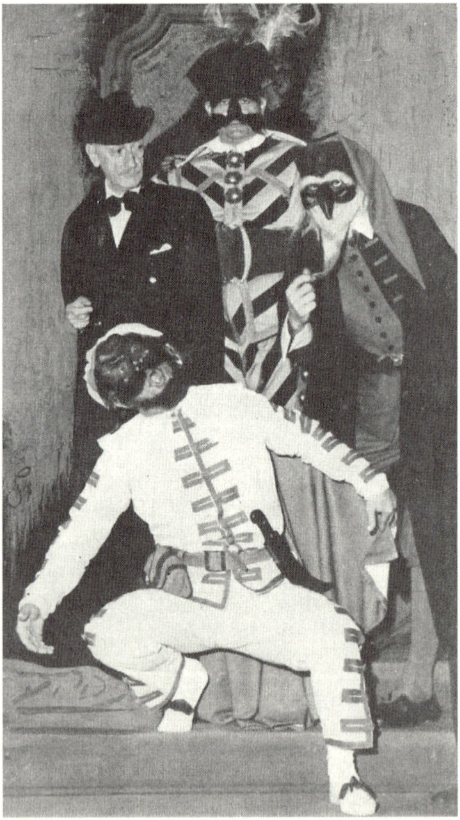

Anton Giulio Bragaglia a Venezia, 1957, Teatro di Palazzo Grassi. "Le smanie della moda" composizione di scene goldoniane a cura di Antonella Vigliani (con Gino Sabbadin, Mario Grandese e Sergio Cesca)

NOTE AL CAPITOLO
ANTON GIULIO BRAGAGLIA: UN MAESTRO DI TEATRO

1. Anton Giulio Bragaglia (Frosinone 1890 - Roma 1960). Regista, scrittore di teatro, critico cinematografico e saggista. Fu il più celebre dei fratelli Bragaglia, Carlo Ludovico e Arturo. Nel 1906, presso la Cines, fu aiutoregista nella produzione di comiche finali; dal 1910 collaborò in materia artistica a vari periodici e quotidiani. Fu attratto dal movimento futurista (famose le "fotodinamiche": *Uomo che cammina, Giovane che si dondola, Un gesto del capo* che è una "autofotodinamica" e *Ritratto polifisionomico del poeta futurista Luciano Folgore*). Fu però più attivo nel teatro che nel cinema. Nell'ottobre 1918, con il fratello Carlo Ludovico, fondò, in via Condotti 21, a Roma, la Casa d'arte Bragaglia, un "covo" d'intellettuali, artisti e politici. Nel 1921 nei sotterranei dei palazzi Tittoni e Vassalli, dove furono riscoperte le Terme cosiddette di Settimio Severo, impiantò cinque gallerie d'arte – una retrospettiva, una moderna, una futurista, una d'arte decorativa, una d'arte grafica, nelle quali furono allestite 275 mostre, una "sala dei balli" e una "buvette" dove artisti e frequentatori avrebbero potuto mangiare il rituale piatto di spaghetti, e un teatro sperimentale che fu dal 1922 il Teatro degli indipendenti, che diresse, sempre aiutato dal fratello, fino al 1931, e dove fece rappresentare di preferenza lavori d'avanguardia, con una scenografia essenziale e un'originale interpretazione luminosa che creasse un suggestivo clima scenico. Come direttore artistico e come regista, si orientò a rinnovare il teatro italiano, avendo come riferimenti i modelli internazionali. Nel 1935 fu chiamato a dirigere il Teatro delle Arti. Ricoprì alcuni incarichi ufficiali (consigliere presso la Corporazione dello spettacolo, segretario del Comitato nazionale scenotecnici e poi nell'ambito del Direttorio dei sindacati del teatro e del Sindacato nazionale registi e scenotecnici); pur essendo nell'orbita del regime fascista, mantenne sempre una certa indipendenza. Dopo la guerra riprese la sua attività di regista come regista lirico, alternandola a quella di studioso di tradizioni popolari.
2. Il teatrino è stato allestito, compreso di tutto, quinte, sipario, impianto di luci e suoni, nella villa della casa nella frazione Vallera di Caraglio, dove Giorgio Buridan, lasciata la sua casa di Piazza Statuto n. 3 a Torino, si è trasferito nel 1991, e dove abiterà fino alla morte nel luglio 2001. Gli spettacoli offerti a invito ad amici, rappresentano l'inizio della Compagnia Teatrino al forno del pane, dal nome del forno in quello che nato come tavernetta con un forno vero e proprio, è diventato luogo di rappresentazioni.
3. La lettera porta la data, Roma, 10 ottobre 1959, in archivio GB.

linea lombarda
Sei Poeti a cura di LUCIANO ANCESCHI
Editrice Magenta
Varese

David Maria Turoldo e la Corsia dei Servi

Nell'anno 1957, tempo duro e di miseria, insieme a due amici lavoravo alla RAI di Torino ad un programma settimanale per giovani dai sedici ai diciotto anni, "Tempi Moderni", comprendente vari pezzi collegati insieme.
Io, facevo una rubrica detta "Radiophoto" specie di breve illustrazione di un personaggio o di un avvenimento. In alternanza, il mio amico Gianni Pollone curava dei "Servizi Esterni", interviste o mini documentari di otto/nove minuti. Poi, Stefano Jacomuzzi, esperto bravissimo curava lo spazio dello sport.
Un giorno Gianni Pollone mi chiese di accompagnarlo a Milano dove mi avrebbe fatto conoscere un giovane poeta suo amico: Luciano Erba.
Di Erba avevo già letto alcune liriche su una pubblicazione intitolata *Linea lombarda - sei poeti a cura di Luciano Anceschi*, apparsa nel 1952 da una sconosciuta tipografia di Varese.
I poeti presentati erano Vittorio Sereni, Roberto Rebora, Giorgio Orelli, Nello Risi, Renzo Modesti e Luciano Erba. Il saggio introduttivo di Anceschi tendeva a delineare una comune linea ticinese-lombarda in questi poeti, alcuni di origine lacustre (come Sereni, Modesti e lo svizzero Orelli).

* * *

Erba abitava in un condominio brutto e anonimo perché lavorava come insegnante in una scuola parificata e aveva pochi soldi. Ma mi colpì sulla porta, al posto della solita targhetta col nome, una ceramica che, appunto, rappresentava dell'erba.
Nel soggiorno – piccolissimo – oltre a Erba trovammo un signore

dall'aria simpatica e affabile vestito in grisaglia scura. Erba ci presentò: "il mio amico Turoldo" – disse.
Lo sconosciuto sorrise: "Sono Frà Turoldo dell'Ordine dei Serviti"[(1)] – disse.
Mi colpì subito l'espressione aperta di uno spirito estroverso: pensai che, frate o no, nella vita doveva proprio essere un grande charmeur. Erba stava commentando con lui una nota de *l'Osservatore Romano* che stroncava ogni tentativo di apertura verso i socialisti "partito classista e marxista", e ricordava che "i cattolici non hanno nulla da imparare da altri perché il socialismo è insito nella Fede Cristiana".
Il commento di Turoldo era stato duro e mi aveva colpito: "Questo è tipico del Principe Pacelli. Non si è ancora accorto che il tempo del Sillabo[(2)] è passato da un pezzo".
Si andò avanti con la politica a discutere sul nuovo Governo Zoli, con Pella agli Esteri, Tambroni alla Giustizia, Gonella alle Finanze e Andreotti al Tesoro. E ancora Turoldo mi stupì per una battuta folgorante:
"Quel Pacelli è davvero nefasto. Auguriamoci che Dio lo richiami presto a sé".
A questo punto azzardai a mia volta un'altra irriverente battuta (era il tempo in cui il Papa soffriva per un singhiozzo cronico dovuto a un'ernia allo stomaco): "In fondo, più che Pio duodecimo dovrebbe chiamarsi Pio duodeno".
Tutti risero e Turoldo s'interessò a me chiedendomi che stessi facendo. Gli raccontai che, faticosamente, avevo iniziato a lavorare alla RAI che però era un ambiente infido dominato dai democristiani della corrente Donat-Cattin. "Se ti vedono girare con *L'Espresso* in tasca, sei bollato come un comunista".
Turoldo si divertiva: "In Italia – disse – si è sempre comunisti di qualcuno".
Poi si parlò di poesia e lo scopersi incredibilmente informato. Avevo con me il libretto di *Linea lombarda* e si commentarono insieme due poesie di Sereni: *Inverno a Luino* e, mi pare, *Strada di Creva*. Notò come in Sereni aleggiasse sempre il senso del lago, delle sue sfumature cromatiche e di questo considerarsi "uomo di frontiera". Poi si parlò

di Erba che Turoldo considerava uscito dalla nuova generazione o, come scriveva Anceschi: *Una sorta di Prevert filologo e lombardo, con certi gusti da mandarino, come corpi di materia nitida e allegra.*
Erba diventò rosso: "Vi prego, non sono così importante".
Turoldo si rivolse all'amico Pollone, autore di alcune poesie che erano state pubblicate non ricordo più dove. E poi a me "Lei, Buridan, non scrive poesie?".
Gli risposi che mi sentivo portato al Teatro e che avrei lavorato sul dialogo che mi era congeniale.
"Unicuique suum" – disse – io invece sono attratto dalla poesia ma è una cosa molto difficile". Allora Erba citò una lirica di Turoldo che sapeva a memoria: *Fratelli miei.*

O poeti, fratelli miei
sempre più solitari e esclusi:
fanciulli di Dio,
a questa generazione
ancora più inutili,
di una colpa voi siete liberi:
di volere tutto spiegare.

Turoldo si schermì: "Ma no, faccio quello che posso. Non sono un poeta, sono quello che sono: così accettatemi perché proprio non oso definirmi un poeta".
Poi si parlò di religione e di fede. Ero molto imbarazzato perché, dei tre, ero l'unico ad essere agnostico. Cercai di spiegare a Turoldo la mia posizione che poi, allora, si concretizzava in un anticlericalismo e in un rifiuto alle pratiche della religione.
Precisai come, nei momenti più bui e drammatici della mia vita, non avessi mai trovato – tranne che in un modesto prete di montagna – una voce amica che mi desse coraggio. Lo stesso comportamento di Pio Dodici mi aveva sconcertato.
Mi aspettavo da Turoldo una replica vibrante, anche perché ero stato – di proposito – molto perentorio e provocatorio. Invece mi guardò con occhi di amicizia e precisò che non si stupiva affatto. Considerava

il mio agnosticismo non negazione, ma ricerca. Quanto al Principe Pacelli – così lo chiamava – concordava con me. Tuttavia non gli pareva giusto giudicare lo spirito della Chiesa dal comportamento di un Papa.
La conversazione si era animata perché sia Erba sia Turoldo erano davvero affascinanti interlocutori. Si parlò del Congresso del Partito Socialista e dello stupore di tutti per l'invio di un messaggio ai congressisti del Patriarca di Venezia, cardinale Roncalli(3). Poi il discorso si allentò perché Erba ci raccontò una barzelletta irresistibile (che, naturalmente, ho dimenticato) e Turoldo accennò, con molta grazia e ironia, a un suo colloquio con il Cardinale Schuster che l'aveva trattato da sovversivo.
Purtroppo il tempo era volato e, con Pollone, dovevamo riprendere il treno per Torino. Ce ne andammo con il rimpianto di non poter proseguire quegli interessanti discorsi. Ma dissi che presto mi sarei fatto vivo perché avevo in corso una serie di trasmissioni che faceva capo alla RAI di Milano.
Turoldo pareva interessato: "La prego! – disse – Venga a trovarmi e mi farà piacere. Siamo un gruppetto di mezzi eretici alla Corsia dei Servi, accanto alla Chiesa di San Carlo, in Corso Vittorio Emanuele. È un modesto rifugio e ci trattano come ospiti da evitare, ma noi ci troviamo bene lo stesso e ci riuniamo sovente.

* * *

Durante il viaggio di ritorno con l'amico Pollone parlammo di Turoldo: "Un uomo affascinante" – dissi. Ma l'amico che lo conosceva meglio mi fece notare come, sotto quell'aspetto mondano, vi fosse un temperamento duro, severo, quasi giansenista: "Anzi, più che giansenista, calvinista".
Certo Turoldo aveva in sé una vivacissima comunicatività, quasi una smania di simpatizzare, di accostarsi a tutti. Mi riferì che, secondo Erba, Turoldo aveva anche momenti di profonda ribellione e questo atteggiamento critico pareva escluderlo dal Clero milanese. Non se ne curava affatto anche se, durante l'accennato colloquio con Schuster,

era stato duramente ammonito alla prudenza per certe posizioni troppo aperte verso la sinistra.

* * *

Incontrai ancora Turoldo e gli spiegai come la mia posizione alla Rai fosse diventata difficile a causa di un'amicizia con il comunista Saverio Vertone che la Rai, non potendo licenziare per non suscitare polemiche, aveva esiliato in una stanzetta all'ultimo piano senza più passargli alcun lavoro e dove lui traduceva dal russo le opere di Lenin. Orrore! Ero stato sorpreso dal Direttore di Sede a colloquio con il reprobo Vertone! Mi salvò l'amicizia di un caposervizio intelligente ma, certo, da molti venivo guardato con diffidenza anche se avevo sempre dichiarato la mia posizione che era quella del Partito d'Azione.
Fu allora che Turoldo mi chiarì come si trovava a Milano: praticamente attaccato da alcuni presuli per un eccesso di mondanità e per frequentazioni con influenti famiglie della nobiltà e della finanza. E, d'altro lato, per il tono culturale che aveva preso la sua "Corsia", con inviti frequenti di personaggi della sinistra: e lì capii la grande, come dire? Moralità? – ma per un religioso mi pare assurdo – di Turoldo. Che mi aveva concesso tutta la sua amicizia e stima ma che, ad ogni incontro, mi pareva sempre più tormentato. Lo spiegò con parole semplici, con concetti che poi riportò in una nota alla raccolta di poesie *Diario continuato*:

Io non so dire cosa sia il prete, e sono un prete! Anzi, un frate. Già, questo è un po' diverso. Questioni, tuttavia, che non voglio ora pensare. Io sono tutti voi, sono un popolo intero. Certo, è che devo pagare per tutti. E per amore. Ho cantato molto su questa mia condizione misteriosa e, come vedete, non ho finito. È stato proprio il mio sacerdozio a portarmi a questi estremi: agli estremi della natura, agli estremi dei sentimenti, ai confini del mondo.

* * *

Ecco: questo era il Davide Turoldo che ho conosciuto negli anni Cinquanta/Sessanta. Poi, ci siamo perduti di vista: lui milanese, io torinese, la pigrizia di visitarlo, gli impegni reciproci...
Nel mio ricordo vive soprattutto la sua straordinaria vis comunicativa: era come se volesse impadronirsi di te, non per coercirti, ma per ragionare insieme, per condividere passioni artistiche di vita.
In fondo, mi pareva che avesse avuto ragione il Cardinale Ildefonso Schuster a considerarlo un sovversivo. Perché certi uomini che sentono la fede come una ricerca, diciamo pure una battaglia, sono necessariamente dei sovversivi nei confronti del potere costituito.
Così è stato Turoldo che si è rivelato poeta sensibile. Meglio di tutti mi pare l'abbia definito Luzi:
Non ci si può incontrare con Padre David, con questo misto di barbarico e di angelico, senza rimettere tutto in discussione e pensare che probabilmente, la poesia stessa rientra in qualche cosa da aggredire, amorevolmente aggredire, perché infine essa non si addormenti e non finisca di parlare agli uomini.

Note al capitolo
David Maria Turoldo e la Corsia dei Servi

1. David Maria Turoldo, al secolo Giuseppe Turoldo (Coderno, 1916 - Milano 1992). Teologo, poeta, scrittore, figura profetica in ambito ecclesiale e civile, forte presenza nel rinnovamento culturale e religioso, di ispirazione conciliare. Dopo gli studi di teologia e filosofia a Venezia è ordinato presbitero nel 1940 e inviato a Milano al convento di Santa Maria dei Servi in San Carlo al Corso, dove visse e operò per quindici anni. Su invito del cardinal Schuster tiene le predicazioni domenicali in Duomo, mentre con il suo confratello Camillo de Piaz, si iscrive e si laurea, nel 1946, presso l'Università cattolica. Collabora attivamente, durante l'occupazione nazifascita di Milano, alla Resistenza. Sostiene poi il progetto del villaggio Nomadelfia fondato nell'ex campo di concentramento di Fossoli da don Zeno Saltini. Insieme al confratello Camillo de Piaz fonda la Corsia dei Servi, centro di cultura dei Serviti di San Carlo. A causa delle sue posizioni di apertura, nel 1953 Turoldo costretto a lasciare Milano, si trasferisce in Austria, poi in Baviera, presso i conventi dei *Serviti* locali. Nel 1955 viene trasferito a Firenze, al convento della Santissima Annunziata, dove conosce il sindaco Giorgio La Pira e padre Ernesto Balducci. Obbligato ad andare via anche dal capoluogo toscano, dopo un periodo di peregrinazioni, ritorna in Italia e viene assegnato a Udine, al convento di Santa Maria delle Grazie. Nel 1964, nell'antico Priorato cluniacense di Sant'Egidio in Fontanella dà vita a un'esperienza religiosa, che coinvolga anche i laici; qui fa costruire una casa per l'ospitalità, che prende il nome di Casa di Emmaus. Poi la grave malattia e la morte a 75 anni nel 1992, e i funerali celebrati dal cardinal Carlo Maria Martini.
2. Sillabo, la raccolta di 80 proposizioni che Pio IX pubblicò l'8 dicembre 1864, insieme all'Enciclica "Quanta cura". Si tratta dell'elenco e della condanna dei principali errori del tempo: liberalismo, ateismo, comunismo, socialismo, indifferentismo, e altri atteggiamenti della società civile, come il matrimonio civile.
3. Angelo Giuseppe Roncalli (Brusicco, Sotto il Monte, 1881 - Roma 1963). Ordinato sacerdote nel 1904. Dopo molti incarichi e viaggi all'estero, nel 1934 è delegato apostolico in Turchia. Durante la seconda guerra mondiale, a Istanbul raccoglie migliaia di informazioni sui soldati scomparsi, prigionieri, dispersi. Sale a venticinquemila il numero degli Ebrei da lui aiutati in Turchia. Nel 1941 è in Grecia durante l'invasione italiana e tedesca. Nel 1944 nunzio apostolico in Francia. Nel 1953 cardinale e patriarca di Venezia. Eletto Papa con il nome di Giovanni XXIII, il 28 ottobre 1958. Centocinquanta sono le sue uscite dal Vaticano, memorabili le visite all'ospedale Bambin Gesù di Roma e al carcere di Rebibbia. Dopo tre mesi di pontificato annuncia il Concilio Vaticano II, che, convocato l'11 ottobre 1962, verrà chiuso da Papa Paolo VI nel dicembre del 1965. Papa Roncalli muore il 3 giugno 1963.

Giorgio adolescente e il lago

Vittorio Sereni e le luci del Verbano

Avvicinare un poeta è come sfiorare l'inesplicabile, l'inafferrabile, il mistero. Ma conoscere un poeta come Vittorio Sereni è gustare l'atmosfera di una cultura europea(1).

Questo non vuole essere un omaggio (che Sereni non avrebbe mai tollerato), ma soltanto il ricordo di chi è stato onorato della sua amicizia.

* * *

Segrate, Casa Editrice Mondadori, piano 4°.

"Perché sa, caro Buridan – mi diceva un giorno Sereni, quasi arrossendo – si figuri che a dirigere la collana degli audiolibri(2) hanno messo proprio me".

Gli pareva un equivoco, una stranezza, quasi un onore immeritato. La sua, più che timidezza, era ritegno di non esporsi in prima persona, una specie di rifiuto narcisistico.

Ero arrivato alla Mondadori, sezione audiolibri, come esperto di prosa radiofonica dopo aver lavorato ventiquattro anni ai programmi della RAI. E, dopo un colloquio con il responsabile del settore, avevo firmato un contratto annuale rinnovabile per parecchie regìe con facoltà di consulenza redazionale.

Nell'ufficio della sezione audiolibri stavo parlando con il direttore commerciale di questioni (che mi interessavano poco) sui costi di inscatolamento ed etichettatura delle audiocassette, quando entrò Sereni, quasi di soppiatto, timoroso di farsi notare.

Era una sua caratteristica, nota d'altronde a tutti, di tentare di mimetizzarsi tutte le volte che doveva incontrare persone sconosciute. Un funzionario mi aveva istruito: "Se arriva Sereni, lei all'inizio, faccia finta di non vederlo per non metterlo a disagio".

Mi ero attenuto alle istruzioni e avevo continuato a parlare di particolari tecniche di registrazione mentre, di tanto in tanto, guardavo Sereni senza farmi accorgere e lo vedevo attento. Ma, più che altro pareva seguire un pensiero senza osare manifestarlo sicché, dopo essersi molto civilmente presentato, si era rivolto a me: "Mi scusi, Buridan, lei che è esperto di radiofonia, come valuta la resa sonora di un testo letterario?".

Risposi che, certamente, la trasposizione è limitativa perché l'audioascolto non permette ripensamenti o possibilità di rileggere il testo, ma che, proprio per questo, ha carattere incredibile di immediatezza.

Sereni annuì, ma non pareva convinto: "E nel caso della poesia?".

Ero intimidito: cosa potevo dire a un poeta? Cercai di farmi coraggio: "Per la poesia è diverso. Perché nella lirica la parola è supporto ad un insieme di sensazioni. Certo, la lettura poetica può suscitare, nel migliore dei casi, un "incantamento" dovuto alla ritmicità e alla cantabilità del verso, ma è indubbio che l'essenza, anche se non si perde del tutto, si attenua".

"Giusto, giusto" – disse soddisfatto. Immediatamente parve vergognarsi della osservazione e quasi sussurrando, aggiunse che desiderava conoscermi meglio e, se per favore, potevo dedicargli un po' di tempo.

"Sa, – disse – faremo una chiacchierata così, tanto per scambiarci le nostre letture".

* * *

Scortato da Sereni che, con eccezionale mancanza di disinvoltura, mi faceva gli onori di casa, attraversai due piani del grande complesso Mondadori di Segrate progettato da Niemeyer, tutto circondato da laghetti artificiali e aperto su un paesaggio di vetrate.

Penetrati nel suo "spazio-ufficio", avvisò la segretaria di non passargli telefonate perché – disse – "Adesso devo parlare con il mio nuovo amico". Fui onorato della qualifica, anche se mi pareva gentilezza di maniera, ma in seguito capii che Sereni era fatto così e accordava – o non accordava – la simpatia per istinto.

La sua scrivania di direttore editoriale era, in pratica, un bunker fatto

di libri. Mucchi in file ordinate sicché lui, lì dietro, si sentiva al riparo: era un modo per occultarsi con il filtro esterno della segretaria.
"Venga, venga, si accomodi".
Era il momento di presentargli le mie credenziali. Ma mi fermò con gesto cortese: "Ma io la conosco. Ho letto un suo lavoro teatrale pubblicato dalla Sansoni, *La barricata filosofale,* e ho visto alcune critiche dei suoi testi dati a Roma".
E qui, dovrei citare alcuni complimenti che la modestia mi impedisce di riferire. E continuai: "Da tempo la conoscevo attraverso le poesie".
"Quali?".
"Poche, pubblicate in una raccolta insieme ad altri poeti. Si chiamava *Linea lombarda* e aveva un bel saggio di Anceschi.
"Ah, sì, già: doveva essere del 1952. Sa che lei è stato uno dei pochi a comperarla?".
"Poi ho letto il bellissimo *Diario di Algeria*".
"Troppo cortese, non merito – disse – adesso desidererei un suo giudizio su un elenco di testi per gli audiolibri. Io di specifici sonori non ne so niente e lei mi potrà aiutare".

* * *

Quel primo pomeriggio con Sereni fu delizioso.
La sua selezione mi pareva accuratissima, poi le osservazioni, le predilezioni e le avversioni erano talmente vicine alle mie da concordare in modo incredibile. Però manifestai perplessità di fronte ad alcune scelte "difficili" come una novella di Mann ed un racconto di Kafka. Mi parve, più che contrariato, sbalordito: "Non ritiene adatti testi di questo livello?".
Risposi che mi pareva improbabile che un mezzo così nuovo potesse avere successo con scritture complesse. Ma insistette su Mann: "Già, il fatto commerciale. Eh, sì, ha ragione, però, magari, in seguito...". Ci teneva proprio. Affrontammo il primo testo di lancio. Io proponevo un libro di certo valore letterario che si prestava molto all'adattamento sonoro: *Vol de nuit*, di Saint Exupéry. Rispose:
"Già, certo, è vero. Ma vorrei dare un'impronta più letteraria. Veda:

ho in mente *Il deserto dei tartari*, del mio povero amico Buzzati. È un libro straordinario".
"Straordinario ma difficile. Però, se lei mi lasciasse del tempo...".
"Tutto il tempo che vuole".
"Diciamo, dieci giorni prima di registrare".
"Faccia lei. Il problema dei tagli?".
"Non è facile, potrei provarci".
"Ci provi. Poi, magari, li vediamo insieme".
Il deserto dei tartari come audiolibro fu un successo. Ma ci avevo lavorato molto con il protagonista e, quando Sereni e gli altri della Mondadori lo ascoltarono senza che fossi presente, mi riferì Sereni che fu un coro di soddisfazione. Seguirono altre regìe, alcune difficili, altre meno. Incontravo sovente Sereni, sempre più cordiale e amico. Ormai non erano più riunioni di lavoro, ma si parlava di tutto con deliziosi itinerari letterari. Mai di poesia, argomento che non osavo trattare. Ma un giorno fu lui ad accennare ai *Canti Orfici* di Campana e passammo in rassegna molta parte della lirica contemporanea.

* * *

Passai così un paio d'anni alla Mondadori e per me fu un duro periodo di lavoro e di transizione perché lasciai ogni collaborazione con la RAI ed iniziai a lavorare stabilmente per la Radio della Svizzera Italiana.
L'operazione audiolibri, peraltro, fu un fallimento commerciale: prezzi troppo elevati delle cassette, scelte difficili e scarsi capitali per "lanciare" il prodotto. Dopo due anni la sezione chiuse con un forte passivo.

* * *

Da un amico mondadoriano avevo notizie di Sereni e apprendevo che era sempre più chiuso e ritroso. Una crescente timidezza pareva isolarlo, sicché i rapporti diventavano difficili.
Un giorno, avevo proposto alla Radio Svizzera una trasmissione culturale intitolata *Verbano, un lago letterario*: era, in pratica, un collage di citazioni, illustri o curiose, di tanti letterati, intellettuali e personaggi

che avevano lasciato prose, poesie o diari sulla bellezza del lago Maggiore.
Contavo di concludere la trasmissione con un intervento di Sereni che, come me, è nativo del lago Maggiore, precisamente di Luino.
Già, ma come osare intervistare Sereni? Proprio lui, emblema vivente del "micropanico" che, alla vista di un microfono, si sarebbe bloccato? Mandai avanti per cauti approcci il mio amico Carlo Fruttero, affinché spiegasse a Sereni che – per carità – non si trattava di una intervista, ma di una chiacchierata sul lago. Che non gli avrei fatto domande. Che, almeno, lo pregavo di leggermi una poesia che amavo: *Inverno a Luino*. Inaspettatamente, Sereni acconsentì. E partii dunque un mattino per Segrate insieme a Carlo Fruttero(3), stabilito un appuntamento con Sereni per il primo pomeriggio.
Ero inquieto, ma mi era venuto in mente come avrei dovuto agire. Il sistema era di fingere che il microfono non esistesse e, dato che non potevo nasconderlo, dovevo farglielo dimenticare, come fosse stato un oggetto, diciamo un portacene. Ma per ottenere questa metamorfosi si doveva parlare a lungo del lago sino a raggiungere una "trasfigurazione del luogo". A questo punto ero sicuro che la timidezza gli sarebbe passata. Sicuro? Almeno speravo.

* * *

Con Fruttero salimmo da Sereni. Scherzava con noi ma pareva molto teso. Ci isolammo in una piccola sala dove piazzai sul tavolo il portatile appoggiando il microfono al supporto e mi arrangiai a fare i "livelli" (rinunciando all'ascolto in cuffia) ascoltandolo parlare mentre scambiava facezie con l'amico. Poi arrivò il momento e Fruttero si ritirò discretamente dicendo che doveva vedere Raboni e che sarebbe ritornato dopo un'ora. Chiusi la porta isolante. Disastro! Sereni fissava il microfono con espressione allucinata e atterrita. Pareva un condannato a morte alla vista della ghigliottina: rassegnato e inerte. Lo vidi ansimare come gli mancasse il fiato.
Allora cominciai a parlare del lago. Gli dissi che ero appassionato di vela e descrissi certe atmosfere, luci e colori che mi incantavano. Mi

sforzavo di dare alla mia descrizione una visualizzazione, come a dipingere un paesaggio: le rive, le colline, l'acqua, i riflessi.
Cominciò a sciogliersi. Iniziò un racconto di una sua gita in barca vela con l'amico Piero Chiara: di quando era caduto il vento e, privi di un motore ausiliario, erano rimasti molte ore in mezzo al lago mentre si faceva notte, le luci cambiavano e, di momento in momento, l'acqua prendeva sfumature incredibili e tutto pareva fantastico e irreale.
Intanto il registratore girava e l'avevo coperto con un libro. Poi parlai della trasmissione che gli avevo mandato in lettura. Gli era piaciuta e mi faceva molti elogi. Senza avvicinarmi al microfono insinuai una domanda con naturalezza: "Perché, secondo lei, in tutti i tempi, intellettuali e *hommes de lettres* hanno prediletto il nostro lago?".
Lo vidi illuminarsi di nostalgie. Disse esattamente così (riporto la trascrizione dal nastro):
Beh, la risposta sarebbe abbastanza facile, soprattutto per chi ha visto il Verbano e lo ha contemplato dall'alto, per esempio ad Agra, verso il confine svizzero. E, naturalmente non si tratta soltanto di questo, non è soltanto un fatto estetico... questo scenario, questa atmosfera particolare, direi che è suscitatrice così, magari vagamente, di un tanto di mistero. Mistero da cui uno scrittore è attirato, evidentemente. Vorrebbe andare fino in fondo, trovare dietro a tutto questo delle storie che poi sfuggono, perché questi sono paesi senza storia, non con una storia, per lo meno clamorosa. Non ci sono stati grandi fatti. Sempre un po' fuori dal mondo, in un certo senso però pare raccolga in sé l'essenza di varie altre bellezze, di vari altri luoghi del mondo, ecco.
Fece una pausa e si immerse sempre più in una visualizzazione delle atmosfere lacustri:
È questo, credo, ma naturalmente qui siamo ai limiti dell'indicibile. È difficile poi, per uno come noi che ci è nato, dire la ragione profonda che non è legata al fatto di essere nato lì: il fatto, caso mai, di avere sentito all'interno di tutto questo le possibilità di certi fantasmi o di certe storie. Poi, la gente del luogo è anche abbastanza enigmatica: apparentemente chiusa, scontrosa, e proprio questo fa pensare che dietro ci siano delle vicende, ci siano dei romanzi non scritti, o ci sia l'impulso a delle poesie che non sono le solite, ecco.

Questo discorso improvvisato mi ha sempre colpito. Perché, oltre alla sua "dichiarazione d'amore" per il lago, c'è nelle frasi il senso sfumato e descrittivamente lirico di Sereni.
Poi lesse la poesia abbastanza male. Stentava a ricomporre l'atmosfera di vent'anni prima. Ma riuscì, grazie alla sua voce accattivante, a rendere quel quid di onirico di certe atmosfere verbanesi.

* * *

Riporto qui una parte di una sua lettera in cui mi dava notizie della riduzione di *Verbano, un lago letterario* in un pezzo di sette cartelle per la rivista che si pubblicava a Luino. *La Rotonda* era un periodico letterario fondato da Sereni insieme a Piero Chiara e a un altro amico, il professor Barigozzi, e raccoglieva quanto Luino aveva dato sotto forma di immaginazione, di poesia e di storia. Mi scriveva Sereni:
Caro Buridan, sono stato a Luino per la riunione redazionale. Qualche taglio al suo articolo – che va benissimo e del quale tutti le siamo grati – potrebbe anche essere fatto, se permette, a mia cura. Ma si è anche considerata la opportunità di pubblicarlo in due puntate. Mi dica dunque, sinceramente, se la seconda ipotesi le garba[4].
Seguiva l'approvazione alle illustrazioni che avevo scelto e la lettera concludeva con: *A presto. Grazie ancora e tanti auguri dal suo Vittorio Sereni.*

* * *

Succedono nella vita le cose più strane e imprevedibili: un giorno Fruttero mi comunicò – sbalordito – che Sereni stava lavorando a un documentario televisivo per la RAI sull'Egitto. Come era possibile? L'amico mi riferì che Sereni avrebbe diretto le riprese ma che il suo intervento si sarebbe limitato alla "voce fuori campo". Ma anche così il fatto ci stupiva. Lui, proprio lui, mischiato a una troupe esterna, alle prese con operatore, fonici, tecnici... però Sereni pareva deciso a compiere il grande passo e, anzi, da un paio di mesi si stava minuziosamente documentando sulle civiltà egizie.

Una decisione del genere era impensabile e ci venne in mente il dubbio che, all'ultimo momento, si sarebbe tirato indietro. Tutti naturalmente lo incitavano ad affrontare l'impresa e la Mondadori aveva già in progetto un libro fotografico con il suo commento.

* * *

La notizia della morte di Sereni mi sconvolse.
Seppi che, da tempo, era malato ma, non volendo rivelare una défaillance fisica, continuava a lavorare con il consueto scrupolo alla Mondadori.
A Fruttero venne il sospetto che il progettato documentario fosse una sfida estrema, l'imporsi una prova definitiva sentendo avvicinarsi la fine.
Sereni se ne andò così, discretamente, com'era nella sua natura.
Poi, il coro degli articoli "in memoria", la ristampa delle poesie, il rimpianto sincero di amici, colleghi, saggisti, il racconto di F&L (Fruttero & Lucentini), sul volume *La prevalenza del cretino*, di un viaggio a Lugano sotto la neve per un'intervista televisiva concordata con il comune amico Grytzko Mascioni(5) (pag. 319 del volume citato, edito da Mondadori, nel 1985, dal titolo *I nottambuli*).

* * *

Finito. Non l'avrei incontrato mai più.
Oggi, rileggendo le liriche, mi sono sentito preso da un senso di nostalgia. Avrei voluto ancora rivederlo, passare con lui un altro di quei deliziosi pomeriggi letterari.
Ancora il nastro, e la sua voce gentile in un altro passaggio significativo del registrato che qui trascrivo:
Debbo dire che al lago e sulle colline – io sottolineerei molto la presenza delle colline che costeggiano il lago e lo circondano – il verde è forse più intenso che in altri luoghi. È un verde vivido, brillante, che richiama molto l'idea dell'acqua, della presenza continua dell'acqua anche quando non si vede, e che si riflette scambievolmente tra collina e lago e lago e collina...

NOTE AL CAPITOLO
VITTORIO SERENI E LE LUCI DEL VERBANO

1. Vittorio Sereni (Luino 1913 - Milano 1983). Poeta. Visse dal 1932 a Milano. Laureatosi in Estetica, insegna nei licei, chiamato alle armi nel 1939, congedato nel settembre 1940, richiamato nel 1941, nel 1943 è fatto prigioniero in Sicilia e trasportato in Nord Africa (Algeria e Marocco), ove rimane prigioniero sino al luglio 1945. Tra il 1948 e il 1952, riprende l'insegnamento a Milano. Assunto all'Ufficio stampa e propaganda della Pirelli, nel 1958 passa alla direzione editoriale della casa editrice Mondadori. La sua poesia prende le mosse dall'ermetismo, e con uno stile sobrio e disincantato. Le sue poesie sono spesso espressione delle sue vicende personali nel contesto storico della guerra, della prigionia. Fu anche critico e traduttore, e scrisse anche prose che sono in stretto rapporto con la sua poesia. La sua poesia è considerata tra le più alte del secondo Novecento.
2. Gli audiolibri Mondadori, annunciati per la fine di ottobre 1976 in libreria, avrebbero dovuto comprendere nove collane, con Vittorio Sereni direttore di quelle di poesia e letteratura. Gianfranco De Bosio, uno dei collaboratori, ne chiariva così la natura: *Ogni audiolibro nasce da una sceneggiatura originale che dà spazio al dialogo, agli effetti sonori, alle interviste, alle voci... alle musiche.* E Sereni: *Si tratta di usare un senso in più, quello dell'udito, che in certi casi può essere un potenziamento della lettura.* Ma già il 24 novembre 1977 egli scriveva a Buridan: *Era ormai prevedibile che le cose per gli audiolibri prendessero la strada che hanno preso, cioè il vicolo cieco. In proposito ci sarebbero da fare alcuni commenti, anche perché oramai eravamo in grado di uscire dalla fase sperimentale e sul più bello abbiamo dovuto interrompere.* Buridan attribuiva la fine degli audiolibri alla Mondatori, non più disponibile a finanziarli, investendo su altri suoi programmi.
3. Carlo Fruttero (Torino 1926 - Castiglione della Pescaia 2012), scrittore, traduttore; nel 1952 dall'incontro con Franco Lucentini (Roma 1920 - Torino 2002) nasce un sodalizio di scrittura che porta a successi la sigla F&L, Fruttero & Lucentini. Con Lucentini si occupa anche di fantascienza dirigendo la collana Urania (Mondadori) dal 1961 al 1986. Una forte amicizia legava Giorgio Buridan a Carlo Fruttero, vicini di casa a Torino, frequenti erano i loro incontri. Molte volte Giorgio Buridan fu ospite nella villa di Roccamare a Castiglione della Pescaia, insieme ad altri amici come Italo Calvino, e dove Fruttero muore il 15 gennaio del 2012.
4. *Verbano: un lago letterario* non venne poi pubblicato. La rivista chiuse con il numero 6-1984, anche per la morte improvvisa di Sereni.
5. Grytzko Mascioni (Villa di Tirano, 1936 - Nizza 2003), scrittore svizzero valtellinese. Dal 1991 al 1996 ha diretto l'Istituto Italiano di Cultura a Zagabria, e fino al 2001 addetto culturale a Dubrovnik. Per trent'anni animatore della Radio Televisione della Svizzera Italiana, dove avviene l'incontro e si forma l'amicizia con Giorgio Buridan, per il quale scrive la prefazione a *L'ipotenusa e i suoi cateti: esercizi di stile* (Genesi, Torino 1996).

Giorgio, Torino, presso gli amici Ajmone Marsan

Massimo Mila: musica e libertà

La mia cultura musicale (se è decentemente possibile chiamarla cultura), ha avuto inizio un giorno verso i sedici anni, quando mio padre mi chiese se conoscevo Nikita Magalov. Mio silenzio. "E Walter Gieseking?" – insisté mio padre. Altra scena muta. "E Jehudi Menuhin?" Gesto di diniego. "Ma allora, la scuola?" – disse mio padre. In effetti, a quel tempo la musica era trascurata. Così mio padre mi abbonò ai Concerti del Conservatorio di Torino con obbligo perentorio di frequentarli. In questo modo, cominciai a capire qualcosa poi, con l'aiuto di dischi e di una *Storia della musica*, a farmi qualche idea.

Negli anni '50/'60, invece, ero abbastanza appassionato di musica, mia moglie era diplomata al Conservatorio e, in quel tempo, non perdevamo un concerto e ascoltavamo molta musica alla radio e su dischi. Sul quotidiano *La Stampa* seguivamo sempre attentamente le critiche musicali di Massimo Mila, così come precedentemente su "Omnibus" avevo seguito quelle del bravissimo ed estroso Bruno Barilli.

Mila ci entusiasmava perché – come sottilmente ci aveva fatto notare il nostro amico Fruttero – "è uno che parla di musica come se ci raccontasse delle favole". Era vero. Non che il serissimo Mila si permettesse di evadere con Cappuccetto Rosso ma, in ogni suo pezzo, c'era un che di favolistico che piaceva a tutti i lettori.

Chi era poi Massimo Mila[(1)]? Ne sapevamo poco: che era stato un antifascista, arrestato, e che si diceva che da anni scrivesse una *Storia della musica* che non usciva mai.

Ne aveva parlato su un quaderno clandestino dell'Italia Libera Carlo Rosselli: ... *Mila: autore a ventiquattro anni di un libro sul melodramma verdiano che lo rivelava uno dei primi critici musicali e scrittori d'Italia. Sì, Massimo Mila aveva conosciuto da giovanissimo Piero Gobetti... Sì, Mila aveva per amici degli antifascisti perché non poteva avere che amici*

intelligenti... Dallo Stato totalitario evadeva sulle ali della musica. Sgobbava per vivere, con la mamma e la sorella a carico, dando lezioni, redigendo enciclopedie, sempre sereno e dolce, con quel non so che di cherubino.
Ne riferiva in *Trent'anni di storia italiana* Franco Antonicelli: *Massimo Mila, nato a Torino il 14 agosto 1910, laureato in lettere. Nel 1929, per aver partecipato alla lettera di solidarietà a Benedetto Croce... fu arrestato e rilasciato dopo un mese e mezzo di carcere... Nel 1932, avendo Ginzburg costituito un nuovo gruppo di Giustizia e Libertà, aderì al movimento clandestino antifascista. Con Foà, Giua, Pavese, Carlo Levi e Antonicelli, fu condannato nel 1936 dal Tribunale Speciale a sette anni di carcere. Nel settembre 1943 prese parte alla lotta partigiana nella Sesta Divisione G.L. come Commissario della Zona Canavese/Valli di Lanzo.*
In seguito ha insegnato Storia della Musica al Conservatorio G.Verdi di Torino e all'Università di Torino [p. 203].

* * *

Una sera – non ricordo più dove, ma mi pare fosse all'Unione Culturale – eravamo andati mia moglie ed io ad ascoltare una conversazione di Mila su *La musica romantica in Francia a fine '800*. La saletta era piena e Mila stava a una scrivania, che non era nemmeno una cattedra, e parlava senza microfono col tono più naturale possibile. Aveva un'aria disgustata come volesse dire: ci sono tanti buoni testi su questo capitolo, perché non andate a leggerli e mi lasciate in pace? Ma poi, invece, svolgeva bene la sua lezione. A guardarlo, aveva l'aspetto di un coltivatore diretto piemontese: faccia larga, espressione annoiata e mimica grifagna con colorito acceso da iperteso.
Poi l'ho conosciuto meglio, non personalmente, ma attraverso le descrizioni che mi faceva il mio amico Maestro Alberto Peyretti direttore d'orchestra(2). Diceva come Mila, a differenza di altri critici, fosse sempre attentissimo, e niente di una esecuzione gli sfuggiva, che pareva scarsamente portato ad entusiasmarsi ma che era inesorabile verso le esecuzioni mediocri. L'avevo notato anch'io perché su *La Stampa* non largheggiava mai in complimenti: poche parole che però dicevano tutto.

* * *

È stato in quel periodo che l'amico Peyretti mi ha incaricato di svolgere un lavoro piuttosto difficile: la drammatizzazione di un testo antichissimo, il *Ludus Danielis*, dramma liturgico del dodicesimo secolo da "rappresentarsi" nella Chiesa torinese di San Domenico, coeva al dramma stesso.

Il *Ludus*, scritto da un anonimo della Cattedrale di Beauvais, era stato riveduto da un illustre medievalista, Don Piero Damilano. Recitato e cantato in quella versione risultava però scarsamente accessibile, sia per il testo latino, sia per le possibilità di uno spettacolo. Mio compito era dunque la drammatizzazione attraverso una stesura italiana per il pubblico di oggi. Così mi ero documentato e, appoggiandomi al colto testo di Damilano, avevo consultato attentamente su *Daniele* un'illustre Bibbia (ancorché calvinista) del secentesco teologo Giovanni Diodati, e un'altra Bibbia moderna.

Infine ne era venuto fuori un testo che, come stile, si rifaceva un poco a certe traduzioni shakespeariane di Pavolini, Cecchi e Linati, testo che sarebbe stato realizzato con attori della RAI e regia di Massimo Scaglione.

Per mettere – come si dice – le mani avanti ed evitare accuse di lesa teologia, avevo mandato il testo, insieme a note sulla metodologia seguita, a Massimo Mila con una lettera senza risposta.

Il *Ludus Danielis* ebbe ottimo esito e Mila pubblicò un coltissimo pezzo su *La Stampa* del 24 marzo 1982. Di me si diceva, con la parsimonia tipica di Mila che *per rendere la vicenda percepibile ad un pubblico che con il latino non ha più la dimestichezza del secolo dodicesimo, il testo è stato sottoposto ad un'accorta revisione e drammatizzazione da Giorgio Buridan che ha fatto recitare in italiano il racconto dei fatti.*

* * *

Però questo personaggio Mila mi incuriosiva e speravo un giorno di conoscerlo personalmente. Il caso si verificò per la Prima al Teatro Nuovo di Torino dell'opera di Scott Joplin *Treemonisha*, mai rappre-

sentata in Italia e messa in scena per iniziativa dell'amico Maestro Alberto Peyretti che ne era anche l'orchestratore.
In quella occasione ero andato in teatro alle prove per registrare dei passaggi dell'opera per conto della Radio della Svizzera Italiana e avevo telefonato a Mila per chiedergli se mi concedeva un'intervista. Inaspettatamente, lui che detestava tutte le interviste, aveva accettato. Mila abitava in un condominio piuttosto anonimo di Corso Castelfidardo, un corso torinese di grande scorrimento con traffico molto fragoroso. Mi aveva ricevuto con cortesia ma anche con la tradizionale diffidenza piemontese. Pareva come seccato che io lavorassi per la Svizzera.
Tirai fuori dalla borsa la sua *Breve storia della musica* pubblicata a Milano nel 1946 chiedendogli una dedica. Allora mi aveva guardato inquisitorio e diffidente: "Com'è che lei ha questo volume?".
"L'ho comperato quando è uscito".
"Perché?".
"Perché la seguo su *La Stampa* e la considero un grande critico e musicologo".
"Ben gentile – disse, con espressione tipicamente torinese – ma quella edizione è piena di errori. Lei non può avere quella. Sa, l'ho ripubblicata nel 1963 da Einaudi e poi ristampata nel 1967 nella Piccola Biblioteca einaudiana. È più completa e meglio curata. Ora gliene faccio omaggio".
Così eravamo andati nell'entrata e, da una vecchia cassapanca, aveva tirato fuori il volume di Einaudi guardandolo con compiacimento: "Ecco, vede, questa qui si presenta bene. Quella che lei aveva era orribile con una copertina da fare schifo. Già ma allora nessuno voleva pubblicarla. E dire che ci ho lavorato tanto!".
"È considerata da tutti un'opera di grande valore, specialmente come consultazione".
"Già, già, ma – cosa vuole – sono libri che si vendono poco... adesso un po' di più, però... se almeno fosse adottata nei licei... uhm... i nostri professori sono quello che sono".
"Ma lei, scusi, non è professore?".
"Sì, al Conservatorio: insegno Storia della musica. Ma non ho grande stima dei miei colleghi".

"Allora, conoscerà Peyretti?".
"Sì, certo, ma Peyretti non è un *vero* professore, anche se insegna bene la sua materia, è un musicista *vero*".
"Glielo dirò, ne sarà molto contento".
"No! Non gli dirà proprio niente. Questa è una conversazione privata".
Si accorse di avere ancora in mano il libro:
"Ah, sì, la dedica. Perché vuole la dedica?".
"Ci tengo molto. Ho un intero scaffale di libri a me dedicati".
"Beh, se le fa piacere...".
Scrisse una breve dedica: *Al Signor Giorgio Buridan, cordialmente. Torino 26 febbraio 1980, Massimo Mila.*
Preciso e riservato anche nelle dediche. Gli chiesi se potevamo iniziare a registrare. Ero imbarazzato, non sapevo come dirglielo.
"Vede, qui c'è molto fracasso...".
"Già, sì. È che non lo sento più, ci sono abituato. O, magari, sono diventato un po' sordo".
Mi accorsi che la cucina dava sul cortile.
"Magari, in cucina...".
"Per carità! Lei non ha idea le storie che farebbe mia moglie!".
"Ma guardi che non metto niente in disordine".
Mi fulminò, perentorio.
"Impossibile!".
Rimasi sconcertato. Mila scosse la testa, come per disappunto.
"Eh, già, il rumore... Perché si sente, vero? In registrazione".
"Sì. Il microfono è molto sensibile".
"Mah, non so... Potremmo... se lei fosse d'accordo... sì, il ripostiglio delle scope".
"Per me va bene".
"Ci mettiamo due sedie, questo tavolinetto qui e ci chiudiamo dentro. C'è anche la luce".
"Ma sì: niente in contrario".

* * *

Il ripostiglio era piccolo e stretto ma, chiusa la porta alle spalle, abbastanza silenzioso. Piazzai il registratore sul tavolo, innestai il microfono e stavo per cominciare quando una scopa scivolò e il manico colpì Mila sul braccio.
"Professore, si è fatto male?".
"No, niente, niente".
Cominciò a parlare di Scott Joplin e della musica Rag. Trascrivo qui parte del registrato:
... credo di essere stato uno dei primi in Italia ad accorgermi di Scott Joplin e sono un patito di questo musicista. La mia conoscenza risale a dieci o dodici anni fa quando un pianista americano, in un festival pianistico a Bergamo, dopo aver suonato, neanche tanto bene, ci fece sentire dei bis, e ci fece cascare tutti dalle nuvole, con dei Rag che nessuno sapeva cosa fossero. Allora ho cercato la musica di quel Joplin che non era ancora arrivata in Europa e poi ho trovato un'edizione americana che mi hanno prestato e potrei farle vedere il fascicolo bello e spesso di fotocopie che mi sono fatto dei Rag di Joplin. Per me, d'accordo, c'entra la mia simpatia per il Jazz, ma a me Joplin mi piace, è una voce genuina e spontanea, di una spontaneità e freschezza che me lo fa sempre avvicinare a Schubert.
Gli chiesi allora che cosa pensasse dell'opera di Joplin *Treemonisha.*
Rispose senza esitazione:
Treemonisha non è affatto un precedente di "Porgy and Bess", ma l'opera di un musicista umile ma ambizioso che ha cercato disperatamente di fare l'opera all'europea. I pezzi più belli sono dei Rag corali ma la sostanza dell'opera è europea. Secondo me risale – chissà per quali stranissimi canali – a una tradizione di opera comica europea/tedesca che ha come capostipite "Il flauto magico", poi le opere di Weber e i minori romantici tedeschi come Marschner, Cornelius, Lortzing che forse Joplin doveva conoscere.
Mi inserii dicendo: "Forse anche l'operetta viennese?".
Certo. L'operetta tedesca che è l'ultima derivazione dell'opera. Indubbiamente doveva conoscere la Carmen e, credo, anche Offembach, Gounod, ma non è stato influenzato dall'opera italiana.
L'intervista, piuttosto ampia, toccava vari punti della musica europea e si stava concludendo. Mila era un poco senza fiato e anch'io lo ero

perché, dentro il ripostiglio delle scope, mancava l'aria. Verso la fine, mentre diceva con foga: *Joplin non era colto, però il suo sogno era la cultura europea*, fece un largo gesto come a indicare la vastità degli interessi musicali di Joplin. Ma il suo braccio destro diede un colpo a una scatola che mi si rovesciò in testa con il contenuto di cera, sidol e detersivi.
"Oh, scusi, Buridan! Sono desolato: si è fatto male?".
"Niente, niente, professore".

* * *

Ritrovai Mila un'altra volta ad un concerto diretto dal Maestro Peyretti. Ma lì era in veste ufficiale di critico e non dava confidenza a nessuno. Mi squadrò burbero e mi salutò con freddezza. Quanto al violinista Uto Ughi, che quella sera era presente, lo salutò con un grugnito poco amichevole. Ma Mila era così, scarsamente socievole anche se di grande sensibilità.
Non l'ho più riveduto. Gli avevo mandato la cassetta dell'intervista ma ignoro se avesse un registratore. Conservo la sua *Breve storia della musica* con devozione e la consulto ogni tanto. È un piccolo prodigio per l'incredibile mole di notizie che fornisce. È uno dei migliori testi di consultazione: se ancora non la conoscete, ve la consiglio. È anche un modo per rendere omaggio a questo grande critico musicale e a un uomo che ha molto lottato per la libertà.

NOTE AL CAPITOLO *MASSIMO MILA: MUSICA E LIBERTÀ*

1. Massimo Mila (Torino 1910-1988), critico musicale, scrittore e docente. Sportivo, note le sue imprese sul Monte Bianco e nel Gruppo del Gran Paradiso, dove nel 2001 è stato inaugurato, un "rifugio" che porta il suo nome. Antifascista fin dal liceo "Massimo d'Azeglio" di Torino. Fermato dalla polizia per aver firmato la lettera di solidarietà a Benedetto Croce, che in Senato si era espresso contro i Patti Lateranensi. Laureato in Lettere, dopo breve insegnamento presso il "D'Azeglio", entra nella redazione dell'UTET, dove grazie a Leone Ginsburg Renzo Giua si avvicinò al movimento Giustizia e Libertà, e a Parigi conosce Carlo Rosselli. Arrestato nel 1935, e condannato dal Tribunale speciale a sette anni di carcere, che non fece tutti per amnistia, ma restò sottoposto a libertà vigilata. Dopo l'8 settembre, aderendo al Partito d'Azione, si occupò della costituzione delle prime bande partigiane nel Canavese; ispettore della VI Divisione Alpina "GL", poi commissario politico della II Zona Canavese-Valli di Lanzo. Nel dopoguerra, riprese l'attività di scrittore e presso la casa editrice Einaudi, pubblicò libri di storia della musica, traduzioni di classici della letteratura. Dopo lo scioglimento del Partito d'Azione si avviciò al Partito comunista. Nel 1953 diventa docente di Storia della musica al Conservatorio "Giuseppe Verdi" di Torino. Dal 1962 al 1975 insegnò Lettere presso l'Università. Critico musicale per *l'Unità* di Torino, *L'Espresso, La Stampa*. Membro dell'Accademia di Santa Cecilia. Dal 1967 condirettore della *Nuova Rivista Musicale Italiana*. Nel 1985 riceve il Premio internazionale "Feltrinelli" dell'Accademia dei Lincei.

2. Alberto Pyretti (1927 - Collegno (To) 2007), dal 1971 al 1973 direttore del coro dell'Orchestra Rai di Torino, dal 1975 al 1978 Direttore dell'Ente Lirico di Cagliari, dal 1984 al 1994 Direttore artistico dell'Ente concerti "M. De Carolis", e del Teatro Lirico di tradizione di Sassari; dal 1981 al 2000 Direttore dell'Accademia Stefano Tempia (Accademia corale più antica d'Italia, fondata nel 1875, nata dalle riunioni musicali in casa del conte Vittorio Radicati di Marmorito, vedi anche nota 3 al capitolo "Ballo al Castello", p. 257) e della Camerata Alfredo Casella a Torino. Docente di Lettura della Partitura al Conservatorio G. Verdi di Torino. Molte le tournées all'estero. Compositore, di musica per orchestra e di oratori, anche di un'opera lirica "Duello al sole". Amico di Giorgio Buridan e vicini di casa, stessa scala in Piazza Statuto 3 a Torino. Buridan scrive l'introduzione per la raccolta di poesie dell'amico *L'arcolaio* (ed. Genesi, Torino 1996).

Biografia

Giorgio Buridan, nasce a Stresa il 14 settembre 1921. La mamma era Maria Teresa Cappa Legora, di una famiglia della Lomellina, sorella del pittore stresiano di adozione Giovanni Cappa Legora; il padre Paolo Buridan, torinese, discendeva da antica famiglia di origini francesi, facente capo al filosofo francese Jean Buridan, rettore alla Sorbona nel 1328. Trascorre l'infanzia e la giovinezza tra Stresa e Torino: a Stresa, presso la villa del nonno materno Camillo, vive un'infanzia serena, già piena di interessi e di letture, superando con vivace intelligenza e sorridente ironia i naturali condizionamenti di una malformazione dalla nascita della mano destra; a Torino compie gli studi classici presso i Padri Gesuiti, e qui vive fino al 1991, anno in cui si trasferisce a Caraglio, in provincia di Cuneo.
Il giovane Buridan, sfollato a Stresa da una Torino ripetutamente bombardata, entra nella Resistenza – considerate già Resistenza le azioni in clandestinità a favore della democrazia –, subito dopo il 25 luglio 1943, aderendo al Partito d'Azione. Dopo l'8 settembre organizza con altri giovani un gruppo attivo nella rete di informazione e diffusione della stampa clandestina guidata da Ferruccio Parri; collabora con l'amico Renato Boeri alla Missione della Radio Sàlem paracadutata nel marzo '44 sul Mottarone, portando i messaggi al Comando Regionale Lombardo a Milano, dove nell'abitazione clandestina di Enzo Boeri, capo dei Servizi Informazioni dell'ORI (Organizzazione Resistenza Italiana) in collaborazione con l'OSS (Office of Strategic Services), conosce importanti antifascisti come Leo Valiani, Corrado Bonfantini e altri.
Segnalato ai fascisti, in pericolo dunque, deve lasciare il Mottarone e Milano, ed è inviato da Ferruccio Parri come Commissario politico di Brigata per il Partito d'Azione in Val d'Ossola, passando alla lotta ar-

mata nella costituenda formazione "Valtoce", al comando di Alfredo Di Dio, che durante la Repubblica dell'Ossola gli affida la pubblicazione del volantino della formazione Valtoce e il collegamento tra i due fronti (Ornavasso e Val Vigezzo) della zona liberata (10 settembre - 23 ottobre 1944). Fuggito dal campo d'internamento nella Svizzera, dove era espatriato con il grosso della Valtoce dopo la caduta della Repubblica, ritorna in Italia attraverso la montagna e riprende la lotta armata e la pubblicazione del giornale *Valtoce*. Partecipa alla marcia su Milano e riceve il riconoscimento di Commissario di Raggruppamento delle Divisioni Partigiane Cisalpine. Nel dopoguerra prende parte alle lotte torinesi per la vittoria della Repubblica e collabora al giornale del Partito d'Azione, *Nuova Democrazia* (diretta da Carlo Casalegno) e al *Bollettino dell'Unione Culturale* (diretto da Franco Antonicelli).
Nel 1950 sposa Alda Nicolini, stresiana nata nel 1928 nella Svizzera Vaudese. Nell'ottobre del 1957 viene rappresentato a Roma il suo primo atto unico che ottiene giudizi positivi da parte dei maggiori critici come Anton Giulio Bragaglia, Nicola Chiaromonte e Sandro De Feo. Si dedica in seguito alle traduzioni dal francese: *Il rinoceronte* (1964), il più famoso testo di Ionesco (Einaudi ed.) che è a tutt'oggi rappresentato nella sua traduzione.
Per ventiquattro anni lavora ai programmi culturali di Radio Tre; poi per ventidue collabora a quelli della Radio della Svizzera Italiana, con radiodrammi, documentari, atti unici e sceneggiature. Numerosi suoi saggi sul Cinema sono pubblicati nella Sezione Cinema del Museo Nazionale della Scienza e della Tecnica (Milano, 1961-1965). Nel 1976-77 è redattore e regista per la Mondadori di numerosi audiolibri, per le collane "Poesia" e "Letteratura" dirette da Vittorio Sereni.
Dopo la morte dell'amata moglie Alda Nicolini, nel 1991 si trasferisce da Torino a Caraglio, dove vive i suoi ultimi dieci anni di vita, e dove insieme ad alcuni amici fonda un piccolo teatro "Il teatrino al forno del pane", le cui prime rappresentazioni avvengono nella casa nella Frazione di Vallera, con spettatori gli amici ad invito. Collabora con recensioni librarie a giornali locali (in modo continuativo scrive per *Il Caragliese*), e molti gli interventi al Laboratorio A.P.E. del Liceo Scientifico di Cuneo, diretto da Maria Lucia Villani Longhi.

Ha collaborato con la Commissione Cultura del Comune e con l'Associazione culturale Marcovaldo di Caraglio diretta da Fabrizio Pellegrino, per la quale ha tenuto lezioni di Tecnica Teatrale da cui è nato un Laboratorio di Poesia e Teatro che ha prodotto spettacoli originali.
Negli ultimi anni si è dedicato soprattutto alla narrativa.

* * *

Giorgio Buridan muore a Caraglio il 28 luglio 2001. Per sua volontà il suo corpo è stato sepolto nella tomba di famiglia nel cimitero monumentale di Torino, e il suo archivio è rimasto nella casa di Caraglio, perché venga custodito e fatto conoscere. A questo è dedicata l'attività della Compagnia teatrale, costituitasi nel 2004 come Associazione culturale, con il nome "Teatrino al forno del pane, fondato da Giorgio Buridan", che ha come finalità primaria la conoscenza e la valorizzazione dell'opera teatrale e letteraria del suo fondatore.

* * *

Il 27 e 28 luglio 2002, a un anno esatto dalla sua morte, si realizza un esplicito desiderio di Giorgio Buridan: viene rappresentata dal Teatrino al forno del pane e grazie alla promozione dell'Associazione Marcovaldo, la sua ultima opera teatrale, *L'Eresia,* nel Chiostro dell'ex Convento dei Cappuccini di Caraglio, il luogo in cui lui l'aveva immaginata e per il quale l'aveva scritta. *L'Eresia,* è forse il testamento spirituale di Giorgio Buridan: nei suoi dialoghi vengono ripercorse tappe importanti del suo pensiero, formatosi intorno ai temi centrali che l'Autore ha creduto fondamentali nella propria e nell'altrui vita: la dignità individuale, la libertà e il suo continuo esercizio nelle scelte responsabili, analizzate da una lucidità severa ma, col passare del tempo e i suoi avvenimenti, sempre più unita alla compassione.

* * *

La Rivista *Cuneo Provincia Granda*, nel n. 1, 2002, pubblica insieme a una biografia "Giorgio Buridan: La persona e la parola: un esercizio di libertà e di stile", di Maria Silvia Caffari, un importante saggio di Carlo Luigi Torchio, dedicato allo scrittore Buridan: "La forza della narrativa".
Il 4 dicembre 2008, l'Assessorato alla Cultura della Città di Stresa gli

dedica uno degli incontri dei "Giovedì culturali stresiani": "Il cuore alla libertà, lo sguardo al lago: Giorgio Buridan". Il 9 dicembre 2011, a oltre dieci anni dalla morte, gli dedica un pomeriggio di studio, la Fondazione Casa Delfino di Cuneo, con il suo presidente Antonio Sartoris.

PUBBLICAZIONI

Teatro

La barricata filosofale e *Ha perduto il messaggio* (Sansoni, Firenze 1961); *Il Bodoniano* e *Hommage à Lutèce* (Tamari, Bologna 1964); *L'assedio del granducato*; *Ricordi le guerre puniche?*; *Il golpe*; *Il gioco del labirinto*; con la presentazione di Gian Renzo Morteo: quattro atti unici, nella collana Teatro Italiano Contemporaneo, a cura della SIAD (Soc. It. Autori Drammatici) (Serarcangeli, Roma 1989); *L'Eresia*, nell'antologia teatrale a cura dell'Enap, *Il segno indelebile* (Laterza, Bari 2000).
Il periodico della SIAD, *Ridotto*, pubblica per ricordare Giorgio Buridan, nel n. 3 del 2004, presentato da Maricla Boggio, l'atto unico *Il Quoziente di Felicità*, già premiato al Concorso Candoni, Teatro Zero, Arta Terme 1989; pubblicato anche in *Vernice*, rivista di formazione e cultura, n. 9/10, 1998 (Genesi, Torino).
Altri testi teatrali e saggi sul teatro sono stati pubblicati su periodici: *Almanacco dello spettacolo drammatico*, *Arcoscenico*, *Ora Zero*, *Ridotto*, *Sipario*, *Teatro Italiano*, *Vernice*.

Narrativa

Una ragione sufficiente (L'Autore Libri, Firenze 1990); *Una guida alla Repubblica Dominicana Santo Domingo* (Odòs, Milano 1991); *Fine di Lucifero*, in il Racconto (Crocetti, Milano), n. 4, 1993; *Variazioni di clima: cinque racconti* (Montedit, Melegnano 1994); *Il viaggio* (3° Premio Pannunzio per la narrativa) prefazione di Dionisio Bauducco (Montedit, Melegnano 1996); *L'ipotenusa e i suoi cateti: esercizi di stile*, introduzione di Grytzko Mascioni (Genesi, Torino 1996); *Quasi al Duemila oltre i Duemila*, in *Monviso, Re di pietra*, omaggio alla Montagna e al Grande Fiume (Gribaudo, Cavallermaggiore 1997); *I parafulmini del Palmiers*, prefazione di Stefano Bajma Griga (Genesi, Torino 2001); *W L'Italia*, in *Il Cavallo di Cavalcanti*, n. 3, 2009; *Clemente Rebora e la grazia della poesia*, in *Microprovincia*, n. 47, 2009; e in Carmelo Giovannini, *Clemente Rebora, Frammenti di vita*, Trento 2010 (ridotto); *Carlo Emilio Gadda*; *È arrivato l'ambasciatore*; *Vittorio Sereni*; in *Verbanus*, 34, Alberti, Verbania 2013; *In cielo c'è sempre una stella per me. Diario di guerra partigiana*, a cura di Maria Silvia Caffari e Margherita Zucchi (Tararà, Verbania 2014); Estratti dal Diario partigiano, e testi inediti, sono pubblicati in *Leggere la Resistenza: dalle formazioni autonome alla cittadinanza consapevole*, pubblicato dal Museo partigiano Alfredo di Dio, FIVL, ISRN, a cura di M.S. Caffari, G. Vona, M. Zucchi, Ornavasso 2020.

Traduzioni
Eugene Ionesco, *Il rinoceronte* (Einaudi, Torino 196????); Arthur Adamov, *Tutti contro tutti* (Einaudi, Torino 1961; Georges Neveux, *Monsieur IL*, per Servizio Prosa della RAI.

Dvd
Nel 2009, nella Collana "Gli sceneggiati RAI, I grandi classici per ragazzi, Fabbri editori, vengono riproposti in Dvd *I giorni della speranza*, di Giorgio Buridan (Rai 1967); e *Addio, mia bella, addio*, riduzione di Giorgio Buridan, del racconto di Luigi Gramegna.

* * *

Oltre ai citati articoli per *Nuova Democrazia* e il *Bollettino dell'Unione Culturale* - I saggi nella *Sezione Cinema del Museo Nazionale della Scienza e della Tecnica di Milano* - gli articoli per il *Volantino Valtoce*, molti sono i testi custoditi in archivio di trasmissioni andate in onda, e numerosi testi teatrali, di radiodrammi, di narrativa e di poesia, inediti.

Mi sono chinato sul cuore dell'uomo

Un girotondo infantile al sole, un girotondo in cima alla collina con i bambini ritagliati sull'azzurro per non svanire mai più. Questo ho sognato e i giochi d'un tempo, e la gioia delle favole che sapevano estasiarci, e noi felici a portarci dentro l'incanto del cielo, il calore del sole e le "favole belle" da custodire per i giorni di nebbia e di neve.
Così presto è svanito il fulgente giorno d'estate che all'alba pareva interminabile, infinito! E, dei giochi d'un tempo, è rimasto il commosso ricordo della collina sul cielo che poi, rivisitata, non è che un piccolo spazio senza nome.
E le nostre favole! Le ho rilette: ho ritrovato le fatine colorate, le cenerentole angustiate, le belle prigioniere del drago, il brutto anatroccolo, la sirenetta, la piccola fiammiferaia...
Inutile! È forse l'inchiostro sbiadito? O i nostri occhi stanchi? O gli incantamenti troppo lontani o crudeli? Poco è rimasto: un frammento di memoria, eco lontana dal girotondo del sole. E, allora eccoci ancora distesi sull'erba a sognare ma, per non sentirci tanto cambiati, eccoci, ad annegare gli occhi nel cielo, a perderci tra labirinti di nuvole.
Ammaliato d'azzurro, ho guardato me stesso in quell'altro di un tempo:

Io mi son chinato sul cuore dell'uomo
ho udito la sua voce, non il grido
non la risata feroce
che erompe dalle squallide solitudini di ognuno.

Sì, ero ancora bambino. Potevo, per magìa, fermare il tempo e il girotondo: "Basta! Basta! Non gioco più...", e pilotare il ricordo sulla mongolfiera dell'evasione.

Ho udito la voce
che cresce in fondo al sangue, quella voce
di tutti che cresce come il seme
dentro al cuore dell'uomo, quella voce
che alla scorza si gonfia, che si sente
quando tutto è silenzio intorno, come
la corda che ancora vibra dopo il suono.

"Il mondo era nostro!" – meraviglioso, da prendere a calci, mondo bambino, mondo rotondo, mondo pallone che rotolava giù dalla collina per il sentiero in discesa:

Io mi son chinato sul mio cuore
sul mio cuore e sul cuore di ogni uomo
e ho udito la sua voce.

Era la voce di un prigioniero che scriveva a suo figlio e gli diceva: "Mi piacerebbe ridere e scherzare con te e dirti tante cose che interessavano molto anche a me quando ero ragazzo. Mi piacerebbe…ma, per ora, ti abbraccio teneramente. Tuo padre, Antonio Gramsci".

Una voce che saliva, voce
che premeva alla scorza, che era piena
di pazienza, di amore, che chiedeva la sua donna
la sua casa, una luce
una gioia al suo lavoro…

Ascoltavo. Ora la voce era un'altra, ma sempre la stessa. Diceva: "Si può anche essere razionali e la Ragione ci dice, dopo tutto, che è una follìa, ma si finisce per seguire l'istinto…". Era la voce di Richard Hillary, pilota da caccia ventenne della Royal Air Force, abbattuto sulla Manica, con la faccia e le mani bruciate, che – ostinatamente – aveva ripreso a volare. Diceva ancora: "Ormai, che viva o no, non me ne importa niente. Se io faccio un atterraggio rovinoso, faccio un atterraggio rovinoso; se devo schizzare in avanti attraverso il vetro, schizzo attraverso il vetro: per me adesso è più importante, quando sono in volo, impedire al freddo di pietrificarmi la pelle bruciata sulle mani e sulla faccia…".

Richard Hillary è morto, abbattuto da un caccia tedesco, il 7 gennaio 1943.

Questo udivo, chinandomi
sul cuore dell'uomo, questo udivo
chinandomi in ascolto sul mio cuore
ascoltando la corda
dove vibrano i palpiti di ognuno.

Un'altra voce, un altro della schiera senza fine e senza ragione di una guerra come tutte le guerre, prima di morire, ai suoi bambini in America: "Molti moriranno. Ma per molti ancora il prezzo della vita sarà poco se sapranno conservarsi gli amici. Io sono tra questi: l'amicizia dura più a lungo di una vita, supera anche la forza dell'amore, aumenta il calore dello spirito nel giorno in cui il corpo comincia ad agghiacciarsi".

Io mi sono chinato sul cuore dell'uomo
sul mio cuore e sul cuore di ognuno
per ascoltare...

Voci, quante voci! Non distinguevo parole ma SENTIVO parole distinte anche se le voci erano tante e io uno solo.

Io mi sono chinato sul cuore dell'uomo
sul mio cuore e sul cuore di ognuno...

Ma non più solo: adesso ero tutti! Avevo annullato l'uomo che credevo IL SOLO per rinascere in tutti. Momenti chissà dove vissuti, lamenti di una gente battuta a sangue che si rialza nel rancore per covare un canto di rivolta, quando bastava un solo gesto per comprendersi o tradire:

Che importa se ci chiaman banditi
il popolo riconosce i suoi figli...

Voci, voci, captate, svanite, voce interiore di un uomo stanco di guerra, di morte, di amici perduti, d'illusioni dissolte.
Guardavo una sera a una festa, dei giovani come io ero stato, spensierati mammiferi felici.
Oh, per istinto, fracassare quei fatui sorrisi, far vedere a quegli occhi vacui da bambola che esiste davvero qualcosa che si chiama "vita umana".
Ma poi, era la fragile stagione della gioventù.

Ho udito questo e altro e non so ancora
perché il dubbio ci stringa, questa angoscia
di essere soli, perché non c'è rifugio
perché sempre
ci nascondiamo braccati in fondo a noi,
perché queste poche certezze non le abbiamo
perché? – mi chiedo.
Perché ci tocchi sempre di aspettarle
sempre, in altro tempo, chissà dove…

Già. "Com'è amaro guardare la felicità attraverso gli occhi altrui". È Shakespeare, uno che aveva capito molte cose.
Così come il povero Stevenson, consumato dalla tisi, che pure sorrideva sereno: "Non c'è dovere che trascuriamo tanto quanto il dovere di essere felici".
Ma poi, sapete, è un sogno.
Un sogno, già. Poi ci si sveglia, si ritrova la luce, il mondo, la nostra trascorsa giornata.
Magari, il ricordo del sogno svanisce, oppure si continua con diffidenza e timore perché la fantasia dà sempre una vertigine.
Allora ci si dice: "Ah, ritornare bambino, con il girotondo, la collina, le fatine di nuvole!
Eppure, quando una rondine di passo si posa sul davanzale di acciaio di un grattacielo d'acciaio, l'uomo di acciaio alza gli occhi corrosi dal computer per fissare quel simbolo di libertà. E sospira.
Perché sospira l'uomo di acciaio?

Giorgio Buridan, 1948

(Rivisto nel 1995, in occasione della pubblicazione nel calendario omaggio de *Il Caragliese*)

Giorgio a Vallera di Caraglio (1991-2001)